弁護士 松尾剛行【著】

日本加除出版株式会社

第２版　はしがき

本書は2019年の初版以来，読者の皆様のご好評をいただき，増刷もすることができ，今般初版出版後の法令や実務の変更を反映した改訂版の執筆に至った。この３年で一番大きく変わったのは個人情報保護法及びインターネット広告関係であり，新規設問を書き下ろした。その結果，125問を大幅に上回ったものの，改訂版として，書名は元の書名と同一としている。コラムは明らかな書名・著者名変更以外は初版のままとしている。

第２版執筆にあたっても，初版に引き続き，特許法を中心に杉村萬国特許法律事務所の時井真弁護士にアドバイスをいただき，また，九州大学成原慧准教授にもアドバイスをいただいた。ここに感謝の意を表する。但し，誤りは全て当職の責任である。

なお，今後は，広告代理店への具体的アドバイス事例を踏まえた『応用編』の作成も考えている。それまでは，本書第２版をしっかりと読み込んでいただき，広告に関する法務の「基礎」をきっちりと固めていただければ幸いである。

2022年７月

　都内の自宅にて

弁護士　松尾　剛行

初版　はしがき（初版出版当時の情報である）

本書は広告代理店の法務として身につけておきたい基礎的な内容を，簡潔にまとめることを意図している。広告法務に関しては既に様々な書籍が出ているが，本書は，広告法務の前提となる基本的な知識を解説する「入門書」をメインとしながらも，実務で問題となっている点を解説する「実務書」としての役割をも果たすことを想定している。

そもそもこの本は，「馬好き法務部員の一日」としてコラムを書いて下さっている，広島の広告会社の法務を担当されている村山亮太さんと，同じ馬好きの編集者である前田敏克さんのご縁で出版に至ったものである。

元々2011年頃学習院大学ロースクールの学生の皆様に対し，商法等を指導する機会を頂いたところ，その縁で当時ロースクール生だった村山さんと知り合うことができた。当時から，村山さんは，前田さんに私の話をしていたそうである。

私が留学から帰ってきた頃，村山さんは広告会社の一人法務部員になられ，私に，著作物の類似性や景品規制などありとあらゆる質問をしてくれるようになった。私も「教え子」が立派な法務部員になったということで，喜んで質問に答えていた。

このようなご縁に恵まれ，「広告という非常に幅の広い分野では，考慮すべき事項が多岐にわたるため，ルーキーからベテランに至るまで，それぞれ悩みが多い。だから，実務的な要素が多数ちりばめられていて，初心者でも分かりやすく読める広告法務の本はニーズが必ずあるはず！」という村山さんと前田さんの熱意によって，本書は誕生した。

村山さんは，広告法務を担当する法務部員の目線で書かれたコラムを書いて下さり，これは，法務部員である読者の皆様にとって役に立つと信じている。また，村山さんには詳細に本文を精査して，構成の変更や，内容の大幅増加等を含む改善のためのコメントを頂いたことに感謝している。そして，原稿が遅れがちになっていたところを叱咤激励頂いた前田さんに心から感謝している。

なお，第５話の特許法の部分は，北京大学法学院博士課程の時井真先生に大幅な修正を頂いた。ここに感謝の意を表する（ただし，第５話はもちろん，それ以外も含め，本文中の誤りは全て私の責任である。)。

本書が，広告法務に携わる法務部員の方や弁護士の方のお役に立てれば幸いである。

2019年７月

東京発広島行の新幹線の車内にて

弁護士　松尾　剛行

凡　例

［法　令］

景表法	景品表示法
景表則	景品表示法施行規則
不競法	不正競争防止法
行訴法	行政事件訴訟法
薬機法	医薬品，医療機器等の品質，有効性及び安全性の確保等に関する法律
薬機則	医薬品，医療機器等の品質，有効性及び安全性の確保等に関する法律施行規則
銃刀法	銃砲刀剣類所持等取締法
下請法	下請代金支払遅延等防止法
個人情報保護法	個人情報の保護に関する法律
個人情報保護法施行令	個人情報の保護に関する法律施行令
個人情報保護法施行規則	個人情報の保護に関する法律施行規則
宅建業法	宅地建物取引業法
宅建業法施行規則	宅地建物取引業法施行規則

［裁判例］

- 最判平成４.７.14民集46-５-492
  → 最高裁判所平成４年７月14日判決最高裁判所民事判例集46巻５号492頁

［参考文献・通達等］

- 広告法
  株式会社電通法務マネジメント局（編集）『広告法』（商事法務，2017）
- 広告ビジネス入門
  ＪＡＡＡ（一般社団法人　日本広告業協会）『広告ビジネス入門』（第23版，2020）

• 法律文書作成

田中 豊『法律文書作成の基本』（日本評論社，第２版，2019）

• 著作権法

中山信弘『著作権法』（有斐閣，第３版，2020）

• 広告の著作権

志村 潔（著）北村行夫（監修）『こんな時，どうする？「広告の著作権」実用ハンドブック』（太田出版，第２版，2018）

• コンメンタール２

半田正夫＝松田政行 編『著作権法コンメンタール２』（勁草書房，第２版，2015）

• 特許法

中山信弘『特許法』（弘文堂，第４版，2019）

• 広告法務

公益社団法人日本広告審査機構『広告法務Ｑ＆Ａ』（宣伝会議，2014）

• 新商標教室

小谷 武『新商標教室』（LABO，2013）

• 意匠法

末吉 亙『新版 意匠法』（中央経済社，第３版，2017）

• 新・注解特許法上巻

中山信弘＝小泉直樹（編集）『新・注解 特許法〈上巻〉』（青林書院，第２版，2017）

• 逐条

経済産業省知的財産政策室編『逐条解説　不正競争防止法』（2019年７月１日施行版）

• 人格権法

五十嵐 清『人格権法概説』（有斐閣，2003）

• 景品表示法

大元慎二『景品表示法』（商事法務，第５版，2017）

• 景品表示法法律相談

加藤公司 他（編集）『景品表示法の法律相談』（青林書院，改訂版，2018）

- AI・HRテック

　松尾剛行『AI・HRテック対応　人事労務情報管理の法律実務』（弘文堂，2019）

- インターネットQ＆A

　田島正広（監修・編集代表/編著）『インターネット新時代の法律実務Q＆A』（日本加除出版，第３版，2017）

- 注解商標法・上

　小野昌延＝三山峻司（編集）『新・注解 商標法〈上巻〉序章・第１条～第35条』（青林書院，2016）

- Q＆A医薬品

　赤羽根秀宜『Q＆A　医薬品・医療機器・健康食品等に関する法律と実務』（日本加除出版，2018）

- 不動産広告の実務と規制

　不動産公正取引協議会連合会公正競争規約研究会『不動産広告の実務と規制　12訂版』（住宅新報社，2017）

- 新訂　物権法（民法講義Ⅱ）

　我妻 栄『新訂　物権法（民法講義Ⅱ）』（岩波書店，1983）

- 条解刑事訴訟法

　松尾浩也（監修）松本時夫他（編集代表）『条解刑事訴訟法』（弘文堂，第４版　増補版，2016）

- 運用基準

　景品類等の指定の告示の運用基準について（昭和52年４月１日事務局長通達第７号）改正　平成26年12月１日消費者庁長官決定

- 不実証広告規制に関する指針

　不当景品類及び不当表示防止法第７条第２項の運用指針－不実証広告規制に関する指針－（平成15年10月28日　公正取引委員会）一部改正　平成28年４月１日消費者庁

- 比較広告

　比較広告に関する景品表示法上の考え方（昭和62年４月21日　公正取引委員会事務局）改正　平成28年４月１日消費者庁

- 医薬品の販売業等Q&A
  医薬品の販売業等に関するQ&Aについて（平成26年３月31日事務連絡）
- 総付運用基準
  「一般消費者に対する景品類の提供に関する事項の制限」の運用基準について（昭和52年４月１日事務局長通達第６号）改正　平成８年２月16日事務局長通達第１号
- 懸賞運用基準
  「懸賞による景品類の提供に関する事項の制限」の運用基準について（昭和52年４月１日事務局長通達第４号）平成８年２月16日事務局長通達第１号
- 懸賞制限告示
  懸賞による景品類の提供に関する事項の制限（昭和52年３月１日公正取引委員会告示第３号）改正　平成８年２月16日公正取引委員会告示第１号
- インターネット広告留意事項
  インターネット消費者取引に係る広告表示に関する景品表示法上の問題点及び留意事項（平成23年10月28日消費者庁）一部改定　平成24年５月９日消費者庁　最終改訂　令和４年６月29日
- 管理上の措置指針
  事業者が講ずべき景品類の提供及び表示の管理上の措置についての指針（平成26年11月14日内閣府告示第276号）改正　令和４年６月29日
- 医療広告ガイドライン
  医業若しくは歯科医業又は病院若しくは診療所に関する広告等に関する指針（医療広告ガイドライン）
- 個人情報保護法Q&A
  「個人情報の保護に関する法律についてのガイドライン」に関するQ&A　平成29年２月16日（令和４年５月26日更新）個人情報保護委員会
- ガイドライン通則編
  個人情報の保護に関する法律についてのガイドライン（通則編）平成28年11月（令和３年10月一部改正）個人情報保護委員会

目　次

付　録

第1話　広告法務の基礎

【登場人物】

三浦　ロースクールを卒業して中規模の広告代理店であるＴ社に就職。一人で法務を担当。

北野弁護士　Ｔ社の顧問弁護士。三浦のロースクール時代の恩師。

story 1

三浦は，顧問弁護士の北野弁護士に，広告法務の仕事について説明をしてもらっている。

北野：三浦さん，ご入社おめでとうございます。

三浦：広告代理店に就職できたのはよかったのですが，私１人で法務全般を任せられてしまって，困っています。広告代理店の法務は何をするのでしょうか。

北野：一口に「法務」といっても，その実際の役割は様々ですが，広告代理店に特有の業務は主に法令対応と契約対応に分かれます。

三浦：法令対応とは何ですか。

北野：広告に関係しそうな法令には何がありますか。

三浦：「広告法」という法律はないのですよね。

北野：そういう名前の法律はありませんが，広告に関係する法律は多数存在します。

三浦：例えばどのような法律が関係するのでしょうか。

北野：基本的には，景表法等の広告・表示に関する規制法があり，これが１つの重要な内容を構成します。また，著作権法や商標法等の知財法も重要です。更に，肖像権，パブリシティ権等の人格権法も重要です。

三浦：随分たくさんありますね。これらを押さえれば大丈夫，ということですかね。

北野：いえ，この他にも，どのような業種なのかやどのようなメディアなのかによって様々な規制があります。例えば医薬関係では通常では認められるような類型の広告が禁止されていたりします。また，マスメディアでの広告なのかインターネット上での広告なのかによっても相違点があります。

三浦：もう１つは契約ですか。

北野：そうですね。契約書のドラフトやレビューの仕事があります。ざっくりといえば，広告主・広告代理店・制作会社・媒体社の４主体の間で，広告クリエイティブの制作の委託や広告の掲載の委託等に関する契約が結ばれます。これらに加え，例えば，自社で制作するなら出演者との広告出演契約を締結する等，様々な契約を締結しますので，これをドラフトしたりレビューする仕事があります。

三浦：大変そうですね。

北野：優先順位をつけましょう。例えば権利関係の整理やトラブルが生じた場合の処理に関する条項等，重要な条項があります。まずはこういう重要な条項について自社の権利を守ることができる条項にできるよう，勉強していきましょう。

三浦：はい，わかりました。

１．広告代理店の法務の仕事

本書は広告代理店の法務として身につけておきたい基礎的な内容を，簡潔にまとめることを意図している。広告法務に関しては既に様々な書籍が出ているが，本書は，広告法務の前提となる基本的な知識を解説する「入門書」をメインとしながらも，実務で問題となっている点を解説する「実務書」としての役割をも果たすことを想定している。更に学びたい場合は（　　）記載の文献を参照されたい。

各話の冒頭にストーリーを置き，その中でその章の説明を概観している。

さて，そもそも法務は様々な業務を行っており，各社ごとにその役割は大きく異なっている（なお，松尾剛行『キャリアデザインのための企業法務入門』（有斐閣，2022近刊予定）において，一般的な法務の業務の概要を説明している）が，広告代理店の法務として重要なのは法令と契約である。

2．法令の仕事

(1) はじめに

法令というのは「コンプライアンス」ということもできるが，例えば，現場から，

「有名作品のパロディの広告を作りたい。」

「本当は無料になるのは厳しい条件を満たした場合だけなんですが，
『無料』と大書きした上で注を付ければオッケーですよね。」

「きれいな女優さんの写ったフリー画像があるので使いたい！」

といった相談が上がってきたときに，それぞれ，例えば，

「著作権は大丈夫だろうか？」

「景表法上の打消し表示規制は大丈夫だろうか？」

「肖像権は大丈夫だろうか？」

といった，関連法令の存在に気づき，その問題についてリサーチをしてどのような条件の下であれば現場がやりたいことを実現できるのかを検討するという仕事である。

本書では，重要法令が実務でどのように働くのかを解説することで，一定の範囲の実務上の問題について解決の指針を示すとともに，実務上の具体的な事案に接した際に「これはこの法令が問題になるのではないか」等という気づきを得るきっかけを与えることを目的としている。もちろん，例えば知財のうちでも広告の著作権だけで１冊の本になる（広告の著作権参照）以上，本書は実務で特定の法令（例えば著作権法）が問題となるポイントは何かに絞って解説をすることとし，その法令（例えば著作権法）の詳細な解説は行っていないことにはご留意いただきたい。

⑵　知財法の基礎

知財法はざっくり言えば，無形の財産を保護する一連の法令である。

例えば「この本」を買ったあなたはこの本の所有権を持っているが，この本の著作権は筆者にある。だから，あなたはこの本を第三者（例えば古本屋）に売ることができても，あなたは勝手にこれをスキャンしてインターネット上にアップロードすることはできない。「自分の本なのになぜダメなのか」と言えば，それはこの本の中の「表現」という無形の財産が著作権法によって保護されており，あなたが本を買ったというのはこの本の「所有権」を取得したというだけで，「著作権」（表現を複製したり，インターネット上で広く送信したりする権利等）は取得していないからである。

知財法で保護されるものは無形であるから，何が保護の対象かよくわからない。そこで，知的財産の中には登録され，公示されて初めて保護されるものも多い。しかし，広告で重要な著作権等，必ずしも登録を必要としないものもある。

登録必要ー特許，実用新案，意匠，商標等 登録不要ー著作権等

また，これらの保護の対象はそれぞれ異なっており，例えば，ある凝ったデザインの椅子について以下のような多層的な状況が発生し得る。

・椅子の形態や製造方法等が「発明」であるとして特許が取得される。
・椅子の形状や構造等が「考案」であるとして実用新案が取得される。
・椅子のデザインについて意匠が取得される。
・椅子の名前やブランドについて商標が取得される。
・椅子の美術的なデザイン等について著作権が認められる。

権利が認められると，基本的には権利者の許諾なく勝手に使えない等という効果が生じるが，どの権利が関係するかによって，何について許諾が必要かが決まる。

例えば，第三者が特許を有している製法で作られた商品の広告のために，当該商品の写真を撮る場合に，特許権者の許諾が必要かというと，特許権はあくまでも「当該製法で商品を作ること」についてしか独占権は及ばないので，商品の写真を撮ることそのものに特許権者の許諾は不要である（注：ただし，広告代理店としては特許についても広告主が適切なライセンスを受けているか等は適宜確認すべきであろう。Q38参照。）。

そこで，それぞれの場面でどのような権利が関係してきそうかを理解することで，許諾の要否等の検討の必要性に思い至ることができるようにしておく必要がある。第3話から第5話までで知財について見ていこう。

(3) 人格権法の基礎

例えば，ある女優の写真があるとしよう。写真というと，皆様は写真を撮影したカメラマンの著作権のことには気が回るのではないか。しかし，仮にカメラマンから許諾をもらったとして，それだけで自由にその写真を広告等に利用できるのかというとそうではない。被写体となる女優の肖像権及びパブリシティの権利を処理しなければならない。

人格権には様々なものがあるが，広告の文脈であれば，以下の権利が重要な問題となる。第6話ではこれを説明する。

・肖像権及びパブリシティ権
・プライバシー権
・名誉権
（・著作者人格権）

(4) 広告・表示規制法の基礎

非常に大雑把に言えば，広告等については，主に以下の規制等の枠組みになっている。

＜（主に）景表法の規制＞

・事実と異なる広告は認められない。
・（明らかな「うそ」ではなくても）誤解を招く広告は認められない。
・いたずらに射幸心を煽るキャンペーン（景品等）は認められない。

＜個別の業種ごとの規制＞

・一部の商品・サービスについてはそもそも特定の広告方法が禁止されている（注：例えば，医薬品でないものについて薬効があるように広告する等）。
・一部の商品・サービスについては特定の広告方法が強制されている（注：例えば，不動産広告では徒歩の場合道路距離80ｍにつき1分間を要するものとして算出した数値を表示しなければならず「駅から徒歩1分（1,000m/分で移動した場合）」といった表示は禁止されている。）。

・一部の商品・サービスについては手数料の取り方が規制されている（注：例えば，弁護士広告について，1人を紹介するごとにいくらという手数料の取り方は禁止されている。）。

等の規制の枠組みになっている。

第7話以下（⇒115頁）ではこれらについて詳述する。

3．契約の仕事

契約は，広告代理店が締結する契約の内容が適切な内容で，自社の権利を守ることができているかをレビューし，必要に応じて修正する仕事である（もちろん，ゼロからドラフトする場合もあるが，自社の雛形を修正したり，相手のドラフトをレビューすることも多いと思われる。）。

広告については広告主・広告代理店・制作会社・媒体社の4主体が重要となる。

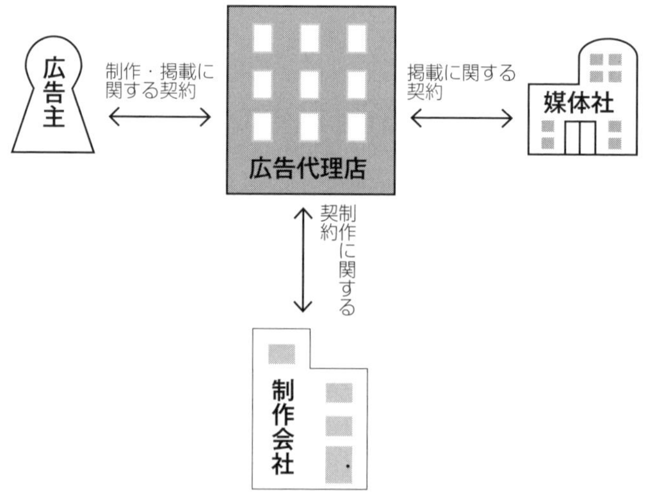

＜広告に関わる主な主体の契約関係＞

広告代理店は，広告主からお金をもらい，自社内では制作会社に委託して広告を制作し，これを媒体社において掲載することが基本的な業務の流れになる。

そこで，広告主との間の制作及び掲載に関する契約，制作会社との制作に関する契約，そして媒体社との掲載に関する契約が主要な契約になる。

これらの契約の条項の一つ一つを詳解するだけで，1冊の本になってしまうことから，本書では，権利関係の整理やトラブルが生じた場合の処理等の実務上重要なところにのみフォーカスして説明する。

4．4種類のトラブル

法務としては，広告に関して典型的に発生し得る以下の4種類のトラブルを想定して，事前に対応を検討しておくべきであろう。

⑴　**契約外当事者が権利主張をするトラブル**

まず，契約外当事者の権利が侵害されたとしてトラブルになることがある。

例えば，ある広告が第三者である著作権者の有する著作権を侵害したとしてその者が権利主張をする場面が想定される。

また，例えば，広告の内容が虚偽であり，被害にあったといった形で消費者からの権利主張がされる可能性があり，その場合には，主に広告主に対して主張がなされることが想定されるが，広告代理店や媒体社も矢面に立つことがある。

これは，知的財産権，人格権，規制法等を事前に確認することで対応することになる。

⑵　**契約外当事者が広告主等の権利を侵害したというトラブル**

次に，広告のためにキャラクターを作成したら第三者がこのキャラクターを冒用したといった，第三者による権利侵害のトラブルがある。

このような場合に備え，広告に関してどのような権利が発生し，利用されるのかを理解した上で，必要な範囲で権利の登録をするとともに，誰が権利者となるのかを明確にしておくことが必要である。

実際にトラブルが発生した場合には，当事者間で合意されたプロセスに従って，権利者又はその代理人等が，例えば内容証明でキャラクター利用中止を通告する等の権利行使をすることになる。

⑶　契約当事者間のトラブル

更に，契約当事者間でトラブルが起こることもある。

例えば，広告主として広告代理店を変更したいという意向を持つことがあるが，その際に，過去に制作された広告をどこまで流用できるか（新たな広告代理店が引き継げるか）は典型的なトラブルであろう。その場合，誰が権利を持つかが契約ではっきりしていれば，その契約の文言に従って処理されるところ，それが不明確である場合にはこのトラブルが尾を引いて人気キャラクター・キャンペーンが「お蔵入り」になることもあり得る。

また，最近は，広告キャンペーンに出演していた芸能人等がトラブルを起こして広告掲載を中止するといったトラブルも増えている。

⑷　所轄官庁とのトラブル

なお，実際には例えば消費者がクレームを入れること等，上記３類型のどれかのトラブルがきっかけになることが多いものの，理論上は誰も何も言わなくとも所轄官庁，例えば消費者庁から景表法違反として調査が入る等の問題が生じることもある。

これは規制法を事前に確認することで対応することになる。

⑸　「クレーム」の観点（Q91以下参照）

上記の各トラブル類型に加え，実務で重要な視点に「クレームの可能性をどう考えるか」という問題がある。法令上は紙一重で適法だとしても，関係者からのクレームが来ることはあり得る。広告の目的は，広告主やその商品・サービスについて信用（グッドウィル）を形成・維持・拡張することにある。「広告実施に関係した事業者にとってはクレームを受けること自体が，本来グッドウィルを獲得するために実施される広告の目的とは反するもの」（広告法86頁）であるという考えからは，やはり単に法令さえクリアしていれば大丈夫なのではなく，クレームの視点を考慮に入れることは不可欠である。

ただし，「非常識」なクレームがつく可能性もある以上，クレームを怖がっていれば何もできないということにもなりかねない。

・過去に類似の事例で問題となっていないか（例えばクレームが発生して謝罪等に追い込まれていないか。）。
・もし第三者から「この点はどうか？」と問われたら，胸を張って「こういう理由で大丈夫です。」と説明ができるか。
・広告主は，このようなクレームリスクについてどう考えているのか（リスクを取るつもりはあるか）。
・万が一「炎上」した場合にどう対応するか準備ができているか

上記の観点から，過去の事例等を踏まえても常識的な（合理的な）クレームがつく可能性は低く，万が一クレームが来ても説得的な説明ができるとして，広告主がリスクを取ることについて納得している場合であれば，抽象的なクレームの可能性があるとしてもそのような広告制作を行うことは考えられるだろう。

5．広告の定義

広告の定義については，諸説あり，例えば，日本広告業協会（以下「JAAA」という。）が「広告とは，明示された送り手が，選択された受け手に対して知識を与えたり，送り手にとって望ましい態度・行動を形成したりする目的で，媒体を介して行う，有料のコミュニケーション活動」（広告ビジネス入門3頁）等と定義している。しかし，広告法務実務ではこのような講学上の広告の定義はあまり重要ではない。広告法務実務では，広告に関して実施される様々な活動のうち，どのような活動がどのような法令と関係するかを知ることが大事である。

例えば，景表法は「顧客を誘引するための手段として，事業者が自己の供給する商品又は役務の内容又は取引条件その他これらの取引に関する事項について行う広告その他の表示であって，内閣総理大臣が指定するもの」を「表示」として規制の対象としている（景表法2条4項）。つまり，景表法の規制の対象となるかの判断において決定的に重要なのは，景表法上の「表示」であるかどうかであって，「広告」の定義そのものはあまり重要ではない。

消費者契約法は「勧誘」を規制の対象としており，例えば同法12条１項は「適格消費者団体は，事業者，受託者等又は事業者の代理人若しくは受託者等の代理人（以下「事業者等」と総称する。）が，消費者契約の締結について勧誘をするに際し，不特定かつ多数の消費者に対して第４条第１項から第４項までに規定する行為（同条第２項に規定する行為にあっては，同項ただし書の場合に該当するものを除く。次項において同じ。）を現に行い又は行うおそれがあるときは，その事業者等に対し，当該行為の停止若しくは予防又は当該行為に供した物の廃棄若しくは除去その他の当該行為の停止若しくは予防に必要な措置をとることを請求することができる。」として不当な勧誘に対して適格消費者団体が措置を講じることができるとしている。ここでも，消費者契約法上の「勧誘」であるかどうかが規制の対象として決定的に重要なのであって「広告」の定義はあまり重要ではない（注：なお，最判平成29．1．24民集71-1-1は「事業者等による働きかけが不特定多数の消費者に向けられたものであったとしても，そのことから直ちにその働きかけが法12条１項及び２項にいう「勧誘」に当たらないということはできない」としており，一定の場合にいわゆる「広告」が「勧誘」に当たる可能性を示唆している。なお，いわゆるダークパターン等の欺瞞的広告手法の意思形成過程への影響につき松尾剛行「情報化社会と法」法学セミナー2022年４月号20頁参照）。

このようなことから本書ではあえて「広告」の定義にはその詳細に入らないこととする。

コラム　馬好き法務部員の一日

1　「大丈夫ですよね？」の怖さ

広告会社で法務を約３年経験し，個別具体的な質問はあまり怖くなくなった。「怖くない」というのは，大変ではないということではない。例えば「この表現」は優良誤認表示ですか等という個別具体的な質問の場合の対応が大変であることは否定できない。この事案であれば，“問題となる条文”（景表法５条１号）が比較的わかりやすいので，まずは法律の文言を確認した上で，政省令がないかを考える。その上で，その法令の解釈を具体化する通達・告示・ガイドライン等はないかと考える。そこに明確なものがなければ，例えば，所轄官庁ウェブサイトのＱ＆Ａ，そして，所轄官庁の担当課の書籍等に参考情報がないかを考える。それでも明確な記載がなければ，学者や実務家の著した書籍を踏まえて，どこまで言うべきかを考えるし，場合によっては，消費者庁等に問い合わせたりもする。回答をする場合にも，とりわけ結論として否定的な意見を出す場合には，根拠となる通達・告示・ガイドライン等を添付し，「こういう内容だから無理です。」と説明する。それでもお客様が納得できず，「消費者庁に確認せよ。」と言われたら，消費者庁に電話する。

このような一連の流れについては，頻繁に出現する法令であれば，この約３年でほとんど対応経験を得ることができ，広告法務の範囲であれば，案件によって時間がかかる場合とすぐに即答できる場合があるものの，いわば「ルーチン」として，対応の手はずを自動的に取れるようになって来ている。

今，本当に怖いと思うのが「大丈夫ですよね？」である。とりわけ，１枚の広告（案）が送られて「大丈夫ですよね？」の一言だけの案件は，かなりプレッシャーがかかる。

まず，１枚の広告であっても，そこには，様々な内容がある。数字が書いていれば有利誤認，品質等が書いていれば優良誤認，景品や懸賞をやっているかもしれない。個別の法令が問題となることもある。こういう様々な可能性を踏まえながら，１つ１つあり得る法令をいわば「ブレーンストーミング」によって想定し，それぞれについて上記の作業を繰り返す。しかも，法令には違反していなくても，「クレームリスク」は重要である。「大丈夫ですよね？」のメールを送った相談者は，今後将来にわたって一切クレームもないことを期待している。そうすると，どういうクレームがあり得るのか，そういう観点からもじっくり考える必要がある。

このように，個別具体的な質問よりもずっと時間がかかるものの，それでも相談者そしてお客様は私の「大丈夫です！」という回答を待っている。実際には否定的意見を言わざるを得ない場合もあるが，日々このプレッシャーの中いい緊張感をもって対応している。

第2話　予防法務

story 2

三浦：お客様がパロディ広告を作りたいというので，営業から審査を依頼されました。毎回審査をするのは面倒なのですが，どうしてそんな審査をしないといけないのですか。

北野：例えば，そのパロディが，ある有名な写真家の写真をコピーして少し修正した上で，それとは全く違うメッセージを与えることでパロディにするものだとしましょう。判例は，いわゆるパロディ写真事件判決（最判昭和55.3.28民集34-3244）において，そのようなパロディ作品について著作者人格権を侵害する違法なものだとしました。

三浦：著作者人格権というのは何ですか。著作権とどう違うのでしょうか。

北野：それは，後ほど説明しましょう。むしろ注目して頂きたいことは，広告代理店が漫然と何の審査もせずに，そのような広告主の意向どおりのパロディ広告を作ったことに関する広告代理店自身の責任です。

三浦：確かに違法な広告になってしまえば問題ですが，大多数の広告は問題がないはずです。何か問題が起きてから対応すればいいのではないですか。

北野：法務や弁護士のレビューを受けなくても，結果的にはトラブルにならないことも多いのですが，実際は単なる「結果オーライ」で，万が一権利者がクレームをつけたら法的責任が生じる状況だったものの，権利者がその広告の存在を知らなかったり，いわば「捨て置いた」だけ，ということもあります。

三浦：法務レビューを受けると，広告主の希望する表現が実現できなくなり，表現の幅が狭まるのでは，という営業の声も聞きます。

北野：さすがに「黒を白にする」ことはできませんが，法律を遵守しながら，基本的なコンセプトを実現するための方法についてアドバイスすることはできますよ。例えば，パロディでも，見る人が「あれのことだな」と想起してクスッと笑えるものだけれども，著作権法等に違反しないものを作る余地はあります。

三浦：そうすると，法律違反や権利侵害にならないように広告内容の修正のアドバイスをすることが法務や弁護士の審査の意味なのですね。

北野：確かに法律の観点は大事ですが，それだけではなく「クレーム」の観点は重要です。せっかくお金をかけていいイメージを持ってもらおうと広告をするのに，第三者からクレームが入って，悪いイメージがついてしまう事態にならないか，こういう想像力が重要です。

三浦：そうすると一切クレームがつかないようにしなければならないのですか。

北野：いくら頑張っても，時々思ってもみないクレームがつくこと自体は避けられません。法律の知識は，「ここまでは法律の領域」，「ここからは事実上のクレームの領域」という切り分けを可能にします。これまでの広告クレーム事案等を踏まえながら広告主と事実上のクレームリスクを取るのか，広告表現を変えるのかについて事前に広告主とコミュニケーションをしていくことが重要でしょう。

1．予防法務の基礎

紛争になってからこれを解決することはとても大変である。広告の内容が大きな問題となった事案は数多く存在する。

1960年に発生した，牛肉として売っていた缶詰が鯨肉等であったという「ニセ牛缶」事件から，マスコミ広告に対する景表法上の排除措置命令が出されたレモン飲料等に関する広告事件（1967年）等歴史上も，数多くの広告に関するトラブルが発生している（鈴木深雪「広告の法的規制の展開」（http://www.jaro.or.jp/jaro30/pdf/1-2.pdf）参照）。

最近でも，広告が炎上した事件や，広告担当役員の発言によりブランドイメージを毀損した事案等，紛争事案は枚挙にいとまがない。これらは，事前に広告内容や出稿先等を適切に審査することで相当程度防止できる（Q94参照）。

また，広告代理店は様々な契約を締結するところ，当該契約の内容が不適切であれば，相手が不適切な対応をした際に責任を問えなくなることもある。そこで，事前に契約内容を審査することで，当事者間の権利義務を明確にし，万が一相手が違反した場合に適切に責任を追及できるようにし，また，万が一自社が違反した場合の責任を限定するようにすることも，予防法務の重要な役割の１つである。

2．契　約

Q1 広告主との契約

広告主と契約を結ぶ際に注意すべきことは何ですか？

A

契約書の雛形がありますが，当該プロジェクトの特徴を踏まえて適切に修正する必要があります。多くの場合，制作会社等の第三者と協力して広告キャンペーン業務を遂行していくことになりますので，そのような点も含めて留意が必要です。

広告代理店は広告主との間で，広告キャンペーン業務を受託することに関する契約，典型的には特定の広告を制作し，これを媒体に掲載することを内容とする契約を締結する。

基本的には，どのような媒体で，どのような期間，どのようなキャンペーンを行い，それに対しどのように対価を算定してこれをどのように受領するのか等の基本的な権利義務関係の部分，及びトラブルが起こった場合の処理に関する責任や紛争解決等に関する部分が重要となる。

なお，基本契約を締結した上で，個別のキャンペーンについては個別契約を締結する方式もよく見られる。やや古いものの，基本契約に関しては JAAA（日本広告業協会）の雛形が公表されている（https://www.jaaa.ne.jp/wp-content/uploads/2012/03/model.pdf）。

広告代理店がこれらの全ての業務を自社で行う（自社で広告を制作し，これを自社媒体に掲載する。）のであれば，当該業務内容について，自社が受託できるものかを確認した上で，対価の計算方法，支払い方法等の権利義務の内容を確認検討し，交渉するという，広告主との二者関係が問題となる。

ところが，実際には，広告代理店は広告制作については制作会社に，媒体の供給については媒体社に委託することが多い（６頁の図参照）。

その結果，契約レビューの際の重要な観点としては，自社が広告主との契約上負っている義務と，制作会社・媒体社が自社に対して負う義務の内容が整合的となっているのかが重要となってくる。

もちろん，全ての当事者と自社雛形で契約をすることができれば，当該自社雛形の間では，このような契約間の整合性が取れていることが多いだろう。しかしながら，実際には，①相手方（例えば広告主）からその雛形を提示されたり，②自社雛形に対し相手方が修正を入れることもある。このような場合でも，適切に整合性を保ちながら交渉を行うことができれば良いが，その対応に問題があると，例えば，著作権の移転について，広告主と約束した内容が制作会社との関係で実現できていない等（ある部分の著作権を広告主に移転する契約になっていたが，制作会社から当該部分の著作権の移転を受けていない等），整合性が取れなくなることが生じ得る。

そこで，契約書のレビューの際にはこのような点に留意が必要である。

Q2 制作会社との契約

> 広告制作を他社（広告制作会社）に任せる場合，契約において気を付けておくべきことは何ですか？

A

他社との契約との整合性に加え，著作権等の権利関係に気を付けるべきです。

広告代理店が広告制作を広告制作会社に任せる場合，広告主の契約との矛盾がないよう気を付けるべきことは，既にＱ１において言及した。よって，以下では，これ以外の点について説明しよう。広告制作契約については，（Q17で後述のテレビCMを除く。）当事者間で特約を結ばない限り，原則として制作会社が著作権を得てしまうことが重要である。

著作権については**第３話**（⇒26頁以下）で後述するが，著作権法上，著作権は，著作者，例えば絵を描いたのであれば，当該絵を描いた人に帰属する。そこで，例えばフリーのイラストレーターに広告用のイラストを頼めば，原則として当該イラストレーターが著作権を持つ。この重要な例外の１つがいわゆる職務著作であり，著作権法15条１項は，使用者と従業者（その法人等の業務に従事する者）の関係では，使用者が著作者となることを定めている（注：著作権法15条１項「法人その他使用者（以下この条において「法人等」という。）の発意に基づきその法人等の業務に従事する者が職務上作成する著作物（プログラムの著作物を除く。）で，その法人等が自己の著作の名義の下に公表するものの著作者は，その作成の時における契約，勤務規則その他に別段の定めがない限り，その法人等とする。」）。そこで，制作会社に所属するデザイナーが作成した著作物の著作権者は制作会社になり得る。しかし，制作会社と広告代理店の間には，使用者と従業者という関係が存在しない。よって，制作会社と広告代理店との関係において，特に契約で明示しなければ，制作会社が著作権を得ることになる。そこで，例えば，広告主との間で，広告代理店が著作権を有するないしは，広告主に著作権を移転するという内容の契約を結ぶ場合，広告代理店としては制作会社との契約によって著作権の移転を受けなければ，広告主との契約条件を満たすことができないことになる（なお，著作者人格権については，Q11を参照。）。

なお，制作会社は中小企業の場合もあり，その場合には，下請法が問題となる。通常のBtoBの契約では，当事者が合意さえすればどのような条件でも原則として私的自治として尊重され，極めて例外的な場合に公序良俗（民法90条）違反等になるに過ぎない。そこで，契約書に広告代理店側として必要な条項を適切に盛り込むことに重点が置かれる。しかし，下請法は書面作成義務等を負わせるだけではなく，減額禁止，支払い時期の法定，法定遅延損害金等が定められており，例えこれと異なる内容を両当事者で合意しても無効となる。これは下請業者（である制作会社）にとって有利であるだけではなく，例えば，広告主との合意内容と同一の内容を制作会社との契約に盛り込んだとしても，その内容が仮に下請法違反であれば，制作会社はこのような義務を負わないという点が重要である。

その他，制作会社による制作に際してのコンプライアンスについても留意が必要である。例えば，権利関係のクリアランス，年少者の利用（広告法250頁）等に関して適切な対応を講じること等である。

Q3 媒体社との契約

媒体社とはどのような内容で契約を結ぶとよいですか？

A

媒体社との間では，媒体枠の販売に関する契約を締結します。

媒体社との間では，広告主と約束した内容の広告が掲載されるよう，媒体枠の購入／販売に関する契約を締結する。テレビや新聞，雑誌等のマスメディアでは，例えばどの時間帯に何分の放映を何回行うとか，どの面にどのくらいのサイズで掲載するといった形で比較的シンプルであった。

しかし，近年ではインターネット広告の発達により，インターネット広告出稿について様々な契約やその条件等が生じることになり，これらに対応しなければならない。インターネット広告については，第10話で改めて論じる（⇒195頁以下）。

広告代理店が締結するその他の契約としては，以上に加え，例えば，広告主がイベント等に協賛する場合には，イベントの主催者らと協賛に関する契約を締結することになる。

3．リーガルチェック

Q4 弁護士との協力

> 自社の法務部が対応する案件と弁護士にお願いする案件は，どのように分けたらよいですか？

A

会社と当該案件固有の事情という法務部の強みと，専門性という弁護士の強みを踏まえて区別しましょう。

広告法務については，法務部員と顧問弁護士等の外部弁護士が協力して案件を進めていくことになる。ここで，会社法務部の強みは，その会社と当該案件固有の事情を熟知しているところにあり，外部弁護士の強みは（相対的な）専門性にある。

案件のうち，定型的な案件で，特に大きな問題がなく，担当の法務部員の経験上，自分だけで処理できると判断された場合には，法務部員自らが処理することになる。その際には，関連する法令，ガイドライン，判例，書籍等を参照する。とはいえ，一度自ら処理できると判断した場合でも，案件を進めるうちに予想外の論点が生じた場合等には，柔軟に外部弁護士と協力することが望ましいだろう。

社内で処理できないとして，外部弁護士に依頼する場合には，弁護士が得意な分野と法務部員の得意な分野についての理解をベースに対応すべきである。

法務部員が得意な分野は，自社とその具体的な案件に固有の事情である。自社において繰り返し同種の案件を行ううちに，自社における標準的業務の進め方，社内規程，制限事項，意思決定の方法，キーパーソン等の自社の事情をよく知るようになるだろう。そして，このような知識や経験は，（例え顧問弁護士であっても）弁護士よりも法務部員こそがよく知っている事項なのであって，このような情報のうち，本件と関係する情報を適切に弁護士に伝えることが望ましい。

また，当該案件固有の事情について，外部弁護士が直接営業部門等とやり取りすることは必ずしも通例的ではない。むしろ法務部員自身が営業部門等とコミュニケーションをしてこれを取得し，外部弁護士に伝える必要がある。例えば，取引先が同社の契約雛形から１文字でも変更すると，その審査にものすごく時間がかかる会社だ，といった情報を伝えるなどすれば（その雛形があまりにもひどいものである場合を除き），できるだけ雛形を尊重し，特約事項やサイドレター（例えば「覚書」）等で重大なリスクのみに対応するという方法もあり得るところである。

これに対し，法令の解釈，判例，同業他社における一般的な対応等の（個別の会社に依存しないという意味での）一般的な法律の専門性は外部の弁護士の方が知識を有していることが多い。法務部員にも，特にインハウス・ローヤー等外部弁護士と同程度かそれ以上の専門性を有する方もいるが，各案件が自らの専門の中核にはない等案件の性質上それ以上の専門性があると期待して外部弁護士に依頼することも多いと思われる。要するに，双方の得意不得意が異なっている以上，相互に協力し合うことが重要である。

Q5 弁護士への法律相談の方法

> 弁護士に相談する場合，どのような方法で相談するのがよいですか？

A

その事案の特徴や懸念点等をできるだけ具体的に説明してください。

弁護士との相談方法としては，メールによる相談，電話による相談，面談による相談等様々な方法があるし，口頭の説明，回答メール，意見書等，弁護士による回答方法も様々である。質問の内容がメールで簡単に答えられるものか，法律相談の場で色々とやりとりを繰り返すべきであるとか，意見書まで発行してもらうか等については，依頼者側の意向も重要であるが，その事案の難易度等も関係する。よって，まずは弁護士に，質問，問題意識及び関連資料を送付して，今後の進め方も含めて相談した方がよいだろう。

法律相談の前に資料を提供することは，一般にその相談の質を上げることにつながる。確かに一部の弁護士は，事前に資料を提供すると，依頼者の想像を超える時間リサーチをして，多額の請求をすることもあると聞くが（そのような弁護士とは事前に弁護士費用の上限額を合意することが有効である），普通の弁護士は，適切な程度の準備をして，それに基づき法律相談の時間を有意義な時間としてくれる。事前準備をきちんとしていないと，法律相談が単なる「何が依頼者の問題意識かを説明する会」になってしまい，効率が悪い。

法律相談を行う際には，弁護士が「何が白／黒かが明確な領域で，何がグレーゾーンか」を明確に示しているか，及び「法律がそのように解釈されることを前提に，実務でどのように対応すべきか」について，明確に説明しているかに留意し，これらについて曖昧なところがあれば，法務部員側でしっかりと質問するべきだろう。ただし，上記のとおり，事前準備をする機会を与えていない場合には，弁護士を責められないだろう。

Q6 契約レビューのコツ

> 契約書レビュー業務を弁護士に依頼する際の注意点は何ですか？

A

契約レビューの依頼のコツは，事実関係，特に当該取引特有のリスクや留意点，懸念点等について説明をすることです。

外部の弁護士は，個別具体的な取引については十分な情報を有していないところ，契約書のレビューを適切に行うためには，当該事案の特質を把握しなければならない。例えば，「広告主の子会社を制作会社として利用することを前提に，制作と媒体供給を一括して広告代理店が請け負うように依頼された。」といった事情を知らないと，「再委託先について広告代理店が責任を負う。」といった条項をそのままスルーしてしまってもおかしくない。しかし，このような状況の説明を受けていれば「広告代理店が指定した再委託先については広告代理店が責任を負い，それ以外の再委託先については広告代理店は責任を負わない。」等と契約文言を適切に調整することができる。

このように，契約レビューを適切に行うには弁護士への丁寧な説明が重要である。

Q7 意見書取得のコツ

よい意見書を得たい場合には，どのようにすればよいですか？

A

背景事情も含めて詳細に弁護士に伝えましょう。

意見書は「両当事者から中立の立場に立って法律問題についての見通し（展望）を得ることを目的とする客観的文書」（法律文書作成102頁。なお「特定の事項に関して，あるべき法の解釈や運用のあり方を述べる書面」と定義し提出先・争訟性の有無，執筆者で分類するものとして伊藤眞「法律意見書雑考」判時2331-141参照。）である。実務上，意見書が必要となるのは，重要な法的問題に直面して弁護士の意見を確認して書面として残しておきたい場合である。例えば，上場企業であれば，取締役が特定の経営判断をする場合に，例えば当該経営判断の結果として，会社に損害をもたらした場合，取締役がその責任を問われないかが問題となる。ここで，経営判断の原則という法理によって，適切な決定過程における経営判断について，取締役はその責任を問われないとされているところ，その適用において「決定に至る過程においては，参加人及びその傘下のグループ企業各社の全般的な経営方針等を協議する機関である経営会議において検討され，弁護士の意見も聴取されるなどの手続が履践されているのであって，その決定過程にも，何ら不合理な点は見当たらない。」（アパマンショップ事件・最判平成22.7.15集民234-225）といわれるように，弁護士意見を取ることによって善管注意義務を尽くしたとされやすいことを指摘できる。

意見書のポイントは前提事実である。あくまでも，特定の事実関係を前提に法的判断を行うのであるから，前提事実が変われば結論は変わる。例えば，一般的事実関係だけであれば，「特段の事情がない限り適法」という結論になっていたのが，当該事案の事情が「特段の事情」を構成するため，十分に当該事情を反映すれば「違法」という状況もあり得る。そのような場合に都合の悪い事実を無視して「(原則) 適法」という意見書を取得することにどのような意味があるのだろうか (法律文書作成115頁参照)。特に意見の結論を左右するような重要な前提事実について，これを見ないふりをしてしまったり，逆に事実と異なる前提を置くのであれば，正しい(経営) 判断に資する等という意見書の目的を達成することはできない。

実務では，Q4で述べたとおり，外部弁護士は具体的な事実関係について相対的に知識が薄い反面，依頼者側で何が重要な事実かについて判断することができないことも多い。そこで，関係する法令の特定や，ビジネスモデル・案件の背景の理解のために広めに前提事実を広告主から教えてもらった上で，そのうちの論旨に関係する事実はどれか等を弁護士の方で検討するのが適切である。

その意味では，担当者は，まずは広めに事実をきちんと伝え，その上で，意見書の方向性について十分に弁護士とディスカッションしてから，弁護士に意見書上に掲載する前提事実をセレクトしてもらうのがよいだろう。

なお，多くの意見書は社内手続に利用することを想定しているが，投資家等一定範囲で開示したり，場合によっては広報対応の一環として公表されることもあり得る (筆者も広告関係ではないが，事実上公表される前提で意見書を執筆した経験がある)。その場合には，記載方法等が変わることから，内部利用以外の利用があり得る場合には事前に弁護士に伝えるべきである。

Q8 下請け利用の可否

広告物制作の請負契約書では，再委託が禁止されていましたが，下請けを使用することを考えています。このような場合どうすればよいですか？

A

基本契約段階で，既に想定される下請けがあれば，当該下請けについてできるだけ広く利用を許容してもらいましょう。ま

た，個別契約の段階では，当該下請けの利用を明示的に承諾してもらうとともにそれ以外に必要な下請けがないか確認しましょう。

下請けについては，民法上，請負であれば原則自由，準委任であれば原則禁止（民法644条の２第１項参照）とされている。しかし，多くの雛形では，契約形態が準委任か請負かを問わず，下請けを原則禁止して，広告主の同意にかからしめている。

まず，基本契約締結段階において，例えば自社のグループ会社の下請け利用が想定されるのであれば「但し，受託者の関係会社への再委託はこの限りではない。」等として，できるだけ広く例外を認めてもらうべきである（注：関係会社等の定義についても別途検討すべきである。）。

その上で個別契約においては，当該個別契約に関して再委託する全ての業者について，上記の基本契約の定める，例外的に再委託の同意が不要な場合に該当しているかを確認し，該当していない場合には，個別契約に関する書面（個別契約書を作成することもあるが，注文書・注文請書の形式を取ることもある。）等において，全ての再委託先に関して再委託の同意を取得することが必要である。

コラム　馬好き法務部員の一日

2　一人法務の孤独―相談できる人を持つこと

私は一人法務である。もちろん，バックオフィスを担当する上司や同僚は親切にサポートしてくれるが，前任者が辞めた段階で私が入ったので，同時に二人以上法務担当者がいるという状況を経験することができていない。そうすると，いくら他の上司や同僚からサポートしてもらえるといっても「コアの法律」の問題は，自分しかこの会社で回答できる人がいないわけである。ここに一人法務の孤独がある。

そのような場合には，誰か相談できる人を探すことが重要である。例えば，顧問弁護士の先生は相談相手として大変ありがたい存在であり，第一の候補である。また，例えば弁護士になった友人等で気軽に相談できる人がいれば，そういう人に聞くのもいいだろう。

私はロースクール時代に，大変お世話になった弁護士の先生がいて，その後も連絡を取り続けていた。この会社に入社したとき，大変恐縮しながら「広告法の質問をしていいですか？」と聞いたところ「どうぞ！」と快諾してもらったので，この「法務の孤独」を大幅に解消することができた（当然ながら先生に相談することに関しては事前に会社の許可を得ている。）。私の会社の周りの地域だとあまりないが，他の地域では，法務同士のネットワークもあるようである。

一人法務の場合，何らかの方法で法律問題について相談できる人を持つことが重要である。

第3話　著作権法

story 3

三浦は，有名な映画のパロディ広告について北野弁護士に相談していた。

三浦：広告主であるスーパーの社長が，ある映画のポスターを気に入ったみたいで，これでセールの広告を作ってくれ，と言われました。広告クリエイティブができた後で，私のところに「最終確認」がきたのですが。

こう言って，三浦は，スーパーの広告案を北野弁護士に提示した。そこには，「セールを止めるな！」というキャッチコピーと右側に大きなヒゲの男がビデオカメラを持っていて，左側に斧を持っている女性，その周りに手を伸ばしている男性3人，背景は何本もの手と血という構図のイラストのポスター案があった。

北野：あ，例のあの映画ですね。

三浦：そうなんですよ。営業からは，参考にはしたけど写真じゃなくてイラストだから大丈夫だ，と言われたのですが。

北野：今は単純に撮影した写真をそのままポスターにするのではなく，加工したり，そもそもCGで作っていることも多いので，本当は複雑なのですが，話を単純にするため，元々の映画のポスターが1枚の写真をそのまま利用して，そこにキャッチコピーをつけただけのものだと仮定しましょう。そして，その写真をベースにイラストを作った，そのイラストからは，元の写真の構図，撮影ポジション・アングルの選択，露光時間，レンズ及びフィルムの選択等の工夫が読み取れる，こういう場合ですね。

三浦：はい。

北野：著作権には支分権といわれる様々な権利が含まれているのですが，そのうち，二次著作物は勝手に作ってはいけないよという翻案権侵害の判断の基本的な枠組みは，①そもそも著作物か，②当該著作物の著作権者は誰か，③依拠性があるか，④元の著作物の表現上の本質的特徴を感得できるかですね。

三浦：なるほど，写真については，①スナップ写真でも，著作物となるといわれており，今回は，②元写真の著作者が著作権を持つ著作物ですが，③依拠性と，④本質的特徴の感得はどうでしょうか。

北野：依拠というのは著作権法の法文自体には出てこないのですが，他人の著作物に接し，それを自己の作品の中に用いることです。「写真をベースに」というのはまさに依拠しているということです。

三浦：依拠性の要件の実質的意味は偶然同じようなイラストを作っても，著作権侵害ではない，ということですね。

北野：ここまで複雑な構図等がここまで酷似してしまうと偶然の可能性は低そうですが，理論的にはそうですね。

三浦：では，本質的特徴の感得はどうでしょう。

北野：基本的にはアイディアと表現の分離の観点から，アイディアが似ているだけでは著作権侵害にならず，表現の部分を保護するという趣旨とされています。元の写真の構図，撮影ポジション・アングルの選択，露光時間，レンズ及びフィルムの選択等の工夫が読みとれれば，元の著作物の表現上の本質的特徴を感得できるとされるでしょう。

三浦：そうすると，このポスターは…。

北野：そうですね，翻案権侵害の可能性が高いですね。また，その他の支分権や著作者人格権等の人格権も侵害したとされる可能性があります。

三浦：どうすればいいでしょうか。

北野：著作権の問題だけを考えれば，表現に当たる部分を使うのが問題で，アイディアだけを使えば少なくとも著作権侵害にはなりません。例えば，ゾンビたちが売り子になってあるスーパーでセールをしている，それをビデオカメラで撮っている，そういう感じの，「ああ，あれのことか」とは推察できるけど，そのものではないイラストであれば，著作権法の世界であれば，少なくとも「あの写真」のアイディアは使っていても，表現を使ったとなる可能性は低いのではありませんか。

三浦：わかりました。それでいきます！

北野：ちょっと待ってください。あくまでもこれは著作権法の話であって，想定されているキャッチコピーとかとあわせて考えれば，クレームがつく可能性は十分あります。もし社長がファンで，予算があれば，正攻法でコラボを申し入れてはどうでしょうか。

三浦：なるほど，確かに法律だけを考えればいいのではなかったですね。ありがとうございます。

1．著作権の基礎

広告法務で重要な法令の１つが著作権法である。広告は言語，音楽，美術等を用いているが，これらは言語の著作物（著作権法10条１項１号），音楽の著作物（同条２号），美術の著作物（同条４号）等の著作物として，著作権法によって保護されることが多い。

著作権法は，著作物について，その著作権者等に，一定範囲での独占権その他の権利を与える。著作権法は著作権について法人の場合には原則として公表後70年，個人の場合には死後70年の保護期間を認めている（著作権法51条２項，53条１項参照。）。

なお，著作権はあくまでも情報に対するものであり，それが化体する「物」には著作権は及ばないし，逆にそれが化体する「物」が譲渡されても当然には著作権は譲渡されない。例えば，Ａが絵を描いてその絵という「物」をＢに譲渡した場合，（後述のとおり）原則としてＡが著作権者であるから，Ｂはその絵を自由に複製できるわけではない。もっとも，ＣがＢからこの絵を盗んでも，これは単に著作権が化体する「物」が盗まれただけなので，著作権侵害ではなく，Ｂの所有権侵害に過ぎない。そこで，Ｂはこれについて Ｃに対して損害賠償等を請求できるが，原則としてＡはＣに対して著作権侵害を主張できない。

Q９ 著作物と創作性

著作物とは何ですか？

「思想又は感情を創作的に表現したもの」です。

著作権法は，「著作物」を保護する。それでは，著作物は「思想又は感情を創作的に表現したものであつて，文芸，学術，美術又は音楽の範囲に属するものをいう。」（著作権法２条１項１号）と定義されており，著作権法10条１項が以下のものを例示している。

一　小説，脚本，論文，講演その他の言語の著作物
二　音楽の著作物
三　舞踊又は無言劇の著作物
四　絵画，版画，彫刻その他の美術の著作物
五　建築の著作物
六　地図又は学術的な性質を有する図面，図表，模型その他の図形の著作物
七　映画の著作物
八　写真の著作物
九　プログラムの著作物

単に思想や感情があればよいのではなく，思想感情が核となりそれを具体的に表現してはじめて著作物となる（著作権法60頁）ところ，著作権法10

条1項に列挙されているのが，かかる具体的な表現の例示になる。

ここで，ある対象物が著作物だ，とされれば，著作権法は当該著作物を創作した著作者その他の者に独占権を著作者の死後70年等の長期間にわたって与え，第三者がその者の許諾なく勝手にこれを複製等することが禁じられる。著作物の定義というのはかかる独占範囲を画するものである。

著作権法はアイディア（思想）を保護するものではなく，あくまでも表現を保護するものに過ぎないとされる（例えば著作権法61頁以下）。アイディアについては，特許等（87頁以下参照）の制度があるところ，特許の保護期間は相対的に短いし，著作権のように，自動的に権利が付与されるのではなく，特許を出願して，特許庁による登録を受けなければならない。アイディアを著作権で保護してしまえば，登録なくして長期間アイディアが保護されることになってしまう。だからこそ，著作権法は，当該アイディアの発露としての「表現」を保護するのである（注：なお，「あなたのアイディアを登録して保護してあげます。」と勧誘する，といったビジネスがあるようである。確かに，アイディアを記述すれば，それは言語の著作物であり，創作性がない「ありふれた表現」ではない限り著作権法で保護される。だから，そのような言語の著作物が本当にある時点である人によって創作されたことを登録して証明することに全く意味がないとまではいえない。しかし，例えば，（創作性が認められる程度の表現で記述された）有効な広告方法のアイディアを記述して登録しても，独占できるのは，その記述に現れている「表現」に過ぎず，同じアイディアで広告を実施した人がいても，その人に対して著作権を主張することはできない。）。

更に，その表現も，およそ表現であれば何でもよいのではなく「創作的」に表現されたもの（創作性）である必要がある。プログラムの著作物等の機能的な著作物については，どの程度の創作性があればこれを独占させるべきかの難しい問題があるが，少なくとも広告法務で頻繁に問題となる言語，音楽，絵画等の古典的著作物では「高い独創性までは要求されておらず，また学術性や芸術性の高さも問題とはならず，何らかの個性が現れていればよい」と解されている（著作権法66頁）。その結果，確かに，多くの広告には何らかの著作権が発生することが多い（広告に関する法務の文脈における限界事例についてQ18を参照のこと。）。しかし，その広告の特徴ないし「パクられたくない部分」が著作権で保護されるかは別の話である。広告においては，アイディアと表現でいうと「アイディア」の部分がその核心であることがよく見られる。例えば，広告ポスターに使われる写真には著作権が認められても，同じアイディアをベースに異なる写真を使った広告に対して著作権侵害を主張できないことがある。

このような特徴から「広告と著作権の『相性は良くない』」と言われることがある（広告の著作権47頁）。広告ではアイディアの占める比重が高く，有名広告のアイディアを模倣した広告は道義上大きな問題があるし，そのような（「パクリ」と非難され得る）広告が広告主に与えるマイナスの影響も大きいものの，だからといって著作権侵害になるかとは別の話なのである。

Q10 著作者と著作権者

誰が著作権を持つのですか？

A

原則として，著作物を創作した著作者が著作権者になりますが，実務上は職務著作に十分に留意が必要です。

では著作権は誰が持つのだろうか。著作権は創作と同時に著作者，すなわち「著作物を創作する者」（著作権法２条１項２号）に原始的に帰属する（同法17条）。したがって，原則として著作者に著作権が帰属する。

そうすると，例えば，広告を検討する過程で，広告代理店の従業員がラフを描いたとしよう。このラフという著作物を創作したのはその従業員であり，著作権は創作と同時に著作者に原始的に帰属するから，著作権者は従業員，となるように思われる。

しかし，実務上重要なのは，職務著作である。著作権法15条１項は「法人その他使用者（以下この条において「法人等」という。）の発意に基づきその法人等の業務に従事する者が職務上作成する著作物（プログラムの著作物を除く。）で，その法人等が自己の著作の名義の下に公表するものの著作者は，その作成の時における契約，勤務規則その他に別段の定めがない限り，その法人等とする。」と定めている。

①「使用者の発意」とは，創作による意思決定が直接又は間接に法人等の判断により行われていることを意味する（著作権法253頁）。典型的には，業務命令としてラフの作成を命じられた場合である。では，上司がラフを作れと命じた場合ではなく，従業員が「広告主X社の案件の対応をせよ。」という上司の指示に基づき，具体的な業務遂行方法としてラフを作った場合はどうか。使用者から具体的な命令がなくとも，当該雇用関係からみて使用者の間接的な意図の下に創作した場合でもこの要件を満たし得る（著作権法253頁）とされているので，具体的状況にもよるが，なお発意は否定されないことが多いように思われる。

②使用者の「業務に従事する者」は，使用者と従業者の関係が必要ということである（著作権法255頁）。例えば，下請先（請負関係）の場合には，職務著作制度は適用されない（著作権法258頁）。

③「職務上作成」されたもの，という要件でいうところの「職務」は，具体的命令だけではなく職務として期待されている範囲であれば含まれる（著作権法258頁）。

④使用者の「名義の下に公表するもの」，というのは，未公表であっても公表されるとすれば使用者の名義で公表するであろうものも含まれると解されている（著作権法260頁）。例えば，そのラフを公表（注：実務上はコンペでも全世界から公募するのではなく，過去に案件を行った経験がある会社等特定の会社に対して示すだけのことが多いが，あくまでも，「公表されるとすれば」どうなるかが基準である。）して複数の制作会社に提案を求める場合，従業員の個人的な名義ではなく，広告代理店の名義であろうから，この要件を満たすことは多いように思われる。

⑤なお，「契約，勤務規則その他の別段の定め」があれば，別途の判断の余地がある。

このように，職務著作の各要件を満たす限り，使用者（広告代理店）が，著作物（ラフ）の著作者として，原始的に著作権が帰属する。

なお，著作権は譲渡やライセンスが可能であるから，著作者が第三者とこれを譲渡する契約を締結すれば，第三者が著作権者となることもあるし，第三者にライセンス（とりわけ独占的ライセンス）をしている場合には，当該ライセンスの効果として，利用に一定の制限を受けることがある。

Q11 支分権と人格権

何をすると著作権侵害になりますか？

A

著作権には例えば，複製権という権利（支分権）が含まれており，第三者が複製をすることは著作権者の許諾（ライセンス）がなければできません。このような著作権を構成する各支分権によって独占が認められる範囲の行為を（著作権者の許諾を受けずに）行うと，原則として著作権侵害になります。

著作権は1つの権利ではなく，著作権を構成する複数の支分権といわれる権利の束である。

支分権は原則として利用態様ごとに定められており，その態様による利用について独占権が認められる。

逆にいうと，支分権で定められた形態以外であれば，独占権は及ばない。例えば，本を「読む」ことについては，そのような利用態様の独占を規定する支分権はないので独占権が及ばない（ただし，複製等の支分権として規定されている行為をしないと「本」という形にならないため原則として本は読めない。）。

著作権法では，複製権，上演権及び演奏権，上映権，公衆送信権等，口述権，展示権，頒布権，譲渡権，貸与権，翻訳権，翻案権等，二次的著作物の利用に関する原著作者の権利等が規定されている。これらは，著作権のうちの財産的側面にかかるものである。

これらの他に，著作者人格権と言われる権利もあり実務上重要である。すなわち，公表権，氏名表示権，同一性保持権等が定められている。

冒頭のストーリーにおいては，写真からイラストを作成する過程で，写真が改変されており，翻案権侵害のみならず，同一性保持権侵害も問題となる（注：後述の舞妓写真事件及び祇園祭写真事件は，翻案権と同時に同一性保持権侵害を認定した。）。

もっとも，著作者人格権と著作権（財産権）との相違としては，譲渡可能性がある。つまり，著作権（財産権）は著作権者のものであって，譲渡可能である。しかし，著作者人格権は，著作者のものであって，第二者には譲渡できない。例えば制作会社と広告代理店は著作権の譲渡に合意できるが，制作会社が著作者なら，著作者人格権は制作会社にのみ帰属する（注：そこで，Q22で後述のとおり，実務上不行使の合意等をしている。）。

広告では，例えば，芸術作品である裸婦像を風俗店の広告に使う等，広告に使うことによる著作者の名誉声望への影響が大きいこともあり，著作者人格権が重要だと指摘される（広告の著作権49頁参照）。

Q12 著作権の広告法務における意味

広告クリエイティブが著作物として著作権の対象となると聞きましたが，広告代理店の法務として何に注意すべきですか？

A

広告代理店の法務として注意する点は，①広告代理店は，きちんと制作会社等から適切かつ広告主との契約に即した方法で当該広告で利用する広告クリエイティブが著作権法上適法に利用できるよう，著作権の譲渡又はライセンスを受ける必要があること，②当該広告クリエイティブが第三者の著作権を侵害していない，すなわち第三者の著作権の対象ではないか，対象となる著作権の権利者からライセンス等を受けていること，③侵害者に対する対策として著作権を適切に利用できること等です。

では，著作権は，広告法務とどのような関係があるのだろうか。

まず，広告代理店は，広告主のために，広告クリエイティブを利用する立場にあるところ，Ｑ９のとおり，広告クリエイティブそのものが著作物とみなされ，著作権が発生する可能性は高い。そして，広告代理店内で広告クリエイティブを全て作り上げることはまれであって，制作会社が広告クリエイティブを作ることが多いところ，広告代理店と制作会社の間に通常は職務著作となるような関係はないことから，制作会社が著作者となることが多い（注：実際に広告クリエイティブを作るのは制作会社の従業員であるが当該従業員と制作会社の間では職務著作の関係が成立することが多い。なお，実際には共同著作等のより複雑な実態が生じることも少なくない。）。よって，広告代理店は，広告クリエイティブという著作物を広告キャンペーンのために利用することが適法となるよう，制作会社から著作権の譲渡又はライセンスを受ける必要がある。

次に，広告クリエイティブは，言語の著作物，音楽の著作物，美術の著作物等を含むところ，第三者の著作物に依拠してこれを複製ないし翻案しているとされれば，当該著作物の著作権者等の許諾を得なければ，著作権侵害となってしまう。よって，このような第三者の著作権を侵害しないよう，ライセンスが不要な内容とするか，ライセンスを受ける必要がある。なお，仮にきわどいところで適法の場合，念のためにライセンスを受ける等の対応をすることもある。

最後に，このような広告クリエイティブに著作権が発生することは，例えば広告を模倣したりその他権利侵害をする第三者がいる場合に，侵害者に対する対策として著作権を利用することで対応することも可能だ，ということである。ただし，そもそも著作権法上侵害かどうかという法的判断に加えて，（例えば，その商品・サービスの愛好者の個人的な行為である場合等において）どこまで厳しく侵害対応を実施すべきか（いわゆる「寛容的利用」の問題。）という別の判断も重要である。

2．許諾が不要な場合（著作権の制限）

実務上，著作権法には，許諾がそもそも不要な場合が多数規定されている。もっとも，例えば，個人的な使用をライセンスなく行うことができるという私的使用（著作権法30条）は会社やビジネスになると原則として適用されない。そこで，以下では，あくまでも広告法務に関係しそうなものをいくつか選択しているとご理解いただきたい。なお，いわゆる所在検索サービスや情報解析サービス等についてライセンスなく実施することができる可能性を広げる平成30年改正（著作権法47条の5等）や，ライセンスの当然対抗（著作権法63条の2）を含む令和2年改正についても，広告法務との関係に鑑み，あえてほとんど説明していない。

Q13 写り込み

撮影をしたところ，他社のキャラクターが全面に描かれている服を着た人が写り込んでいました。こういう場合には，必ずその部分を消さないと，著作権侵害ですか？

A

写り込みについての著作権制限規定が適用される可能性がありますが，そもそも，広告に（ある程度以上のサイズで）他社のキャラクターが出現すること自体，広告主にとって望ましくない場合が多いように思われます。

写り込みの例外というのは，複製伝達行為を行うにあたってその対象とする事物等に付随してその軽微な構成部分となるところの著作物について原則として正当な範囲内で利用可能となるというものである（著作権法30条の2）。元々平成24年改正で入った規律であるが，令和2年改正では，分離可能であっても主として被写体に付随するものについて対象となり

（注：改正前は分離困難性が要件であったが改正で分離困難性の程度という判断要素の1つになった），写し込み，つまり，偶然ではなく小物等として写り込ませた場合も他の要件が満たされれば排除されないこととなった（著作権法376頁以下及び817頁以下）。ということである。

重要なのは，多くの著作権の制限規定は，報道・教育・障害者対策・試験等の特定の目的による限定が設けられているのに対し，写り込みについては当該目的の制限がなく，営利目的でも適用されるものの，「当該付随対象著作物の種類及び用途並びに当該利用の態様に照らし著作者の利益を不当に害することとなる場合」に認められないことである。そして，現在または潜在的市場で競合する場合には利益を害することになる（著作権法376頁）。その解釈としては，例えば，1から2割程度（永山裕二「著作権行政をめぐる最新の動向について」コピライト619号13頁）に留まる場合や，ぼけた写真が背景に写り込まれているような場合には，かなり大きくても本条が適用されてもよい（著作権法376頁）等という議論が参考となるだろう。

もっとも，写り込みの態様によっては，別の商品や別のキャラクターが広告クリエイティブ上に出現することで，広告効果が薄まる等の状況が発生し得ることから，仮に著作権法上は大丈夫でも，あえて加工・消去することは十分あり得るだろう。

Q14 検討過程における利用

> ある広告に使えそうな（第三者が著作権を有する）写真をいくつか比較検討して，使うと決めた写真についてライセンスを受けてこれを利用するつもりですが，社内の検討会議で，写真を比較した資料を作成して会議参加者に配ってもよいですか？

A

検討の過程における利用により許諾不要な可能性がありますが，ストックフォトのリスクにも注意する必要があります。

例えば，ライセンスを受けて利用する等，他人の著作物を合法的に利用しようとする者は，これらの利用についての検討の過程における利用に供することを目的とする場合には，その必要と認められる限度において，いずれの方法によるかを問わず，当該著作物を利用することができる（著作権法30条の３)。これが検討過程における利用といわれる著作権法上，ライセンス等を受けずに他人の著作物の利用が許される一場面である。

もし，会社の会議資料において，第三者が著作権を持つ著作物を無許可でコピーしたとしよう。これは私的使用（著作権法30条）ではないので，そのような行為が複製権侵害となる可能性が高い（注：そこで，例えば新聞雑誌記事については有償のクリッピングサービスを利用する等，許諾を受けることが望ましい。)。ところが，上記のような場面では「ライセンス」を受けるために必要な検討のための複製が必要なのに，その複製はライセンスが必要だから，検討すらもできない，といった本末転倒なことが起こりかねない。そこで，法は必要と認められる限度における利用を認めている。具体的には，企画に不必要な範囲の社員までに著作物を複製した企画書を頒布すると「必要と認められる限度」を超えると解される（コンメンタール２・194頁)。

なお，結果的に採用されなくてもよい。例えば写真ＡとＢを比較するために，社内検討会議においてメンバー分の写真Ａのみを採用してライセンスを受けたとしよう。当然Ａについては，検討時点でも，著作権法30条の３によって適法だが，Ｂについては結果的にライセンスを受けていない。それでも，比較検討ができるよう，結果的に採用が見送りになっても違法にはならないとされている（著作権法380頁）（注：とはいえ，目的外利用は禁止されている。)。

ただし，合法的に利用する意図にもとづかない場合，例えば，イメージとして第三者の著作物を示す等は，結果的に当該著作物の合法的利用を意図していない以上，検討過程における利用に当たらない（広告法61頁)。

なお，ストックフォトのリスクについてはQ23を参照。

Q15 建築物

スカイツリーや東京タワーを広告に利用してよいですか？

A

著作権という意味では，適法に近いものの，実務上はクレームリスクを避けるため，管理会社に申請することを検討すべきです。

建築の著作権（著作権法10条1項5号）については，著作権法に特別の規定がある。著作権法46条は「建築の著作物を建築により複製し，又はその複製物の譲渡により公衆に提供する場合」（同条2号）等以外には自由に利用できるとしている。

そもそも，ありふれた建物であれば，それを著作物とはいえず，著作物性がある建築物と認められるものは全建築物のうち一部にすぎない（著作権法106－108頁では住宅展示場の住宅の著作物性等について論じられている（著者は否定的））。例えば，東京タワーのような美術性のある建築物をそのまま，又は拡大縮小して複製することについては許諾が必要である。しかしこれらの建築物は，写真や写生等日常的に利用されているため，全面的に権利行使を認めることは，一般人の自由を過度に制限することになり妥当ではない（著作権法453頁）。そこで，屋外に恒常的に設置されている建築物の著作物については原則として自由利用が認められ（同法46条），建築著作物の建築による複製（同法46条2号）等が例外的に自由利用が認められない。ただし，翻案等をする場合には，同一性保持権の問題は残る（同法50条，著作権法489－491頁）。

そこで，撮影者から許諾を受け，又は自社の従業員に撮影させれば（職務著作。Q10参照），同一性保持権等の著作者人格権に悪影響を与えない限り，自由利用の可能性がある（そして後述のとおり，物のパブリシティ権は法的には認められていない。）。

もっとも，「著名な建築物の写真を広告に使用する場合はこれからの友好関係のためにも建築物の所有者あるいは管理会社に事前に許諾を求めるのが事実上望ましい」（広告法務136頁）とされており，東京タワーやスカイツリーの利用について管理会社が申請を受け付けている。

なお，忠犬ハチ公像の広告への利用について，もっぱら美術の著作物の販売が目的ではないから，自由利用が可能となり得るが，著作者人格権は制限されていないので，許諾を得るのが望ましいとアドバイスした事例が公表されている（広告法務136頁）。

Q16 その他

広告に有名な曲の歌詞を引用したいのですが，引用は許諾が不要ですよね？

A

一般には，公正な慣行の下で引用することは可能ですが，広告実務では引用要件を満たすことは難しいといわれます。

これまで，広告の文脈における様々な著作権の制限規定を見てきた。ここで，著作権法32条は引用について，著作権制限規定を設けている。しかし，広告の文脈において，本来第三者の許諾を得なければならない状況下で，それが「引用」（著作権法32条）であることを理由に許諾が不要といえる場合は少ないと思われる。その理由は，必然性が薄く，公正な慣行や正当な範囲とは言い難いからである。また，広告による利用については，著作者人格権との関係も生じるだろう。そのため，有名な楽曲やその歌詞を利用する場合，広告実務ではライセンスを利用すべきで，引用を根拠とすることは難しいといえる。

3．広告法務のポイント

Q17 著作権者

広告主Ａが広告代理店Ｂに広告を依頼し，Ｂは制作会社Ｃに広告クリエイティブを作成させました。この場合，何の特約もなければ誰が広告クリエイティブの著作権者ですか？
また，テレビCMも同じですか？

A

このような単純化した事例の場合，原則としては，制作会社Ｃとなります。しかし，テレビCMのような一部の類型についてはＡが持つと解されることがあります。

上記Q12のとおり，広告主のために広告代理店が作成する広告クリエイティブについては，制作会社をして作らせることが多いところ，まずは制作会社が著作者となり，著作権も制作会社に原始的に帰属する場合が多い（注：再委託や共同著作等，もっと複雑な場合も多々存在する。）。

すると，広告代理店が適切に権利処理をせずに当該広告クリエイティブを広告主のために活用することはできないのが原則となる。それを前提にいかに対応すべきかについては下記Q22を参照されたい。

注意すべきは，テレビCMである。すなわち，映画の著作物（著作権法10条１項７号）について著作権法上取り扱いが異なり，テレビCM等はこの特則により著作者が変わり得るのである。著作権法29条は「映画の著作物（括弧書き内略）の著作権は，その著作者が映画製作者に対し当該映画の著作物の製作に参加することを約束しているときは，当該映画製作者に帰属する。」とする。映画については，必ずしも特定の会社の従業員が製作するのではなく複数の会社をまたいで協力することが多い。すると，職務著作としてどこかの会社一社が著作者になることは多くない。しかし，映画製作者が自己のリスクの下に多大の製作費を投資する例が多いこと，多数の著作者全てに著作権行使を認めると，映画の著作物の円滑な利用が妨げられる。そこで，法は映画製作者，つまり，映画の著作物の製作に発意と責任を有する者（著作権法2条1項10号）に権利を集中させた。

そして，テレビCMは，日本語の素直なイメージからは「映画」とは異なるとも思われるが，すでに裁判所はゲーム（の映像部分）を「映画」の著作物としており，その観点からするとテレビCMが映画の著作物とされる場合が多い。

ところで，テレビCMについてその「製作に発意と責任を有する者」は誰なのだろうか。この点，1992年にACC（All Japan Confederation of Creativity）は「棚上げ」論を打ち立てた（'92ACC合意）（広告の著作権118頁）。結局，法的に誰が著作権を持っているかはともかく，広告主がCMを改訂したりプリントする場合はオリジナルの広告代理店や制作会社に必ず発注する，というルールである。

しかし，これで全ての問題が解決したのではなく，具体的に紛争が生じた場合，裁判所はこのような棚上げ論に依拠することはできず，「製作に発意と責任を有する」映画製作者とは誰かを法的に判断しなければならない。カーニバル判決（知財高判平成24. 10. 25裁判所ウェブサイト）は，そのような判断が要求された事案であるところ，知財高裁は，「これを製作する意思を有し，当該原版の製作に関する法律上の権利・義務が帰属する主体となり，かつ，当該製作に関する経済的な収入・支出の主体ともなる者としては，広告主」と考えるのが相当だとし，広告主こそが映画製作者であり著作権者だとしたのである（広告法82－85頁及び広告の著作権119頁以下）。

もちろん，このような考え方については色々な意見があるが，少なくとも本書執筆時点ではこの判決を基にした新たなコンセンサス形成には至っていないようである（広告の著作権120頁も参照）。

実務では，カーニバル判決の射程（注：その例としてQ20参照）内の事案なのか（広告法85頁も参照）を検討した上で，射程内であれば，広告主が著作権者であることを前提に適切な契約条項を設ける（例えばACC合意に準じた発注義務を求める。）等で対応することが現実的であろう。

Q18 短いフレーズ等にも著作権はあるか

有名な短いキャッチコピーを少しだけ変えて使いたいのですが，著作権侵害になりますか？

A

どの部分をどう変えるかにもよりますが，少し変えるだけ，ということであれば，元のキャッチコピーが著作物であれば複製権又は翻案権侵害になる可能性があります。ただ，キャッチコピーが短い場合には，著作権侵害そのものは免れられる可能性があります。とはいえ，商標権等の他の権利の問題，そしてクレームリスクについても十分留意が必要でしょう。

ここで，アイディアは著作権法上保護されないことから，ありふれた文章，極めて短い文書等で思想と表現が混同する場合には，当該アイディアを表出する際に，他に表現の幅がなく，保護されない（著作権法79－82頁）。

キャッチコピーはアイディア勝負であり，しかも短いものが多い。すると，名作キャッチコピーといわれるものでも，その素晴らしさの本質がアイディア部分にあり，表現は単に当該アイディアをありふれた表現で表しただけであるとか，他に表現しようがないため，著作物ではない可能性がある。また，仮に著作物であっても，その保護範囲が狭い可能性がある。もちろん，俳句は5・7・5，短歌は5・7・5・7・7であり，この程度の字数でも著作権が成立し得るとはいわれているが，それは，俳句及び短歌が「表現」であって（アイディア部分が存在することはもちろんだが），そのアイディアをありふれていない独特の表現にしている点の相違には留意が必要である。

ここで，例えば「ある日突然，英語が口から飛び出した！」という（短いが，アイディアとしては秀逸な）キャッチコピーを使ったAが，全く同一のコピーを利用するＢに対し著作権侵害を主張した事案において，学習効果を表現する上で，他の表現の選択肢が限られている等として，語句の選択はありふれており著作物性がないとした裁判例がある（英会話事件・知財高判平成27.11.10裁判所ウェブサイト)。もちろん，常にキャッチコピーの著作物性が否定されるのではなく，いわゆる交通標語事件（東京高判平成13.10.30判時1773-127）では，「ボク安心　ママの膝（ひざ）より　チャイルドシート」につき，全体としてのまとまりをもった５・７・５調の表現の限りでは著作物性を認めている（以上につき広告法75頁も参照)。

そこで，「自社が侵害をしているのではないか」という観点から検討する際には，ある程度以上の長さのキャッチコピーをそのまま利用することについては慎重になるべきである。

なお，実務上，元の著作物をそのまま写し取るデッドコピーの場合には，創作性について厳しく要求しないことがある（注：交通標語事件も「交通標語には，著作物性（著作権法による保護に値する創作性）そのものが認められない場合も多く，それが認められる場合にも，その同一性ないし類似性の認められる範囲（著作権法による保護の及ぶ範囲）は，一般に狭いものとならざるを得ず，ときには，いわゆるデッドコピーの類の使用を禁止するだけにとどまることも少なくない」とする。)。理論的には創作性があるかをまず判断し，創作性がなければ，その次の複製等をしたかという判断にはいかないのだから，このような実務上の取扱いに疑問があることは間違いない。ただ，裁判官の発想としては，そのようなデッドコピーをしておきながら，創作性がないと抗弁して争うということはどうか，等という発想を持つことは理解できるところであり，その意味では，広告において，（創作性が明らかにないものであれば問題がないが）創作性が微妙なものについても，デッドコピーをすることについては慎重になるべきである。

なお，仮に著作権が及ばないからといって自由にキャッチコピーを模倣して良いという事ではない。周知性が高い一部のキャッチコピーは商標権等他の権利で保護されることもあるし，とりわけ，広告主のイメージという意味では，有名な他人のコピーを模倣することはクレームリスクも高く，避けるべきであろう。

Q19 応用美術と著作権

> **第三者が作成した東京の名所を模式化したサイン（ピクトグラム）を組み合わせて広告を作りたいのですが，第三者の作成したピクトグラムを無断で使ってもよいですか？**

A

著作権侵害の可能性があります。

美術の著作物（著作権法10条1項4号）は純粋な芸術であればそれが著作物として著作権法により保護されることには問題がないが，いわゆる工業デザイン等の応用美術は問題がある。すなわち，工業デザイン等については意匠法が一定の保護を定めているのであり，応用美術を著作権法で保護してしまうと，意匠として登録されていないものについてまで，意匠法を超える長い期間の保護を与えることになるのではないか，という問題意識がある。

この点，有名なTRIPP TRAPP判決（知財高判平成27．4．14裁判所ウェブサイト）において，知財高裁は，「著作権法が，『文化的所産の公正な利用に留意しつつ，著作者等の権利の保護を図り，もって文化の発展に寄与することを目的と』していること（同法1条）に鑑みると，表現物につき，実用に供されること又は産業上の利用を目的とすることをもって，直ちに著作物性を一律に否定することは，相当ではない。同法2条2項は，『美術の著作物』の例示規定にすぎず，例示に係る『美術工芸品』に該当しない応用美術であっても，同条1項1号所定の著作物性の要件を充たすものについては，『美術の著作物』として，同法上保護されるものと解すべきである」として，広い保護を認めた。

もっとも，その後別の事件である，いわゆるエジソンのお箸事件（知財高判平成28.10.13裁判所ウェブサイト）では「実用品であっても美術の著作物としての保護を求める以上，美的観点を全く捨象してしまうことは相当でなく，何らかの形で美的鑑賞の対象となり得るような特性を備えていることが必要である（これは，美術の著作物としての創作性を認める上で最低限の要件というべきである）。」としている（なお，知財高判平成28. 12. 21判時2340－88が「応用美術は，『美術の著作物』（著作権法10条１項４号）に属するものであるか否かが問題となる以上，著作物性を肯定するためには，それ自体が美的鑑賞の対象となり得る美的特性を備えなければならないとしても，高度の美的鑑賞性の保有などの高い創作性の有無の判断基準を一律に設定することは相当とはいえ〔ない〕」とし，知財高判平成30. ６. ７裁判所ウェブサイトが「著作権法上の美術の著作物として保護されるためには，仮にそれが産業用の利用を目的とするものであったとしても，美的観点を全く捨象してしまうことは相当でなく，何らかの形で美的鑑賞の対象となり得るような創作的特性を備えていなければならないというべきである。」と判断したことや，具体的事案で著作物性を否定した知財高判平成28. 11. 30判時2338－96，知財高判令和３. ６. 29裁判所ウェブサイト（令和３年（ネ）10024），知財高判令和３. 12. ８裁判所ウェブサイト（タコの形状を模した滑り台事件）等も参照。）。

このように，少なくとも本書執筆時点においては，実務上完全には見解が固まっていないので，第三者の応用美術を模倣する立場の場合であれば，TRIPP TRAPP判決に近い判断がされることを想定すべきである（そして，逆の側は，エジソンのお箸事件のような判断を想定すべきである。）。

ここで，ピクトグラムについては，大阪城や通天閣のピクトグラムについて，その著作物性を肯定したものがある（大阪地判平成27. ９. 24裁判所ウェブサイト）。少なくとも最高裁判決が出るまでは，応用美術については，保守的に著作物性が肯定される可能性があるという前提で対応するのが実務的であろう（広告法55頁）。

なお，例えば東京観光の案内等，明らかに当該対象が広告主を支持しているというニュアンスではないものであれば著作権以外の問題は少ないものの，そうではなく，例えば，東京の名所（を運営する主体）が広告主（の立場・意見等）を支持するというニュアンスの使い方であれば，名所の運営主体等からの自分たちは広告主を支持していないといった別のクレームリスクがあることにも留意が必要である。

Q20 どの段階で著作権が発生するのか

取引のある制作会社がラフを提出し，これに基づき発注をしようと金額を交渉したのですが，金額が合いません。そこで，この話はなかったことにして発注しないものの，自社のデザイナーにラフを元に完成させても大丈夫でしょうか？

A

ラフといっても程度は様々ですが，著作権侵害の可能性も十分にあります。

実務上，制作会社がラフを提出した後，制作会社が継続して完成させるのではなく，広告代理店で完成させたり別の制作会社に依頼することがある。その理由としては，ラフのできが悪かったり，遅いという場合もあれば，上記の例のように金額が合わないという場合もある。

ここで，ラフのできが悪いとしてラフと「全く違う」ものを完成させた場合には（アイディアの冒用といった，著作権以外のクレームリスクはあり得るが）著作権の問題はなく，単に「ラフの出来高に対する報酬を払う必要があるか」，という契約問題に帰着する。しかし，ラフをベースにクリエイティブを完成させた場合には別の問題として著作権の問題が生じる。

ここで，完成品でない限り著作権が生じない，ということは全くなく，上記の創作性の判断基準により著作物性を持つとされれば，その段階で著作権は生じてしまう。

例えば，アイディアを羅列しただけの企画メモといった程度であれば，著作物性を持たない可能性はあるが，それを超えてくるとやはり少なくとも受け取る側の広告代理店としては著作物性を持つとして取り扱った方が安全である（注：ただし，制作会社としては当然に著作物性を持つといえるのか，専門家とも相談することが望ましい。）。

このように，ラフでも著作権が発生し得るところ，ラフを提出させた上で，発注せずに，自社で別途完成させてしまうというのは翻案権・同一性保持権侵害のおそれも強い。永禄建設事件（東京高判平成 7．1．31判時 1525－150）では，このような事案で出版が差し止められて損害賠償が命じられた（広告の著作権107頁も参照）。

なお，上記の議論と似て異なるのは，三沢市勢映画製作事件（東京高判平成 5．9．9 判時1477－27）である。すなわち，上記のとおり，ラフ等の仕掛かり中でも著作権自体は発生するものの，仕掛かり中であれば映画の著作物とはいえないので，上記Q17で述べた映画の著作物についての特別の著作権帰属規定が適用されないとしたのである。よって，仕掛かり中であれば，例えば制作会社の職務著作であれば制作会社が著作者で，著作権は制作会社に帰属するということになり，それが映画として完成した瞬間に（Q17のカーニバル判決の射程内である限り）広告主のものになる，と理解される（広告法85－86頁）。

Q21 権利侵害の判断

著作権侵害というクレームがきました。侵害しているかはどう判断すればよいですか？

A

①そもそも著作物か，②当該著作物の著作権者か，そして，③支分権ごとの権利侵害行為の有無という判断過程を踏まえて検討しましょう。

基本的には，トラブルに際しては，①そもそも著作物か，②当該著作物の著作権者か，そして，③支分権ごとの権利侵害行為の有無という過程で，権利侵害が判断される。

例えば，冒頭のストーリーで主に問題となった翻案権を例にとって検討しよう。翻案権侵害行為の有無は，依拠性があるか及び元の著作物の表現上の本質的特徴を感得できるかで判断される（注：あくまでもこれは例示である。例えば放送等であれば，すでに存在している著作物を利用する以上，その際にはその支分権を利用する権限の有無が問題となり，依拠性は争点にならない（著作権法589頁）。）。

翻案権侵害になるためには，他人の著作物に依拠してその表現上の本質的な特徴の同一性を維持しつつ具体的表現に修正等を加えて新たに思想又は感情を創作的に表現する必要がある（ワン・レイニー・ナイト・イン・トキョー事件（最判昭和53.9.7民集 32－6－1145）及び江差追分事件（最判平成13.6.28民集55－4－837）・著作権法181－192頁）。なお，複製は完全に同一である必要も同じ表現形式である必要もないため，新たに思想又は感情を創作的に表現するという要件を満たさず原作品に創作的付加がされていなければ複製権侵害の問題となる（著作権法304頁）。

そして，依拠に基づいてなんらかの創作がされても，それが全く異なるものであれば，翻案権の範疇には入らない。そこで，既存の著作物の表現上の本質的な特徴を直接感得することのできる範囲に著作権（翻案権）が及ぶ。

例えば，冒頭のストーリーの例に当てはめると，①著作物については，写真の著作物（同法10条1項8号）であるところ，被写体の選択，シャッターチャンス，シャッタースピード，絞りの選択，アングル，ライティング，構図・トリミング，レンズ・カメラの選択，フィルムの選択，現像・焼付等により，写真の中に思想・感情が表現されているからであり（著作権法110頁），その限りで保護される。

そして，②著作者は上記のとおり撮影者か，それが職務著作であれば，使用者であって，その後の著作権の譲渡等の有無が問題となる（著作権侵害との主張がされている事案であることから，譲渡やライセンスはないと思われる。）。

更に「映画のポスターが気に入ったので，これで広告を作ってくれ」ということでこれをベースにしているのだから明らかに依拠がある。

加えて，写真からイラストにした場合については，例えば祇園祭の写真に依拠して水彩画を制作した行為につき，2つを対比して直接感得性を認めたものや（注：祇園祭写真事件・東京地判平成20.3.13判タ1283－262「本件水彩画においては，写真とは表現形式は異なるものの，本件写真の全体の構図とその構成において同一であり，また，本件写真において鮮明に写し出された部分，すなわち，祭りの象徴である神官及びこれを中心として正面左右に配置された4基の神輿が濃い画線と鮮明な色彩で強調して描き出されているのであって，これによれば，祇園祭における神官の差し上げの直前の厳粛な雰囲気を感得させるのに十分であり，この意味で，本件水彩画の創作的表現から本件写真の表現上の本質的特徴を直接感得することができるというべきである。」)，舞妓の写真を元に日本画を創作したところ，全体構成や構図等から比較的簡単に翻案を肯定した事案（注：舞妓写真事件・大阪地判平成28. 7.19判タ1431－226「例えば，本件絵画〈1〉は，その全体的構成が本件写真〈1〉の構図と同一であり，本件写真〈1〉の被写体となっている舞妓を模写したと一見して分かる舞妓を本件写真〈1〉の撮影方法と同じく，正面の全く同じ位置，高さから見える姿を同じ構図で描いていることで本件写真〈1〉の本質的特徴を維持しているが，その背景を淡い単色だけとし，さらに舞妓の姿が全体的に平面的で淡い印象を受ける日本画として描かれることにより創作的な表現が新たに加えられたものであるから，これに接する者が本件写真〈1〉の表現上の本質的な特徴を直接感得することのできる」）等がある（その他の否定例に東京地判平成30. 3.29裁判所ウェブサイトがある。）。

そこで，これらの比較の結果，具体的なポスター同士で直接感得性の基準を満たすかが問題となるだろう。

なお，広告の文脈でどこまで利用できるかという問題はあるものの，著作権の制限規定につきQ13以下も参照のこと。

Q22 契約による権利処理はどうするのか

著作権について契約上どこに留意すべきですか？

A

著作権法27条及び28条を特掲すること，著作者人格権の不行使等に留意すべきです。

前記のとおり，広告主との間の制作及び掲載に関する契約，制作会社との制作に関する契約，そして媒体との掲載に関する契約が主要な契約になる。とりわけ，著作権との関係では，広告主及び制作会社との契約が重要である。

まず，特に契約上明示しない限り，CMについては，広告主が著作権者となる可能性があり，それ以外の通常の広告クリエイティブについては，制作会社が著作権者になるという上記Q17の議論を前提に，きちんと権利処理をするべきことになる。CM以外については，制作会社から著作権の譲渡又はライセンスを受けることになり，（カーニバル判決の射程内の）CMについては，買い切りとしてそれを加味した価格とするか，そうでなければ，その後の改訂の際に自社を使うこと等の契約条件を入れることになるだろう。

著作権の譲渡又はライセンスを受ける場合については，以下の点が重要である（広告法89－93頁及び広告の著作権171頁以下，とくに176頁以下参照）。

まず，著作権法27条及び28条の特掲である。同法27条は翻案権等，同法28条は二次利用についての原作者の権利を定めるところ，同法61条２項は「著作権を譲渡する契約において，第27条又は第28条に規定する権利が譲渡の目的として特掲されていないときは，これらの権利は，譲渡した者に留保されたものと推定する。」とする。要するに，契約書に同法27条及び同法28条の権利を譲渡すると書かないと，原則としてそれは譲渡の対象ではないと推定されるのである。もちろん，翻案や派生作品の作成を絶対にしないのであれば，特に問題がないかもしれないが，実務上は，多かれ少なかれ何らかの変更が必要となることが多い。その意味で，特掲は重要である。

次に，とりわけライセンスの場合には，期間や内容の明確化が必要である。広告代理店の意図としては，まずはこのキャンペーンに使うが，それが流行して，多くの注目を集めれば，それを媒体を変えたり，関連する「シリーズもの」として繰り返し使うことも実務上多く見られる。その場合には，同じ制作会社を引き続き使うことも実務上多いが，少なくとも法的にそのようなことを義務付けられたくない（ある程度のフリーハンドを確保したい）と思うことも多いだろう。もしそうであれば，そのような趣旨を契約に明記すべきである。それは，制作会社としては，「このキャンペーンのためにこの期間のみ利用される」という趣旨でライセンスをしていることがあり，ライセンス条件が不明確だと，この点が争いになる可能性があるし，後で紛争になった場合に，その後の利用についてのライセンスを受けたことを証明できなければ負けてしまう。

更に，著作者人格権，例えば氏名表示権（19条）や同一性保持権（20条）等の処理である。すなわち，著作権は譲渡できても，人格権は譲渡できない以上，これを処理するため，例えば著作者人格権不行使についての特約を結ぶべきである。

最後に，制作会社が再委託をすることを許すと，実は制作会社ではなく，再委託先が著作者等となる可能性がある。これは著作権コンプライアンス上危険であり，禁止するか許可制として適切な権利処理等をしているか確認した上で許可すべきである。

Q23 フリー素材の利用の注意点

ネット上に有名女優の写真が「フリー素材」として公開されていました。これを使えば，当該女優を使った広告が無料で打てそうなのですが，使うべきでしょうか？

そもそも，無権利者がアップして「フリー」と称しているだけかもしれませんし，写真の著作権は大丈夫でも，肖像権等の権利処理がされていないことに留意してください。

フリー素材と書かれている場合，まずは，それが本当に権利者によって許諾されているものかを確認する必要がある。インターネット上では（権利者が無料でライセンスする場合もあるが）無権利者が勝手に「フリー素材」として公表することでアクセスを集め，例えば広告収入を得たり，いわゆる「フリーミアム」モデルで，プレミアム版を有料で買ってもらおうとすることもある。

加えて，著作権以外の権利との関係，特に著作権者とそれ以外の権利の権利者が異なることの関係に十分留意されたい。例えば，アイドル甲のファン乙が，あるイベントにおいて甲の写真を撮影したとしよう。乙は当該写真の著作権者である。そして，乙が当該写真をインターネット上にアップして「フリー素材」とした場合，確かに著作権者である乙の許諾があるので「著作権」の問題は少ない。しかし，甲のパブリシティ権・肖像権等の問題が残る。具体的なパブリシティ権・肖像権の内容は**第6話**（⇒101頁）を参照されたいが，ポイントとしては，甲のパブリシティ権・肖像権等については，甲（実際には，甲とマネジメント契約を結んでいる芸能事務所）が権利者であって，乙は全くの無権利であるということである。そこで，この「フリー素材」をうっかり使ってしまえば，甲側からのクレームがつくし，法律的には，甲のパブリシティ権等を侵害したと言わざるを得ない。本当に著作権以外の部分も権利処理が済んでいるか確認すべきである（広告法務137頁参照）（注：なお，イラストについては肖像権の問題がないとは言えないものの，この点のリスクは少なくなると一応いうことができる。しかし，同一のイラストが一定以上広く利用されてしまうと，新規性がなくなってしまい，「使い方」を工夫しないと価値が出にくいことにも留意が必要だろう。)。

さらに，フリー素材であれば，別の企業も自由に使えることから，例えば，有名な漫画がフリー素材化したので，それを中心的イメージとして利用して宣伝したところ，同一のフリー素材を競業他社がより積極的に利用したため，競業他社にイメージを持っていかれるとか，最悪の場合には第三者の利用方法により，イメージが悪化するといった事態もあり得ることに留意が必要である。

フリー素材よりリスクが低いが，ストックフォトについても，例えば，ライセンスに違反するリスクや，上記の肖像権・パブリシティ権について継続的な利用や再利用まで想定した権利処理がされているか等に留意が必要である。

なお，クリエイティブコモンズという概念を知っておくと便利である。すなわち，作品の利用と流通を図ろうという活動がなされており，著作権の全てを行使するのではなく，著作権者が特定の範囲で利用と流通を認めるマークを付し，そのマークが付されている作品については，その範囲で利用と流通を促進するという仕組みである。いくつかのマークがあるが，その中には商用利用を認めるマークがあり，そのようなものであれば，「著作権」そのものはクリアされている（注：そして，ライセンスが存在するので，フリー素材よりは一般に問題のある利用の可能性は低い。）。とはいえ，肖像権等，著作権以外の権利処理の保証等はないことには留意が必要だろう。

Q24 「パクリ作品」を広告に使ってしまうトラブルを防ぐために著作権についてはどの程度調査が必要ですか？

A

完全に調べきるのは難しいですが，情報通信等に関する技術を利用して合理的調査をするとともに，最低限の自衛として，クリエイターに不侵害の表明保証をさせましょう。

著作権侵害や，仮に著作権を侵害していなくても「パクリ」として社会的に非難される事態は頻繁に生じる。厳密な意味での著作権侵害には当たらなかったともされるが，東京オリンピックのロゴマーク騒動では，ネットを中心とした大炎上によって，再度ロゴマークを選び直す事態にまで至った。

このような事態をできるだけ避けるという観点から，クリエイター（制作会社）との間の契約書に，「甲（制作会社）は，乙に対して提出する全ての成果物の権利処理を万全に行い，成果物が著作権その他の第三者の権利を侵害したり，（権利侵害の有無を問わず）社会的に非難されるようなものではなく，かつ，そのようなおそれもないことを表明し保証する。万が一，第三者から成果物について請求，異議，クレーム，訴訟等が生じた場合，甲はその費用及び責任で乙を防御し，乙を免責せしめる。」等という表明保証（及び違反の場合，補償・防御に関する条項）を入れるべきだ，とアドバイスする弁護士もいる。

しかし，（そもそもこのような条文を交渉上入れられるかという問題等はともかく）単にこのような表明保証（及び補償・防御に関する条項）がありさえすれば問題がないということでは全くない。契約にそのような一条を入れただけで，何ら合理的な調査もせずに，「パクリ」と非難され得る広告を流通させれば，権利者から強いクレームを受けて訴訟沙汰にもなりかねないし，社会的に非難され，広告主からの信頼を失うだろう。それではどうすべきだろうか。

まずは，信用できるクリエイター（制作会社）を選ぶということであろう。新しい会社と取引する場合には，これまで他の広告代理店との関係できちんとしたものを出してきている履歴（トラックレコード）があるか，トラブルになった例があればそれはどのようなものか（注：悪質なクレーマーに巻き込まれただけという場合もあるから，過去トラブルになっていれば取引しないという態度を取るのではなく，どのようなトラブルかが重要だろう。）等をきちんとチェックすべきである（注：逆にいえば，そのような信用のできる制作会社を選ばず，例えば，キャッチコピー等を公募して，大賞を決めてこれで大々的に宣伝するといった企画は，問題がある作品が送られる可能性は高い以上，通常以上に類似性等のチェックを厳しくすべきである。）。

次に，類似性チェック等の合理的な調査をすることである。その場合には，テクノロジーを活用すべきであり，類似性チェック専用のサービスやサイトが多く存在する（注：例えばGoogle画像検索には，画像から類似画像を検索できる機能があるので，無料で簡単に類似チェックをすることができるが，秘密保持契約を結んでいないGoogle等に対し未公表のキャッチコピーや広告クリエイティブ案を渡すべきかという問題は残るだろう。）。

更に，制作会社から，どのような作品を参考にしたかや，権利処理としてどのような処理をしたか（していないか）及びなぜそれでよいと考えているか，場合によっては制作会社自身がどのような類似チェックをしたかを説明させることである。例えば，「この部分はこの作品のアイディアを，この部分はこの作品のアイディアを参考にしましたが，こういう理由で単なるアイディアを参考にしただけで，著作権の問題はないと考えています」等という説明を踏まえて調査するのと，そういう前提がない中で調査をするのでは異なる。また，制作会社に一次的調査をさせてその結果を参考にすれば，効率は上がる（ただし制作会社の一次的調査結果を「うのみ」にしてはならない。）。なお，再委託等の場合の具体的権利処理については，上記Q22を参照のこと。

そのような対応をした上での最低限の自衛策として，上記のような文言を入れるべきであるものの，後述の下請法等（⇒165頁）の問題があり，どこまでその文言が有効かという点も疑問がないではない。その意味では，やはり，１つの方法でよしとするのではなく，なすべき対策を尽くすことが重要であろう。

コラム　馬好き法務部員の一日

3　止めるなら早めに

法務は，会社の一員として，円滑に広告が完成することを希望している。もちろん広告を止めないで済むなら前に進めたい。しかし，いろいろな観点なら分析すると，これはマズイ，となることも多い。この場合に，既に例えばデザイナーが作業をするなど，かなりの労力をかけてほぼほぼ広告ができ上がった後で「止めて！」となれば，リテイクに時間がかかるし，リテイク費用の負担の問題もある（下請法も考えないといけないので，交渉力だけの問題ではない）。また，既に広告主の内部で話が通った後のNGは，広告主の担当者のメンツ等大変な問題を招く。だからこそ，「引き返すことが容易な時期」つまり，できるだけ初期に法務に相談があるのが大事だと思う。

法務としても，できるだけアイデアを生かした「微調整」で済ませたいが，広告企画の根本が違法です，と言わざるを得ない場合も全くないわけではない。そのような場合，最初のアイデアの段階で相談があれば，傷はほぼないし，その後も傷は浅い。法務としては，単なる手直しレベルを超え，大きな修正や，「NG」を出す可能性があるならできるだけ早くすべきだし，そのために早めの相談を受けられるよう，尽力すべきである。

第4話　商標法

story 4

三浦：広告の商標について勉強したいのですが，なかなか難しいです。どうすればいいでしょうか。

北野：審査基準（注：https://www.jpo.go.jp/shiryou/kijun/kijun2/syouhyou_kijun.htm）を読む人はいますね。例えば，J-PlatPatで類似商標を検索する際や，出てきたものが本当に類似しているかを判断するのに，この審査基準での説明は参考になります（注：https://www.jpo.go.jp/system/laws/rule/guideline/trademark/kijun/document/index/20_4-1-11.pdf）。

三浦：えっと，審査基準って何でしょうか，あとJ-PlatPatも。

北野：確かに，商標は大事な割には，広告の文脈に引き直して語るものはあまり見かけないので，審査基準やJ-PlatPatを含め，ちょっと基本的なところから説明しましょう。

三浦：ありがとうございます。

北野：まず，商標というのは，商品や役務（サービス）について使用される文字，図形，記号等ですが，自分でこの商標にしようと考えてそれを使う際に，事前に登録することまでは義務付けられていません。

三浦：そうすると，商標登録はどういう意味があるのでしょうか。

北野：商標法では，原則として登録商標の保護についての規定が置かれています。そこで，登録をすればこれが保護されるけれども，登録をしないと保護されない，というのが原則です。

三浦：自分が使う商標を保護してもらいたければ，商標登録をするわけですね。

北野：そういうことです。

三浦：どこを見れば商標が登録されているかが分かるのですか。

北野：特許庁に登録原簿があるので閲覧も可能ですし，それが最新のものですが，少し遅れたものでよければネットで見ることができます。それが，Ｊ-PlatPat（注：https://www.j-platpat.inpit.go.jp/web/all/top/BTmTopPage）です。

三浦：なるほど，これがＪ-PlatPatですか。便利ですね。あれ，このサイトを見ると「登録」から始める番号と「商願」から始まる番号がありますね。

北野：特許庁は，出願されたものについて審査をするわけですが出願段階で「商願」の番号が付され，登録されると「登録」の番号が付されます。出願がされた際に審査する基準が審査基準ですね。

1．商標法の基礎

商標について知っておくべき事項としては，商標登録に関する制度そのものを除けば，①商標とは何か，②商品・役務とは何か，③商標の識別性とは何か，④商標の類似性とは何かの４つである（新商標教室10頁）。

(1) 商標とは何か

商標とは「人の知覚によって認識することができるもののうち，文字，図形，記号，立体的形状若しくは色彩又はこれらの結合，音その他政令で定めるもの」，すなわち「標章」（商標法２条１項）であって業として商品を生産し，証明し，若しくは譲渡する者がその商品について使用し，又は役務を提供する者がその役務について使用するものである（同法２条１項各号）。

商標には様々な機能があるといわれる。例えば，同じメーカー（出所）から出ていることを表す出所表示機能，自社の製品と他社の製品を区別することができる自他商品・役務識別機能，商品の品質が同一であることを保証する，品質保証機能，そして宣伝広告機能が挙げられる（新商標教室33－35頁）。宣伝広告機能は後述する。

ここで，広告と商標の関係について考えるに，確かに，「うまい」商標を考えることで，より広告のメッセージが伝わりやすくなり，また，広範囲に広がりやすくなる等，一定範囲でその商標のうまさは重要であって，広告代理店のクリエイティビティが問われるところではある。しかし，広告キャンペーンを通じて実際に顧客の購買行動（サービスの提供を受けることを含む。）に移った後の段階において，その商標が継続して評価されるかは，単なる広告のうまさや商標そのもののうまさだけには依存しない。やはり，広告主がどのような質の商品やサービスを提供し続けるか，という信用の蓄積こそが重要であり，商標の価値は信用の蓄積にあるといわれる（新商標教室100－105頁参照）。この点が商標の特徴的なところである。

商標法は登録主義を採用しており，商標法による保護を受けるためには，原則として区分を決めて出願し，審査を受けて商標登録がされることが必要である（注：例外としては，例えば商標法32条の先使用権を参照）。

当該審査の要件を明らかにするため，商標法は，一定の商標を登録できる商標とし，そうではない商標は登録できないとする。例えば，「HONDA」というのは極めてありふれた「本田」という姓をローマ字にしただけなので，原則として登録できないが，後述の使用による識別性を獲得すれば，登録できる等という制度を設けている（商標法３条２項）。

しかし，商標法は商標登録で保護できる商標の範囲を定めているに過ぎない（新商標教室13頁）。つまり，商標法上登録ができない商標だからといって，ただちにそれを利用することが禁止されるわけではないのである。

⑵ 商品とは何か

商品とは，①有体物であり，②商取引の直接の目的とされ（独立性），③有償で売買され（有償性），④転々市場に流通する動産（流通性）といわれる（新商標教室120頁）（注：なお，役務は，独立して商取引の目的たり得る他人のために行う労務又は便益である。）。

これらの要件はおまけやノベルティ（Q32）等の関係で出てくる。

⑶ 商標の識別性とは何か

商標登録のためには出願した商標に識別性が必要である。つまり，「需要者が何人かの業務に係る商品又は役務であることを認識することができきるもの」（商標法３条２項，小野・三山「新商標法概説第２版」（青林書院，2013）109頁）でなければならない。この識別性は自他商品識別力（新商標教室208頁）ともいうが，例えば普通名称であったり産地表示であれば，識別力がないとして出願が拒否されるし（新商標教室210頁），また，仮に登録されても，その標章の利用は原則として商標権侵害とはならない（新商標教室210頁）。

⑷ 商標の類似性とは何か

商標権者は，指定商品又は指定役務について登録商標の使用をする権利を専有する（商標法25条）。ここで，登録商標は同一範囲だけではなく，類似する範囲で効力を有する，要するに類似する商標の範囲内でかつ類似する商品・役務の範囲内であれば当該商標を原則として独占できるのである（商標法37条１号「指定商品若しくは指定役務についての登録商標に類似する商標の使用又は指定商品若しくは指定役務に類似する商品若しくは役務についての登録商標若しくはこれに類似する商標の使用」参照。）。加えて，先に登録があれば，類似する商標かつ類似する商品・役務の範囲内で商標登録は拒絶される（同法４条１項11号）。そして，商標そのものの類似性は，外観（見た目），称呼（発音），観念（意味）から類否を判断する（新商標教室297頁）。また，商品・役務も類似が必要である。

なお，広告業に関する裁判例としては，各戸に対する広告物の配布・広告ほかを指定役務とする登録商標「ゆうメール」の権利者が，輸送・運送に該当する日本郵便の配達サービスにおける同一標章の利用について差止を求めたところ，日本郵便が商品カタログ，DM等を配布していたことから，役務は同一か少なくとも類似するとされた，いわゆる「ゆうメール」商標事件がある（東京地判平成24．１．12裁判所ウェブサイト，新商標教室178－181参照）。

⑸ 実務

広告法務におけるポイントは，商標が攻めにも守りにも両面使えることである。

攻めというのは，要するに広告を通じて潜在ユーザに商標を覚えてもらい，実際の購買行動につなげてもらう，という点があるだろう。上記の商標の機能のうち広告との関係でもっとも関係が深いのは，宣伝広告機能である。テレビで聞いたことがある商標の商品があると，思わずそれを手に取って買ってしまうのが宣伝広告機能である（新商標教室35頁）ところ，広告は商標の宣伝広告機能を強化，拡張する役割を果たす。

守りというのは，広告キャンペーンにおいて，他人の商標権を侵害せず，また，そのようなクレームを最小化することである。

実務上，登録と広告のタイミングを間違えないことが重要である。すなわち，広告をして当該標章が多くの人に知られた時点で，この標章についての商標登録手続が行われていないと，第三者が勝手に商標登録出願してしまうことがある。そのような場合の商標の取戻し手続は不可能でない場合もあるが少なくとも相当面倒であり（Q27参照），先に商標登録出願手続を行っておくべきである。

以下では，主に新商品開発の側面におけるブランドホルダー側の対応と，その後の広告宣伝における広告代理店の対応に分けて説明するものの，例えば新製品を売り出すと決めたらネーミングやイメージづくりも含めてブランドホルダーと広告代理店が一緒に作り上げることもあり，大まかな分類に過ぎない点に留意されたい。

2．ブランドホルダー側の対応

Q25 新商品発売時の対応

新商品発売時にどのような対応をすべきですか？

商標調査を実施すべきです。

新商品を発売する場合には商品名等を決めるが，その商品名が他社の商標権を侵害すると，当該商品名を商標として登録できないし，第三者からの差し止めや賠償の請求を受けることがある。そこで，まずは商標を調査することで，安心して使用できる（侵害の回避）し，商標登録が可能となり，独占して使用できる（侵害の排除）（新商標教室37頁）。

ここで，商標となり得るのは商品名だけではない，企業の商標担当者は新商品のパッケージに使われる文字や図形については，神経質になるくらい注意し，商標とみられるかどうか，等を検討した上で商標調査を行い，長く使用する場合には商標登録をするなどの配慮をしているといわれる（新商標教室295頁）。例えば，著名な建物のシルエットについては，著作権での保護が薄い（Q15）が，商標登録がされていることがある（注：スカイツリーにつき新商標教室96頁参照）。

その意味で，使用する商標や説明の語の候補があがってきたら，①調査をして他社が類似商標を登録していないかどうか確認する，②類似商標がなければ，商標登録して使用を確保することが重要である（新商標教室212－213頁）。

具体的な調査の深度については，当該商品の予想される売上等にもよるところであり，ニッチな商品のために多額の弁護士・弁理士の費用を使うことは現実的ではなく，社内の知財部門の担当者による調査が現実的なこともあるだろう。とはいえ予想外に売れ行きが伸びてしまい，そこでクレームがつく，という事態についてもきちんと想定した上でリスク判断をすべきであろう。

Q26 キャッチコピーは登録できるか

キャッチコピーは商標登録できますか?

A

否定的な見解や事例もありますが，実際には登録される例もあるので，登録の検討は有益でしょう。

ここで，ある新商品の名称は商標として登録するとしても，当該新商品に密接に関連するキャッチコピー等は，需要者が当該キャッチコピーを聞くとその商品を想起するという関係にある以上，これもまた保護したいので，新商品の商品名の商標登録に付随してキャッチコピーを商標登録したいということがある。

商標法3条1項6号は「前各号に掲げるもののほか，需要者が何人かの業務に係る商品又は役務であることを認識することができない商標」について商標登録が拒絶されるとするところ，キャッチコピー等の単にその商品の宣伝広告等を行うための標章については，特許庁「商標審査基準」（https://www.jpo.go.jp/system/laws/rule/guideline/trademark/kijun/document/index/10_3-1-6.pdf）第1八2．(1)は，宣伝広告を普通に用いられる方法で表示したものとしてのみ認識される場合には，同号に該当するとした上で，(2)は全体から生じる観念と指定商品又は指定役務との関連性，指定商品又は指定役務の取引の実情，商標の構成及び態様等を総合的に勘案して判断するとしたうえで，商品又は役務の宣伝広告を表示したものとしてのみ認識させる事情の例として，①指定商品又は指定役務の説明を表すこと，②指定商品又は指定役務の特性や優位性を表すこと，③指定商品又は指定役務の品質，特徴を簡潔に表すこと，④商品又は役務の宣伝広告に一般的に使用される語句からなること（ただし，指定商品又は指定役務の宣伝広告に実際に使用されている例があることは要しない。）を挙げている。また，同(2)において，商品又は役務の宣伝広告以外を認識させる事情として，①指定商品又は指定役務との関係で直接的，具体的な意味合いが認められないこと，②第三者が出願商標と同一又は類似の語句を宣伝広告として使用していない等の事情を例として挙げている。要するに，キャッチコピーについては，商標登録が拒絶される可能性があり，その中心的な基準は「宣伝広告」を「表示した」だけなのかそうではないかであるところ，上記のとおり，その判断をする上でいくつかの基準が示されていることから，これらの基準に基づき判断すべきである。

Q27 第三者に先に登録されたらどうすべきか

登録はしていないものの，以前からずっと使ってきてお客様にも知ってもらっていた商品名称を第三者に先に登録されていた場合，どうすればよいですか？

A

公序良俗違反で争うか，先使用権を主張しましょう。しかし，そもそも登録をせずに使うということ自体がリスクです。

商標法は登録制を取っており，（不正競争防止法はともかく）商標法による保護を受けたければ，原則として登録をしなければならない。しかも，この登録は「先着順」であるから，いくら素晴らしい商標を考えついており，これを宣伝広告に活用したいと考えたとしても，第三者に先に出願されていれば負け，というのが原則である。よって，予防法務としては，必ず利用の開始前に登録できるか確認した上で，商標登録出願をしてから新製品の活動を開始する，ということが必須である（注：なお，商標登録出願をキャンペーン開始のどの程度前とするかは企業によって異なっているが，一部の企業のキャンペーンは事前に公開商標公報で察知され，「商標バレ」と言われることにも留意が必要であろう。）。

もっとも，実際には，先に第三者に商標登録されてしまった後に弁護士・弁理士に相談がされることも少なくない。そのような場合に，古くから当該商標を使用している側として，どのような対応が考えられるか（なお，公開商標公報等で気づいたという場合には，情報提供制度（商標法施行規則19条）により登録を防ぐことができる可能性があり，筆者も同制度の利用経験がある。）。

まず，商標を無効とできないかを考えることになる。例えば，激馬かなぎカレー（知財高判平成24．8．27裁判所ウェブサイト）事件は「剽窃的」に登録したと認定され，商標法4条1項7号の公序良俗に該当するとされた。これはあくまでも一例であり，事案に応じて他人の業務に係る商品又は役務を表示するものとして日本国内又は外国における需要者の間に広く認識されている商標と同一又は類似の商標の不正の目的をもっての使用である（同法４条１項19号）等，様々な無効事由の主張を考えることになる（新商標教室217－218頁参照）。

次に，先使用権の行使を検討する。すなわち，登録商標は登録者が独占できるため，登録者から，商標権侵害と主張される可能性が高い。ここで，商標法32条は「他人の商標登録出願前から日本国内において不正競争の目的でなくその商標登録出願に係る指定商品若しくは指定役務又はこれらに類似する商品若しくは役務についてその商標又はこれに類似する商標の使用をしていた結果，その商標登録出願の際〔略〕現にその商標が自己の業務に係る商品又は役務を表示するものとして需要者の間に広く認識されているとき」には，使用を継続する権利が得られる。よって，「現にその商標が自己の業務に係る商品又は役務を表示するものとして需要者の間に広く認識されている」ことの根拠を揃えてロジックを組んで主張をすることになる（なお，商標権の効力が及ばない範囲である（商標法26条）という主張も考えられる。）。

実務では，双方が交渉をして，買取やライセンス設定に合意することもあるが，何の法的なロジックもなく交渉をすると，法外な値段をふっかけられる等，合理的な金額での交渉ができないこともあるので，このような交渉の前には弁護士・弁理士に相談すべきである。

Q28 ありふれた商標を使いたい場合どうすればよいか

食品会社が新商品名に「おいしい」＋カテゴリー名を利用したいと主張していますが，商標登録できますか？

A

いわゆるハウスマークに結合させる等の方法が考えられます。

上記のとおり，商標登録の要件として識別性が必要なので，例えば「おいしい」等，極めてありふれた名称を商標として登録することは容易ではない。

例えば，使用による識別性を獲得する方法があり，極めてありふれた苗字である「本田」をローマ字にしただけの「HONDA」でも，広く知られるようになれば，セカンダリーミーニング（商標法３条２項）を獲得して登録できる。ただし通常（注：地域団体商標を除く。）は全国に広く知られる必要性がある（新商標教室258頁）。

確かに，使用による識別性を獲得する以前の段階でも，類似する商品・役務について類似する商標が先に登録されていない限りこれを継続して利用すること自体は可能であるが，登録できる前であれば，第三者が類似する商品に類似する商品名をつけることを禁止できず，自社の当該商品の信用度を高めることが容易ではないことには十分に留意が必要である。

なお，例えば「識別性」がない場合には【会社名】の【商品名】というように，自社のハウスマーク（注：なお，シリーズ名等，いわゆるファミリーネーム等も考えられる。）と結合することで，識別性を獲得することが考えられる（新商標教室38－39頁）。

Q29 商標法上パロディを抑制できるか

当社の著名商標のパロディが商標登録を受けました。無効にできませんか？

A

パロディの態様を吟味しながら，商標法以外も含めた対応を考えるべきです。

第三者によるパロディ商品については，様々な法令に基づく対策がある。例えばキャラクターについてのパロディであれば，著作権による対応が可能であろう。ここでは，これを商標法で抑止できるかを検討する。

パロディに関する商標法上の規定は多数存在するが，他人の業務に係る商品・役務と混同を生じさせるおそれがある商標は登録を拒絶される（商標法4条1項15号)。また,「当該商標登録出願の日前の商標登録出願に係る他人の登録商標又はこれに類似する商標であつて，その商標登録に係る指定商品若しくは指定役務〔略〕又はこれらに類似する商品若しくは役務について使用をするもの」(同項11号) も登録を拒絶される。そこで，例えばパロディ商品業者が真正品に類似する名称のいわゆるパロディ商標を登録しようと試みた場合，特許庁がこれを拒絶することもあるし，拒絶されなければブランドホルダーが登録阻止や無効に向けて動くことがある。

ランボルミーニ事件 (知財高判平成24. 5.31裁判所ウェブサイト) 等，一定のパロディを制限する判決はあるが，最近の重要な判決がフランク三浦事件(知財高判平成28. 4.12裁判所ウェブサイト) であり，この事件で知財高裁は結論としてフランクミュラーという (時計分野では著名な) 他人の業務に係る登録商標の一種のパロディである「フランク三浦」という商標について，11号及び15号に該当しないとして，登録することを認めた。

知財高裁は，三浦商標は手書風の片仮名及び漢字を組み合わせた構成から成るのに対し，フランクミュラー商標は片仮名のみの構成から成るものであり外観において明確に区別し得る上，三浦商標からは，「フランク三浦」との名ないしは名称を用いる日本人ないしは日本と関係を有する人物との観念が生じるのに対し，フランクミュラー商標からは，外国の高級ブランドである被告商品の観念が生じるから，両者は観念において大きく相違するとし，11号該当性を否定した。また，15号については，前述のように外観及び観念が相違し，かつ，時計については，称呼のみによって商標を識別し，商品の出所を判別するものとはいえない上実際の宣伝販売も時計そのものを展示する方法により販売がされたり，写真を掲載して宣伝広告がなされていること等から，商標の外観及び観念も重視されるものと認められ，かつ，ブランドホルダーがその業務において日本人の姓又は日本の地名を用いた商標を使用している事実はないことに照らすと，本件商標の指定商品の取引者及び需要者において普通に払われる注意力を基準としても，本件商標を上記指定商品に使用したときに，当該商品が被告又は被告と一定の緊密な営業上の関係若しくは被告と同一の表示による商品化事業を営むグループに属する関係にある営業主の業務に係る商品であると誤信されるおそれがあるとはいえないとした。要するに「三浦」というパロディ商標をパロディであることが分かる態様で時計に付しても，フランクミュラーとの誤認混同はなく，15号に該当しないとしたのである。

いわゆるパロディと対抗するためには，商標法４条１項11号及び15号以外にも例えば，公の秩序又は善良の風俗を害するおそれ（同法４条１項７号），他人の業務にかかる商品若しくは役務を表示するものとして需要者の間に広く認識されている商標又はこれに類似する商標（同法４条１項10号），需要者の間に広く認識されている商標と同一又は類似の商標であって，不正の目的をもって使用するもの（同法４条１項19号）等の様々な法的根拠があるものの（なお，フランク三浦事件では，10号及び19号についても判断され，いずれも否定されている。），商標法のみでの対応には一定の限界があり，他の法令等を踏まえた総合的対応を検討すべきであろう（注：なお，OMEGAのパロディ商標に関する知財高判令和４．５．25裁判所ウェブサイトも参照。）。

3．広告代理店側の対応

Q30 商標的使用

広告に当たって商標調査をしたところ，使いたいフレーズの一部が既に商標登録されていることに気づきました。どうすればよいでしょうか？

A

フレーズがどのような態様で利用されているかによっては商標的使用ではないという抗弁を立てられる可能性がありますが，リフレーズを検討すべきです。

例えば，ドーナッツ状のクッションについて「ドーナッツクッション」として売ろうとしたら，「ドーナッツ」とつく商品の商標権者からクレームがついた事案がある（ドーナッツクッション事件・知財高判平成23. 3.28裁判所ウェブサイト）。これは，単にドーナッツ状という形状をそのまま表現しているだけであって，商標権を侵害しないのではないか。

ここで，商標権の効力が及ぶ態様での使用か，及ばない態様での使用かについて，「商標的使用」という表現が用いられることがある（新商標教室269頁以下）。商標というのはその出所を表示して，○○のものだから信用できる，という信用を蓄積していくものである。しかし，商標と形式上は同じだったり類似している文言でも，その使い方が出所を表示するような使い方でなければ，商標の本来の機能は果たされていないことになる。そこで，商標権の効力が及ばない。このことを「商標的使用ではない」と称する。

上記ドーナッツクッション事件でも，中央に穴のあいたクッションという商品の形状を示しただけであり，本来の商標としての使用ではないとされた（注：商標法26条との関係につき新商標教室270－273参照）。このように，商標法だけであれば，単なる説明のための表現であって，出所（○○のものであること）を表示する機能を果たしていないといえる限り，商標権侵害ではないといえる場合も多い。

ただし，確かに商標法の観点からは，商標的使用ではないとの主張が可能だが，事前に気づいたのであれば，クレームリスク低減のために異なる文言にすることを検討し，広告主と協議することが望ましいだろう。

なお，シャネルNo.5事件（東京地判平成5.3.24判時1457－137）では，「シャネルNo.5タイプ」という表現が，登録商標（シャネルNo.5）「ではない」，という趣旨をわかりやすい表現で明瞭に記載したものとはいえないとして，商標権侵害を認めている。「風」や「タイプ」といった表現を行う際には，このような裁判例にも注意が必要である。

Q31 不使用対応

> 宣伝のため，商標登録したものから，若干表現を変えてもよいですか？

A

商標を変更して利用することは，慎重に検討しましょう。

実際の広告キャンペーンでは登録商標を，登録どおりに使わずに，少し変更をすることも見られる。例えば，ある老舗の商標は，登録商標を見ると，よい表現をすればとても「伝統的」だが，悪く言えば「古めかしい」。そういう場合に，そのまま使うとあまりイメージがよくないので，少し変えて「現代的」にしよう，こういう場合に注意すべきことは何だろうか。

登録商標を続けて3年間使用しないと，不使用取消審判によって，第三者が登録商標を取り消すことができる場合がある（商標法50条）。例えばレーブスとREVSを二段に横書で書いた登録商標があったところ，権利者は実際には「REVS」という商標を使用していたため特許庁は，これを不使用とした（取消2003-30940）。この事例は，REVSの自然な発音である「レブス」ではなく，あえて「レーブス」という文字と二段で記載していたところが登録商標のポイントであったからと解されており，常に登録商標どおりにしなければならないわけではないのであって，社会通念上同じ商標と見えるかが問題となるが，広告戦略上有益である可能性があり，「カタカナは格好が悪いので，英字だけにしましょう」といったアドバイスが，商標法上どのような意味を持つかについて慎重に検討しなければならない（新商標教室53－55頁）（注：色彩につき商標法70条参照。また，使用をしないことで，損害が否定される例としてJAMJAM事件・名古屋地判平成13.11. 9裁判所ウェブサイト参照）。

なお，A商標に類似するA'という商標を指定商品が類似する範囲で登録を試みる場合，申請者がA商標の権利者でなければ，それだけで登録が拒絶されるが（注：商標法4条1項11号「当該商標登録出願の日前の商標登録出願に係る他人の登録商標又はこれに類似する商標であって，その商標登録に係る指定商品若しくは指定役務（第６条第１項（第68条第１項において準用する場合を含む。）の規定により指定した商品又は役務をいう。以下同じ。）又はこれらに類似する商品若しくは役務について使用をするもの」），「他人」の登録商標に類似すると拒絶されるだけであるから，自分の持っているＡ商標に類似するＡ'という商標であれば，単にΛと類似するというだけでは拒絶されない。そこで，他の要件を満たし，また，そのＡ'が今後も利用される予定なのであれば，Ａ'商標を登録することも検討対象となるだろう（注：なお，広告のみでの利用が「不使用」かも問題となる。例えば文脈中の利用が商標的使用（Q30）ではないとか，ノベルティに商品性がない（Q32）等に注意が必要だろう。）。

Q32 おまけ・ノベルティ

おまけやノベルティについて許可なく他人の登録商標を使ってもよいですか？

A

商標法の観点からは，適切に使えば適法な可能性がありますが，それ以外の側面にも留意が必要です。

様々な広告戦略の中に，おまけやノベルティという選択肢がある。これは，景表法（７話の２）等も問題となるが商標法でも問題となる。

後述のBOSS事件では，音楽分野（エフェクター）のブランドがBOSS商標を登録，利用していたところ，電子楽器について同社はBOSS商標を有していたが，被服類については有していなかった。ところで，同社は，電子楽器の宣伝のため，Ｔシャツやトレーナーに BOSSとの標章を付してこれをノベルティとしてエフェクター購入者に配布した。これが被服類についてBOSSという商標を登録している権利者から商標権侵害として訴えられた。

このようなおまけやノベルティの場合には，独立性，つまり，商標が付されているものが商取引の直接の目的とされているか，そして有償性，すなわち有償で売買されるかという問題がある。

ある商品が主で，おまけが従といえれば，当該おまけに商標をつけても，独立性が否定される（新商標教室121頁）。上記BOSS事件（大阪地判昭和62．8．26判タ 654－238）は，ノベルティについて，無償で取引されるので，有償性が否定されるとした。

そこで，商標法だけであれば第三者の商標権を侵害しない方法はあるものの，クレームリスク等を踏まえ，あえてそのような対応をしない，ということも考えられる（注：なお，コラボについては，例えばＡという有名な商標を持つ企業が，Ｂとコラボし，Ｂの商品にＡという商標をつけた場合，商標権が出所表示機能を中心的機能としているところ，Ｂが真の出所であるところ，ＡはＡの出所を表示しているというよりは，むしろ商品デザイン，コンセプト，原料等を表示しているだけであると評されている。新商標教室375頁以下）。

Q33 普通名詞化

なぜ某検索サービスの広告は「ググる」と言わず「○○で検索」というのですか？

A

普通名詞化することを防ぐためと考えられます。

広告キャンペーンが成功すると，当該商品名が多くの人の口に上る。それ自体は素晴らしいことであるが，特に新しい商品であると，当該類型の商品の「代名詞」となることが多い。このような状況は，広告ビジネス的には「素晴らしい状況」なのかもしれないが，法律，とりわけ商標法の観点から「憂慮すべき状況」である。

いったんは登録された商標であっても，それが普通名詞化して，識別機能が発揮できなければ，商標権が及ばなくなる（商標法26条。新商標教室266頁）。「代名詞」となる事態を放置すると，多くの人や企業が当該類型の商品を指す普通名詞としてこれを使う。そのうちに，本当に普通名詞になってしまい，「その会社の商品である」ことがわからなくなってしまうのである。

例えば，広告キャンペーンの中で，普通名詞化を促進するような表現を使ってしまうと，広告主の首を絞めることになる。広告表現の方法として，当該登録商標が，（商標ではなく）まるで，当該類型の商品を総称するようなイメージを喚起する方法を取ってしまうと，結果として，単なる普通名詞として，識別力が失われ，第三者が広告主の商標を自社の商品名やキャンペーンに利用しても，それを広告主が制限できなくなったり（商標法26条参照）という結果を生む。よって，広告代理店はこのような普通名詞化を避ける観点からも広告表現を検討しなければならない。

なお，広告の注記に「○○は登録商標です。」と記載することも対策になるが，Q34を参照のこと（注：なお，商標の希釈化につき，不競法2条1項も参照）。

Q34 登録商標表示（R）について

> **広告の中で，商標について「○○は××の登録商標です」という表記が見られますが，どうしてでしょうか？**

A

登録商標表示についての努力義務があることが一つの理由ですが，前述の普通名詞化対策や他者に登録があると気づいてもらいやすい等の効果があります。

登録商標を使った広告は多いが，その中には，「○○は××の登録商標です」等と表記しているものと，表記していないものがある。また，(R)等のマークが付されていることもある。これらは法的にどのような意味があるか。

まず，商標法には，登録商標表示についての努力義務がある（商標法73条，同法施行規則17条）。しかし，これはあくまでも努力義務であって，必ずしもそうしないと直接不利益があるものではない。このような表記が「ダサい」として，表記をしないキャンペーンもある。とはいえ，比較的識別性が弱い場合には，登録商標と表示することで，広告主の同業者や他の広告代理店が商標調査をする際に意識できるようにするという効果はあるし，前述の普通名詞化対策にもなるという意味では間接的に役に立つ。

類似するのが(R)であり，これは米国商標法に基づき付されている。しかし，日本では，米国で登録されているだけで付されることもあり，日本における商標登録であることを示すものではない場合もある（新商標教室117頁）。その意味では，効果は上記よりも弱くなるが，比較的デザイン性を損なわないという面もあるだろう。

なお，未登録なのに登録商標と書くと虚偽表示（商標法74条）となる。単なる「デザイン」として登録商標であることの表明とまぎらわしい表示をすることは，広告表現としては許されない。

Q35 広告代理店による商標取得

広告代理店自身は広告主のため，商標を取得すべきですか？

A

広告主との協議によりますが，仮にキャッチコピー的なものの商標を広告代理店の会社名で登録できたとしても，商標への信用は，広告主の活動により蓄積する訳ですから，その権利関係については慎重に協議すべきです。

通常，広告主についての商標は広告主が取得するか，第三者の保有する商標について広告主が許諾（ライセンス）を受けることになる。とりわけ，ハウスマークや基本となる商品名については，広告主が自分で商標を登録することに強いインセンティブがあるだろう。

もっとも，例えばキャッチコピーを広告代理店が考えたところ，それが商標的な意味を持つという場合，上記のとおり登録を検討する余地がある（Q26）。そして，広告代理店としては絶対登録した方がよいし登録可能であると考えているが，広告主が登録をする気がない，という場合，これを第三者に先に取られないよう，広告代理店が登録をするというシチュエーションもまれながら生じる。

とはいえ，通常は広告主が自分で商標を取得する理由の１つは，前述のとおり商標への信用が広告主の活動により蓄積することが挙げられる。そこで，当該キャッチコピーの商標を仮に広告代理店が持っていたとしても，広告代理店が例えば第三者にこのキャッチコピーを利用させることが適切かという問題がある。例えば，第三者にキャッチコピーを利用させていたところ，広告主がスキャンダル（例えば商品回収事故）を起こして第三者に迷惑をかけるとか，逆に第三者がスキャンダルを起こして広告主に迷惑をかけるといったシチュエーションも考えられる。その意味では，実務上は仮に広告代理店が商標権者になるとしても，広告主以外へのライセンスは慎重にならざるを得ないし，広告代理店と広告主の間でその商標の利用について詳細な文書で合意しておくことが望ましいだろう（注：なお，広告代理店が発行するフリーペーパーについては，新商標教室148頁及び不服2005-14225参照）。

コラム　馬好き法務部員の一日

4　「回収」だけは避ける

もし「止める」必要があれば，できるだけ早く止めるべきではあるが，実際には，そのような適切なタイミングで止めることができないことも現実には存在してしまうだろう。そのような場合には「いつでも遅すぎることはない」ということを心がけるべきである。もちろん，早く止めた場合よりも，社内及び広告主等の第三者に迷惑をかける可能性は高いし，色々と不快感を示されたり不満を言われることも多いだろう。しかし，だからといって，本当に止めるべきところで止めないという判断をしてしまえば，後で権利者等からクレームがつき，「回収」という対応になってしまう可能性がある。

実務上，回収という事態が生じた場合，広告主，本件を担当した同僚の営業担当者等様々な人に迷惑をかけることになり，「最終段階で止める」場合の迷惑の何倍にもなってしまう。そのような意味では，法務としては，（少なくとも相談があった案件については）回収だけは避ける，というような態度をとるべきであって，比喩的にいえば，回収を避けるためであれば，校了後でも謝って止めるべきである。

第5話　その他の知財法

story 5

三浦：お陰さまで，著作権法も，商標法もわかりました。知財はこれで完璧ですね。

北野：そうはうまくいきませんよ，不競法も，特許法も，意匠法も，あるんですよ。

三浦：広告ではあまり聞きませんが，それぞれどういう法律なのですか。

北野：不競法は，様々なことを定めています。営業秘密とかデータの保護とか，場合によっては，外国公務員への贈賄まで定めています。

三浦：雑多すぎて関連性がわかりません。

北野：趣旨としては「事業者間の公正な競争」を保護しよう，ということなのでしょうね。秘密として管理していた重要なノウハウを盗み出すことを無制限に認めれば，公正な競争は担保できませんし，同じ国のプロジェクトでも，この国の企業なら自由に贈賄ができるということでは，公正な競争は担保できません。

三浦：では，広告との関係では，不競法にどのような役割があるのですか。

北野：いくつかの類型がありますが，商標法や景表法と類似するケースに適用されることがあります。

三浦：具体的にはどのような事例ですか。

北野：例えば，商標法上，登録されていない商標とか，商品や役務が類似しない場合って保護されますか。

三浦：原則として保護されません。

北野：そういう場合でも，周知表示と言えるなら保護します。

三浦：なるほど，保護範囲を広げているのですね。

北野：単純に範囲を広げるだけではなく，周知表示という条件を課している，ということです。

三浦：特許はどうですか。

北野：昔は確かにあまり特許は広告とは関係ありませんでした。

三浦：そうですか，そうであれば特許の勉強はしなくていいのかも知れないと思うのですが。

北野：ところが，広告については特許との関係性が今後ますます深まると評されているんですね。

三浦：それなら，きちんと勉強しないといけないですね。どういう問題があるんですか。

北野：やっぱり，広告のタイミングが早すぎるとまずい，という話がありますね。

三浦：どういうことですか。

北野：要するに出願が遅れると，広告によって公知，みんなが知っているとなって，特許が取れなくなる可能性があるのです。

三浦：これは，広告代理店として知っておくべきですね。他には？

北野：例えば広告方法についての特許の話とか，おまけ・ノベルティ等の特許の話があります。

三浦：おまけ・ノベルティは独立性がないか無償だから大丈夫ではなかったのですか。

北野：商標と特許は違うので，こういう違いにもきちんと留意しないといけませんよ。

1．はじめに

(1) 不競法とは

不競法とは，「事業者間の公正な競争及びこれに関する国際約束の的確な実施を確保するため，不正競争の防止及び不正競争に係る損害賠償に関する措置等を講じ，もって国民経済の健全な発展に寄与することを目的とする」法律である（1条）。

不競法は，多種多様な内容が入っており，例えば営業秘密・限定提供データのような競争の優位性を確保するために必要な，秘密やデータの保護に関する規定，訴訟手続に関する規定，そして，外国公務員への贈賄罪等，広告そのものとはあまり関係の深くない内容も多い。

もっとも，不正競争行為には，広告と関係のあるものも少なくないことから，ここでは，それに限定して説明することとする。

そのような前提の下における不競法の特徴は，登録不要であることである。要するに，もし登録されていれば商標権侵害のようであるが，実際には登録されていないといった場合等についても保護の可能性を与えるものの，登録商標よりも厳しい要件を課す，といったものである。

そして，不正競争のリストに掲載されていると，民事上の差止め・損害賠償や刑事罰があることがある。

⑵ 特許法とは

特許法とは，発明，すなわち「自然法則を利用した技術的思想の創作のうち高度のもの」（2条1項）を保護する制度である。

特許もまた商標と同じで登録が必要であり，クレーム（請求項）を書いて登録をする。かなり短いものだと，「A　豆の薄皮に塩味が感じられ，かつ，B　豆の中心まで薄塩味が浸透している C　緑色の維持された D　ソフト感のある E　塩味茹枝豆の冷凍品。」がある（東京地判平成15. 2. 26判時1825－99）。要するに，原則として「請求項Aを満たしかつ請求項Bを満たしかつ請求項Cを満たしかつ請求項Dを満たしかつ請求項Eを満たす」という場合にはじめてそのような塩味茹枝豆の冷凍品を権利者に無断で作ることが禁止されている（なお，上記判決では当該特許は無効とされている）。

特許権の効力の範囲としては，特許権者に無断で「業として」（特許法68条）実施をしてはならないという点が重要である。すなわち，同法2条3項は，「この法律で発明について『実施』とは，次に掲げる行為をいう」として，以下の行為をそれぞれ『実施』と定義している。

・物（プログラム等を含む。以下同じ。）の発明にあっては，その物の生産，使用，譲渡等（譲渡及び貸渡しをいい，その物がプログラム等である場合には，電気通信回線を通じた提供を含む。以下同じ。），輸出若しくは輸入又は譲渡等の申出（譲渡等のための展示を含む。以下同じ。）を

する行為（1号）
・方法の発明にあっては，その方法の使用をする行為（2号）
・物を生産する方法の発明にあっては，前号に掲げるもののほか，その方法により生産した物の使用，譲渡等，輸出若しくは輸入又は譲渡等の申出をする行為（3号）

例えば，特許発明たる方法の実施を妨害したり，特許発明品を破壊しても，特許権侵害には該当しない（不法行為になるかもしれない。）。

確かに，広告がらみで特許がからむものはあまり多くないが，①広告タイミングと権利化，②広告手法そのものについての特許の問題，③広告の対象となる商品が特許権侵害をしている場合，④おまけ・ノベルティ等についての特許権侵害，の4パターンについて後述する（⇒87頁）。

(3) 意匠法とは

意匠とは，物品の形状，模様若しくは色彩又はこれらの結合であって，視覚を通じて美感を起こさせるものをいう（2条1項）。

裁判例の多くは，あまり理論的な構成を明確には示さず，意匠にかかる物品の同一又は類似を前提とした上意匠を見るもの（看者）の注意を引く部分を意匠の要部として把握し，両意匠が要部を共通にするか否かを基準としながら両意匠を全体的に観察して視覚的印象の異動により美感の共通性の観点から類否を判断しているものが多い（意匠法73頁）。

物品の機能を確保するために不可欠な形状のみからなる意匠は，意匠法5条3号が，本来予定しない技術的思想の創作に対して排他的独占権を付与するので保護しない（意匠法81頁）。広告との関係では，宣伝の対象たる商品が意匠権を侵害している可能性への留意や，広告に利用するノベルティが意匠権を侵害している可能性への留意等が必要である。

(4) アンブッシュマーケティング（便乗商法）

アンブッシュマーケティング（便乗商法）とは，スポンサーではないにもかかわらず，間接的に特定のイベント等の協賛を示唆する不正競争行為である。

例えば，オリンピックについては，スポンサー制度が存在して，スポンサーは高いスポンサー料を払っている。ここで，例えばスポンサー以外がオリンピックという文字等を商標的に利用することは商標権侵害になるものの，そのような商標権侵害等に該当しない場合には，商標法には違反しない（注：不正競争防止法17条及び不正競争防止法16条1項及び3項に規定する外国の国旗又は国の紋章その他の記章及び外国の政府若しくは地方公共団体の監督用若しくは証明用の印章又は記号並びに国際機関及び国際機関を表示する標章を定める省令も参照。）。それならば，無制限に便乗できるのか，という問題である。

ここで，「東京」や「2020」について，JOCは，表現として「東京」「2020年」を使用する場合（セット・単体ともに），2020年大会を想起させる表現として制限される可能性があるとしている。

まず，そもそも，特定のイベントを示唆しない文脈で「東京」や「2020年」が利用されたからといって，何ら問題はない。

これに対し，目的がオリンピックのスポンサーではないのにもかかわらず，オリンピックをあえて示唆して利益を上げよう，というものである場合には，法的措置が講じられるかはともかく，例えば警告等がなされる等して，レピュテーションが下がり，広告主にとって不利益になる可能性があり，これは避けるべきである。

実務上の問題は，そのような意図はないが，見方によってはそのようにも理解され得るといった程度の広告企画をどうすべきかということが問題となるであろう。過去の警告事例等を参考にすると，平昌冬季五輪の代表選手の壮行会について，関係者が会を開くのはよいものの，それを公開するのは許されない等と当初警告され，それに対して批判が広がり，最終的には公開も可能になった等の事例があり，最終的には合理的なところに落ち着く可能性はあるものの，最初に行った者に対して警告が来る可能性をきちんと広告主に説明しておくべきであろう（注：本項全体につき，オリンピックVS便乗商法，アンブッシュ・マーケティング規制法，https://system.jpaa.or.jp/patents_files_old/201404/jpaapatent201404_016-022.pdf参照）。

(5) 全ての知財を組み合わせた対応

ここで，これらは個別に考えるべきではなく，全てを組み合わせて検討すべきだ，という点には留意が必要である。例えば，広告の適法性については，全ての知財の観点から適法かを検討する必要がある。また，例えば広告主に対して提供したアイディアを使って他の広告代理店と広告キャンペーンをやらないようにしたいといった場合，自社のコンテンツ（著作権）を使わないと実現しないようにする，ビジネスモデル特許を取る，営業秘密ないしは契約上の秘密保持義務等で縛る，といった形で様々な知財を組み合わせて考えるべきであろう。そこで，実務ではこれらの知財が組み合わされることは十分に留意すべきである。

2．不競法

(1) 周知表示に対する混同惹起行為に関する実務上の留意点

不競法2条1項1号は「他人の商品等表示（人の業務に係る氏名，商号，商標，標章，商品の容器若しくは包装その他の商品又は営業を表示するものをいう。以下同じ。）として需要者の間に広く認識されているものと同一若しくは類似の商品等表示を使用し，又はその商品等表示を使用した商品を譲渡し，引き渡し，譲渡若しくは引渡しのために展示し，輸出し，輸入し，若しくは電気通信回線を通じて提供して，他人の商品又は営業と混同を生じさせる行為」と定める。長いが，混同惹起行為と言われる。

本号は，周知されている他人の商品等表示と同一又は類似の商品等表示を使用すること等により，自己の商品・営業を他人の商品・営業と混同させる行為を「不正競争」の一類型として定めた規定である。その趣旨は，他人の氏名，商号，商標等，他人の商品等表示として需要者間に広く知られているものと同一又は類似の表示を使用して，その商品又は営業の出所について混同を生じさせる行為を規制することにより，周知な商品等表示に化体された営業上の信用を保護し，もって事業者間の公正な競争を確保しようとするものである（逐条63頁）。

ポイントは，「商品等表示」とは，登録商標に限られず，商品の出所又は営業の主体を示す表示を広く指し，具体的には，人の業務に係る氏名，商号，商標（サービスマークを含む。）等をいう（逐条64頁）。また，「混同を生じさせる」，すなわち，被冒用者と冒用者との間に競業関係が存在することを前提に直接の営業主体の混同を生じさせる「狭義の混同惹起行為」のみならず，緊密な営業上の関係や同一の表示を利用した事業を営むグループに属する関係があると誤信させるような「広義の混同惹起行為」をも包含する（逐条73頁）という広い範囲に対応しているところである。

例えば，シャネルという名前をスナックに使うとする，さすがに「あの」シャネルがスナックを経営している，と思う人はいないだろうが，それでも何らかの関係があるのではないか，という印象を与える。このような場合に，商標法をそのまま適用するのは，商品・役務の類似性の観点からは，なかなか侵害とはいいづらいが，スナックシャネル事件で最高裁（最判平成10. 9.10判タ986－181）は，ファッション業界には経営を多角化する傾向があるとして，業務上，経済上あるいは組織上何らかの関係を有するものと一般消費者において誤認するおそれがあるとして，不正競争行為とした。

もっとも，「本号をめぐる多くの紛争の攻防の焦点は，①被告の顧客層において原告の商品等表示が周知であること（周知性の人的範囲の問題）および②被告の営業地域において原告の商品等表示の周知性があるかということ（周知性の地域的範囲の問題）にある（特に②につき，田村善之『不正競争防止法概説』（有斐閣，第2版，2003））。というのも，相手方の被告の営業地域と原告の商品等表示が重なる場合に初めて，両者の商品ないし営業活動の混同が生じるからである（ほぼ同趣旨として，大阪地判平成28. 8.23（平27（ワ）5281号）がある。商標・意匠・不正競争判例百選第2版136頁（時井真執筆）参照）。

例えば，鎌倉市大船においては（同じ神奈川県で隣接している）横浜市でとんかつ店を営む原告の営業表示「勝烈庵」を周知であると認めて大船の「かつれつ庵」に対する請求を認容する一方で，静岡県富士市においては，当該横浜市の「勝烈庵」が周知であると認められず，その結果，富士市の「かつれつあん」に対する請求を棄却した事案がある（横浜地判昭和58.12. 9判タ 514－259。田村善之『知的財産法』（有斐閣，第5版，2010）60頁）。

広告実務では，商標調査の際に，商標法がリサーチできない（しにくい）未登録商標や，商品・役務の類似性がない場合について，「これは，周知性があるので，不競法の観点からは，やめた方がよいのではないか」という観点を入れて，対応すべきということがある（注：未登録商標も入るので，基本的には，インターネット調査と登録商標調査をすべきことになるが，周知性が要件なので無名の商標・商号が出てきても，だからといって，ただちには不競法違反にはならない。）。

⑵ 著名表示冒用行為に関する実務上の留意点

不競法2条1項2号は「自己の商品等表示として他人の著名な商品等表示と同一若しくは類似のものを使用し，又はその商品等表示を使用した商品を譲渡し，引き渡し，譲渡若しくは引渡しのために展示し，輸出し，輸入し，若しくは電気通信回線を通じて提供する行為」をも不正競争とする。

まず，上記のとおり，同条1号で周知表示の混同を惹起すれば，すでに不正競争となっていた。それでは，これに加え混同を要件としない同条2号が出てきたのはなぜだろうか。

現代の情報化社会において，様々なメディアを通じ商品表示や営業表示が広められ，そのブランド・イメージがよく知られるものとなると，それが持つ独自のブランド・イメージが顧客吸引力を有し，個別の商品や営業を超えた独自の財産的価値を持つに至る場合がある。このような著名表示を冒用する行為が行われると，例え混同が生じない場合であっても，冒用者は自らが本来行うべき営業上の努力を払うことなく著名表示の有している顧客吸引力に「ただのり（フリーライド）」することができる一方で，永年の営業上の努力により高い信用・名声・評判を有するに至った著名表示とそれを本来使用してきた者との結びつきが薄められる（希釈化＝ダイリューション）ことになる（逐条75頁）。

このような著名表示の冒用事例においては，高い信用・名声・評判を有する著名表示の財産的価値が侵害されていることそれ自体が問題であって，「混同」が生じているか否かは必ずしも重要ではないと考えられた（逐条75頁）。

そこで，著名な表示であれば，混同が惹起されなくても，それにフリーライドし，希釈化する行為を不正競争行為としたのである。

ここで，著名というのは，混同不要でも不正競争とするような要件であるから，周知よりもレベルが高い。具体的にどの程度知られていれば「著名」といえるかについては，個別具体の事例に応じて判断される問題であるが，著名表示の保護が広義の混同さえ認められない全く無関係な分野にまで及ぶものであることから，通常の経済活動において，相当の注意を払うことによりその表示の使用を避けることができる程度にその表示が知られていることが必要であり，具体的には全国的に知られているようなものを想定しているとされている（逐条77頁）。

⑶　誤認惹起行為に関する実務上の留意点

「商品若しくは役務若しくはその広告若しくは取引に用いる書類若しくは通信にその商品の原産地，品質，内容，製造方法，用途若しくは数量若しくはその役務の質，内容，用途若しくは数量について誤認させるような表示をし，又はその表示をした商品を譲渡し，引き渡し，譲渡若しくは引渡しのために展示し，輸出し，輸入し，若しくは電気通信回線を通じて提供し，若しくはその表示をして役務を提供する行為」も不正競争である（不競法２条１項20号）。

これは，景表法とかなり重複されており，景表法５条１項で不当表示規制が設けられており，またその細目が公正取引委員会の告示で指定されており，不正競争防止法２条１項20号と重複する不当表示行為も多いとされている（逐条142頁）。

ポイントとしては，行政規制ではなく民事制裁及び刑事制裁があり，しかも，本号の誤認惹起行為によって「営業上の利益を侵害され，又は侵害されるおそれがある者」つまり通常，競争関係にある事業者が差止請求等の主体となる（逐条148頁）。

⑷　信用毀損行為に関する実務上の留意点

不競法２条１項21号は，「競争関係にある他人の営業上の信用を害する虚偽の事実を告知し，又は流布する行為」とする。

これは，名誉信用毀損（⇒104頁）とも類似しているが，同条は虚偽であることが要件であり，この点が必ずしも虚偽を必要としない名誉毀損とは異なっている。

例えば，知財高判平成25．９．25裁判所ウェブサイトは，行政書士のブログにおいて，弁護士が詐欺的取引を助長している等と記載されたが，虚偽の事実ではないとして不競法２条１項（当時の15号，改正後の21号）に該当しないとした。また，東京地判平成27．9．25裁判所ウェブサイトは，インターネット上の誹謗中傷を削除すると称する業者が，「弁護士は，料金が高い」等と表示し，「ネット削除に詳しい弁護士」として個別の弁護士の氏名を表示したことについて「虚偽の事実」に当たるものとは解されない等として不競法２条１項（当時の15号，現行21号）の要件が満たされないとした。

なお，双方が競争関係にあることも必要であるから，非競争者間における誹謗等の信用毀損行為は，本号の問題ではなく，一般不法行為の問題として処理される（逐条151頁）。

3．特許法

Q36 広告タイミングと権利化

広告をしたからといって特許権を取れなくなることはありますか？

A

出願前に広告をする場合，内容によっては新規性（内容によっては進歩性）がなくなり特許権を取れなくなります。

いつ広告をするか，この点は，特許出願と密接に関係する。一言で言えば，早く広告しすぎるとまずい，ということである。

特許法29条１項は，新規性について規定する。要するに，以下の各号に該当する発明は，発明が特許とされるために必要な要件のうちの新規性という要件がないとして，権利化（特許登録）できないのである。

・特許出願前に日本国内又は外国において公然知られた発明（1号）
・特許出願前に日本国内又は外国において公然実施をされた発明（2号）
・特許出願前に日本国内又は外国において，頒布された刊行物に記載された発明又は電気通信回線を通じて公衆に利用可能となった発明（3号）

例えば，「XをYすることでZする方法」についての発明がされ，当該発明を利用した商品を売り出すとしよう（注：実際のクレーム（特許請求の範囲）はもっと長く複雑であることが多い。）。その場合において，広告主と広告代理店が話し合う中で，「最大の特徴が，これまでになかった，XをYすることでZする方法という画期的発明であることなのだから，この画期的発明であることを広告で大々的にアピールしましょう。」という話になったとしよう。広告表現の具体的な内容にもよるが，もし，広告の際に「XをYすることでZする方法」をそのまま，例えば刊行物に記載し，又は電気通信回線を通じて公衆に利用可能とすれば，同項3号で新規性がなくなり，それ以降に出願すれば特許権を取得できない。それ以外の方法であっても，結果的に出願前に日本国内（又は外国において）公然知られてしまえば，もはや新規性がない（同項1号）。

このような広告表現のミスによって，せっかく特許を取得して一定期間当該発明の実施等について独占することができたはずであるにもかかわらず，それが叶わなくなるというのは広告主にとって大変おそろしいことであり（注：確かに，広告主の知財部門がしっかりしていれば，そのような事態は生じないものの），広告代理店の法務としても，無関心ではいられないだろう。

なお，（2018年6月9日以降の出願については，）事後的にこのようなことに気づいた場合，その旨を記載した書面を特許出願と同時に特許庁長官に提出し，かつ，特許法29条1項各号のいずれかに該当するに至った発明が前項の規定の適用を受けることができる発明であることを証明する書面を原則30日以内に提出（同法30条3項）すれば，その該当するに至った日から1

年以内に特許出願をすれば救済される余地がある（同法30条２項）（注：それでも，例えば，第三者が同じ発明について先に特許出願していた場合や先に公開していた場合には，特許を受けることができない訳であるから，事後対応としてこの規定に依拠するのはやむを得ないが，予防法務としては先に出願をしておくべきであり，この規定に依拠すべきではない（「平成30年改正法対応　発明の新規性喪失の例外規定の適用を受けるための出願人の手引き」（https://www.jpo.go.jp/system/laws/rule/guideline/patent/document/hatumei_reigai/h30_tebiki.pdf参照）。）。

なお，出願前に発明を他社に盗取されたなど特許を受ける権利を有する者の意思に反して公知となった場合，当該事由が生じた日から１年以内に出願すれば，新規性喪失の例外規定の適用を受けることができる（同法30条１項）。

Q37 広告方法に関する特許についての実務上の留意点

当社の広告について，広告方法の特許を持っていると称する無名の第三者から内容証明が届きました。どうすればよいでしょうか？

A

いわゆるパテントトロールの可能性があると思われます。まずは，相手方が主張する権利の根拠（特許番号）及び相手方が主張する権利侵害態様を確認し，また，素性を調べた上で，経験ある弁護士・弁理士と相談し，適切に対応すべきでしょう。

特許権は，確かに非常に強力な独占権である。しかも，広告については特許との関係性が今後ますます深まると評されているところである（広告法144頁）。

そこで，特許権という強大な権利を侵害したというトラブルは広告法務でもますます重要となるだろう。だからこそ，会社の規模が大きくなると，自社製品・他社製品が属する技術分野の特許を専属でサーチする人材を配置し，他社特許に抵触しないか，法律事務所や特許事務所に鑑定を求めることもある。広告代理店等の規模が大きくなれば，広告あるいは広告方法に関する特許を常にウォッチし，問題になりそうな特許について侵害鑑定・無効鑑定を依頼するという方法も良いだろう。

ここで，第三者からの侵害を主張する内容証明が来た場合においては，何も考えずに謝罪等をして終わらせようとするべきではない。①クレームを充足しているかの問題（充足論）と②特許権は無効ではないか（無効論）の２つ（注：なお，実務上は有効な特許権侵害があった場合の損害額についてのいわゆる損害論も重要である。）について，議論の余地があるケースもあり，そのような場合には，弁護士・弁理士等の専門家と相談しながら，対応が必要である。

例えば，日本でもパテントトロールといって，休眠特許等，あまり活用されていない特許を安く買取り，これを侵害しているとして，警告書を送付し，ライセンス契約をする代わりに相応のライセンス料を取る，こういう手法の警告書を有名な製造業企業はほぼ全て受け取っているといってもよいだろう。このようなパテントトロールの中には，充足論について一方的に侵害しているというだけで，具体的にどう侵害しているか質問しても抽象的で曖昧なことしか言わないまま「ライセンス料を払え」,「売り上げを開示せよ」,「同業者はもう和解したぞ」等と強圧的に主張してくる者もいることから，そのような場合には，とりわけ，上記の２つを真剣に考慮する必要がある。

まず，侵害というのはクレームの全ての構成要件を充足している行為が原則であり（特許法378頁），例えば，ＡからＥまでのクレームがある特許であれば，原則として（注：要するに，均等論を除くということ）請求項Ａを満たしかつ請求項Ｂを満たしかつ請求項Ｃを満たしかつ請求項Ｄを満たしかつ請求項Ｅを満たす必要があるから，例えば「よく読んで，実際の当社の広告宣伝方法と比較してみると請求項Ｃは満たしていません。」といえれば，侵害しないとなる。そうすると，専門家に確認すれば，適切に充足論の段階で，相手の主張を排斥することができる（注：なお，クレーム解釈については，リパーゼ事件（最判平成３．３．８民集 45－３－123）のように，一定の場合に明細書の発明の詳細な説明の記載を踏まえて解釈したり，包袋禁反言のように，特許出願経緯を踏まえて解釈する等もあり得るので，そのようなことができないか等をきちんと調査してから解釈を行うべきである。)。

次に，無効というのは，本来特許を受けられないはずの特許が登録されているということである。基本的には，特許庁の審査官はデータベースを持っていてあるいは外部の業者に委託して，データベースと見比べながら新規性がないとか進歩性（注：特許法29条２項　特許出願前にその発明の属する技術の分野における通常の知識を有する者が前項各号に掲げる発明に基いて容易に発明をすることができたときは，その発明については，同項の規定にかかわらず，特許を受けることができない。）がないという場合には，特許登録を拒絶する。しかし，データベース上にそのような適切な情報がなかったり，出願の際の代理人が意見書を提出し，それで審査官が納得した場合には，特許が登録されることになる。しかし，例えば上記のとおり，新規性については「外国」で「公知」ないし「文献」公知であれば，否定される（そして，進歩性も外国公知発明ないし外国文献公知発明に基づいて容易に発明をすることができたときは否定される。）ところ，例えば極めて多くの労力をかけて外国文献を網羅的に調査すれば，外国の文献にそのまま記載され，又は当該記載された発明を元に容易に発明できるとして新規性又は進歩性が否定されることがあり得る（なお，近時のピリミジン誘導体知財高裁大合議事件（知財高判平成30．4．13平成28（行ケ）10182等）では，副引用例となるためには「発明」である必要がある趣旨の判示をして進歩性を肯定しているが，副引用例がマーカッシュ形式で記載されているために膨大な選択肢のあるという特殊な事案であり，今後も引き続き副引用例として，特許文献（主に公開公報）に加え，発明ではない技術資料等（技術常識や周知技術を含む。）も視野に証拠収集を行うべきものと思われる。)。

とりわけ，広告で問題となりやすい，ビジネスモデル特許については，そもそも発明にすら該当しない可能性がある。すなわち，上記のとおり，「自然法則を利用した技術的思想の創作のうち高度なもの」（特許法２条１項）のみが発明として保護されるところ，ビジネスの方法それ自体が特許法となり得るのではなく，それを解決する技術的側面が問題となり，全体として技術的手段を提供するものであれば発明たり得るにすぎない（ほぼ同趣旨として特許庁「特許・実用新案審査ハンドブック」附属書Ｂ 第１章 コンピュータソフトウエア関連発明「２．１．１．２ ソフトウエアの観点に基づく考え方」21頁「発明の詳細な説明及び図面において，『ソフトウエアによる情報処理がハードウエア資源を用いて具体的に実現されている』ように記載されていても，請求項に係る発明が『ソフトウエアによる情報処理がハードウエア資源を用いて具体的に実現されている』ようなものではない場合は，請求項に係る発明は『自然法則を利用した技術的思想の創作』に該当しない」。新規性・進歩性についても本文とほぼ同様の考え方を示すものとして，同附属書Ｂ「２．２ 新規性，進歩性（第29条第１項，第２項）」30頁，「２．２．３．２ 当業者の通常の創作能力の発揮に当たる例」)。そして，具体的な事案において，ビジネスの方法と解決する技術的側面の全体として自然法則を利用しているとされるものもある（注：ビジネスモデル特許に有利な判断をしたものとして，いきなりステーキ事件・知財高判平成30. 10. 17裁判所ウェブサイトを参照。当該判決は，本件特許は（特に請求項１）は，「お客様を立食形式のテーブルに案内し，お客様が要望する量のステーキを提供するというステーキの提供方法を採用することにより，お客様に，好みの量のステーキを，安価に提供するという飲食店における店舗運営方法」に関するものであるものの，単に，ステーキ店において注文を受けて配膳をするまでに人が実施する手順を特定するのみならず，個々の顧客の好みの量に応じてカットした多種多様な肉量に関する情報と，「札」と言われる機器にテーブル情報に関する機器と組み合わせることによって，他の顧客の肉と混同しないようステーキを提供する点に技術的意義があることを重視し，自然法則を利用した発明であると認定されている。)。

このように相手方が主張する特許権がビジネスモデル特許の場合は，新規性や進歩性の欠如に加えて，そもそも発明の概念に該当しないことを理由に無効となる可能性も十分ある。このことは，逆にいうと，自社がビジネスモデル特許を取得することがそう容易ではないということではあるが，パテントトロールとの戦いにおいては，オーソドックスな無効事由である新規性，進歩性，記載要件以外に，発明該当性によっても無効事由を主張しうる点に留意すべきであろう。なお，広告の仕方等のようなビジネスモデル特許については，人為的な取極めという側面が強い。そこで，（技術的な意義の無い）珍奇な取極めについては，新規性・進歩性を判断する際に，その前提として行われる一致点・相違点の認定において，相違点としては認定しない（＝特許無効を主張する側に有利）という見解も有力である（石川好文「進歩性と非自明性」法学67巻6号293頁（2004年））。

Q38 広告主の商品のサービス等の特許権侵害についての留意点

広告主の商品に関する特許について広告代理店の責任として何が問題となりますか？

A

広告代理店による実施の有無及び新規性の喪失に留意してください。

広告主の商品については，その特許を第三者が侵害している場合と，第三者の特許を広告主が侵害している場合の2つがある。

このうち，広告主の特許を第三者が侵害しているという場合，これはあまり広告宣伝とは関係がない，関係があるとすれば，上記Q36の，広告宣伝のタイミングが早すぎて，新規性喪失の主張がされ，特許が無効となる場合くらいである。その場合には，広告宣伝が開始されて公知になった日の証明について広告主に協力するくらいであろう。

次に，自称権利者から広告主の商品の特許権侵害が疑われた場合，自社が「実施」しているのかについて検討が必要である。特許法2条3項1号は「物（プログラム等を含む。以下同じ。）の発明にあつては，その物の生産，使用，譲渡等（譲渡及び貸渡しをいい，その物がプログラム等である場合には，電気通信回線を通じた提供を含む。以下同じ。），輸出若しくは輸入又は譲渡等の申出（譲渡等のための展示を含む。以下同じ。）をする行為」を実施とするところ，「譲渡等の申出」には特許製品の販売や貸与を目的とした展示を中心として譲渡等の前提としての販売促進活動（カタログ等の頒布）や営業活動等が相当する（新・注解特許法上巻50頁）。そこで，自社の活動がこれに該当するかについて，専門家の判断も踏まえて検討すべきである。

Q39 おまけ・ノベルティと特許権侵害

> **当社が第三者に委託して製造させ，配布したノベルティが特許を侵害しているといわれました。どうすればよいですか？**

A

自社が特許権侵害の主体となる可能性が高いので，適切な対応が必要です。

確かにおまけ・ノベルティについては，広告会社の関与の度合いが強く，広告主の商品・サービスが第三者の特許権を侵害していた場合のような「道義的責任」で逃げられないことも出てくる（注：なお，広告法143頁も，プレミアム・グッズの手配について，業務委託先が主たる実施者になるから，求償すればよいという考えもあるが，広告主のレピュテーションに多大な影響を与えかねないから注意すべきとしている。）。この場合にどのように対応すべきか。

まず，事実関係を整理する必要があるだろう。例えば，広告代理店Ａが企画した商品について，具体的な商品の製造手法及びその配布を下請けのＢに委ねたところ，Ｂが独自に選択した商品の製造手法が第三者の特許に抵触していたとする。この場合，Ａは「こういう商品を企画してほしい。」と言っただけで，商品の製造手法には何ら関与していない。また，物を生産する方法の発明にあっては，方法の実施のほか，その方法により生産した物の使用，譲渡等，輸出若しくは輸入又は譲渡等の申出をする行為も「実施」とされ（特許法２条３項３号）るので，例えば，ノベルティを譲渡したのが，ＡであればＡが第三者の特許を実施したと評価されることになるが，譲渡も全てＢが行ったのであれば，Ａは法的に権利侵害を免れる可能性がある。

次に，仮にＡも譲渡をしてしまったとしても，おまけであることやノベルティであることが何か影響しないだろうか。ここで，物の発明の実施態様のうちの「譲渡」は，有償譲渡であろうが無償譲渡であろうが全て入ると解される。そこで，商品性を否定できる商標権と異なり，おまけであることやノベルティであることはディフェンスにはならない。

最後に，仮に法的な意味での権利侵害を免れるとしても，レピュテーションという意味ではそのような事態はなるべく避けるべきである。最低でも，Ｂに対して特許権等を侵害しないよう調査をした上で選択するよう求め，結果的に侵害した場合の補償等を求めるべきであるし，仮にＢが個人事業主や中小企業で（下請法の規定はともかく）実質的にそのような対応ができない場合には，Ａの方でもＢと協力して予防法務的対応をしなければならない場合もあるだろう。

Q40 原告としての特許訴訟準備

> 第三者が，当社の特許を侵害していそうな場合どうすればよいですか？

A

基本的には，警告をし，その上で，交渉をしてライセンスや中止を求めることになりますが，交渉が決裂すれば訴訟による救済の実現を図ることになります。その際には，訴訟に向けた証拠確保，無効審判を起こされる可能性及び，警告が不法行為になる可能性にも留意が必要です。

権利行使をする場合，最初から訴訟（仮処分を含む。）を行うことも考えられますが，その前に警告書を送り，そこから訴訟外の交渉をすることが考えられる。その場合には，ライセンス料を支払えば続用を認めるという方向性の交渉と，禁止させる（場合によっては損害賠償ももらう。）という方向の交渉があり得る。そして，交渉が決裂した場合には，訴訟になる。

その場合には，次の３点についての留意が必要である。

まずは，訴訟に向けた証拠確保である。実務上，実店舗での販売であれば，販売場所と販売商品を並べて写真撮影したり（かなり古典的な方法では，商品棚の隣に年月日が分かる新聞紙を並べて撮影することもある。）調査会社等を利用して売上高を調べたり，あるいはweb上での販売では，商品名の記載があることを確認して（販売する他社のトップページへのリンクでは「譲渡等の申出」（特許法２条３項１号）として足りない可能性がある（知財高判平成25. 7 .11平成25年（ネ）10014)。)，公証人にwebの事実実験公正証書を作成してもらう，あるいはそこまでいかなくても，民間のタイムスタンプサービス等を利用してwebの証拠保全を行う（注：実務上事後対応としてInternet Archiveのway back machineを利用せざるを得ないことがあり，知財高判令和元. 10. 24（平成30年（行ケ）第10178号）では，ゲームプログラム，ゲーム処理方法および情報処理装置は，way back machineを刊行物の頒布時期の根拠として認定しており，筆者も東京地判令和４年６月16日（食べログのアルゴリズム変更による評点引き下げを独禁法違反と認定）において，原告以外の店も評点が引き下げられたことを示す証拠としてwayback machineを利用した。)。そして，ここで重要なのは，大型の機械等であっても相手方の被疑侵害物件自体を必ず自分の手元に確保することである。相手方の製造あるいは操作マニュアル等だけを入手して相手方がこのマニュアルのとおり相手は製造していたはずだという立証では，訴訟開始後に相手方の自由な反論を許して右往左往することになり，勝訴は困難となる。その後，改めて専門家と共に自社の特許につき被疑侵害物件との関係でクレーム解釈を行うべきである。

次に，無効審判が起こされる可能性である。多くの場合，特許侵害訴訟の被告は，非充足のみならず特許無効の抗弁で特許無効を主張する。そして一時よりは減少したものの，当該被告はさらに，特許庁に当該特許について無効審判請求を提起することがあり，この場合は，裁判所と特許庁の双方で特許無効が判断されることになる。その場合に備えて，特許権者は，自社の特許につき事前に公知例調査を行い，新規性・進歩性等の法律判断を行う等して被告による特許無効の主張に備えられるようにしなければならない。

最後に，警告が不法行為になる可能性である。特に知的財産法におけるこの種の警告状は，論調は強いものの主張の根拠となる法令の記載が曖昧であるものが多く，知的財産法のうちのどの法令なのか，不競法であればさらにどの類型なのか，その内容を精査し，場合によっては相手方に釈明を求め，相手方の権利行使が理由のある誠実なものか見極めるという方法もあり得よう。また，特許が事後的に無効になったり非侵害と判断されたとの一事のみでは，遡って警告状の送付が違法であったことにはならず，立証のハードルは決して低くないものの，警告状の送付自体が違法になることがある（裁判例の中には，「競争関係にある他人の営業上の信用を害する虚偽の事実を告知し，又は流布する行為」（不競法２条１項21号）となり得る要件として，（抽象的には）「特許権者が競業者の取引先に対して行う前記告知は，競業者の取引先に対して特許権に基づく権利を真に行使することを前提として，権利行使の一環として警告行為を行ったものであれば，当該告知は知的財産権の行使として正当な行為と言うべきであるが，外形的に権利行使の形式をとっていても，その実質がむしろ競業者の取引先に対する信用を毀損し，当該取引先との取引ないし市場での競争において優位に立つことを目的とされたものであるときには，当該告知の内容が結果的に虚偽であれば，不正競争行為として特許権者は責任を負うべきものと解するのが相当である。そして，当該告知が，真に権利行使の一環としてされたものか，それとも競業者の営業上の信用を毀損して市場での競争において優位に立つことを目的としてされたものかは，当該告知文書の形式・文面のみによって決すべきものではなく，当該告知に先立つ経緯，告知文書等の配布時期・期間，配布先の数・範囲，告知文書等の配布先である取引先の業種・事業内容，事業規模，競業者との関係・取引態様，当該侵害被疑製品への関与の態様，特許侵害争訟への対応能力，告知文書等の配布への当該取引先の対応，その後の特許権者及び当該取引先の行動等，諸般の事情を総合して判断するのが相当である」とする東京地判平成13．９．20平成12年（ワ）11657がある（ただし事例の解決として反対。）また，警告状送付の違法性については，訴訟の提訴が不法行為になり得るとする最判昭和63．１．26民集42－１－１で処理する判決群もある。なお，警告状の送付と不競法・不法行為法の関係では，この東京地裁判決が唯一基準を示した判決であると評価するものとして，吉田広志「知的財産権侵害を警告する者の法的責任―知的財産権の実効性確保の観点から―」（平成21年度TEPIA知的財産学術研究助成成果報告書））。

コラム　馬好き法務部員の一日

5　「お金の話」を早めにすること

広告に関するトラブルとして，お金のトラブルも重要である。広告主との間での代金や支払い条件に関するトラブルや，製作会社との代金に関するトラブル等，多くのトラブルは「お金」がらみである。

このような「お金」がらみのトラブルの回避のために最も重要なのは，「お金の話」を早めにすることである。営業の現場ではできるだけ広告主等の心を掴むことを重視し，「お金」の話は後回しにしたいという思いがあるのかもしれない。しかし，もしそのような態度を続けて，最終的に，例えば金額について明確な合意なく広告を掲載し，後で請求をしたとする。もちろん，「御社の言い値で払います。」と言ってもらえればいいが，その金額が予想外のものだったりした場合，実務上は大きなトラブルとなる。

法律だけで言えば，「出稿してください」，「わかりました」という契約が成立すれば，「相当報酬」での合意があった，という解釈は可能であるが，実務で最後まで法律だけを盾に交渉することは難しく，やはりビジネス判断も含めた法律以外の要素が強い。そうすると，いくら契約上ないし法律上相当の報酬請求権があっても，報酬請求権を放棄ないし大幅減額という話にならざるを得ないこともあり得る。

法務としては，やはり，「お金の話」を早めにすることを強く推奨するところであり，これがトラブル回避のために重要だろう。

第6話 人格権

story 6

三浦：当社の従業員であるカメラマンの撮影した写真を使った広告にクレームがつきました。

北野：職務著作になるための要件を満たしていれば，基本的に著作権の問題はないはずですが。

三浦：それが，写っている人のクレームでして。

北野：著作権は，誰が撮影等の創作的活動をした「著作者」かを踏まえて，権利者（著作権者）が決まりますが，肖像権等の人格権は，全く異なる処理がされますから，気をつけなければいけません。

三浦：先生から先日そのようなアドバイスを受け，モデルとは，肖像権についての契約を結んだのですが…。

北野：契約の規定が曖昧だった，とかでしょうか。例えば，肖像権の処理はされていたけど，パブリシティ権を含むかどうかが不明確であったとかでしょうか。

三浦：肖像権とパブリシティ権はどう違うのですか。

北野：肖像権は，写真（及び絵画）の形で自己の肖像がみだりに利用されないことについての権利です。

三浦：パブリシティ権はどうですか。

北野：パブリシティ権は，肖像が中心ですが，氏名等も含む概念ですね。

三浦：肖像については肖像権だけではなくパブリシティ権も問題となるのですか。

北野：パブリシティ権は，肖像等の顧客吸引力を排他的に利用する権利です。一般人でも肖像権はありますが，芸能人等，一部の人はその肖像等が付されることで，ファンが「買いたい」と思う等という顧客吸引力を持っており，これを第三者が勝手に利用するとパブリシティ権侵害となります。

三浦：では，パブリシティ権の問題になったら，肖像権は問題とならない，ということではないのですか。

北野：基本的には，人格権は様々な守備範囲があり，それぞれの守備範囲に入れば侵害が成立します。一つの行為の例で複数の侵害が認められた例としては，雑誌上にコラージュ写真を掲載された芸能人について，名誉感情侵害とパブリシティ権侵害の双方が認められたコラージュ事件があります。

三浦：なるほど，勉強になりました。ところで，今回は，モデルさんからは，肖像権とパブリシティ権双方について承諾を取っていたのです。

北野：そうすると，クレームというのはどういう問題ですか。

三浦：実は写り込んだ人がいて，その人からのクレームです。

北野：実務上は，写り込みについては，顔が識別できないくらい小さい写真のみを利用するか，ボカしたり，画像を加工することが多いようですね。

三浦：ウェブサイト用の粗い画像では，顔が識別できず，それでゴーサインを出したら，同じ写真の高解像度版が街頭のポスターとして貼られてしまいました。

北野：とりあえず顔が識別できるのであれば，謝って差し替えるのが穏当でしょうね。後は今回の件を踏まえて社内のチェックプロセスとしても，肖像権対応について，何が問題になるか，現場レベルにも徹底しないといけません。

三浦：確かに，事前に私に相談がくるような体制を構築します。

1．人格権とは

Q41 肖像権

肖像権とは何ですか？

A

肖像権は，人がみだりに他人から写真をとられたり，とられた写真がみだりに世間に公表，利用されることがないよう対世的に主張し得る権利です。

肖像権は，人がみだりに他人から写真をとられたり，とられた写真がみだりに世間に公表，利用されることがないよう対世的に主張し得る権利である（佃克彦『プライバシー権・肖像権の法律実務』（弘文堂，第３版，2020年）370頁）。

最高裁判例も何人も，その承諾なしに，みだりにその容ぼう・姿態を撮影されない自由があるとした（京都府学連事件・最判昭和44.12.24刑集23－12－1625，他）。絵画・イラストという態様での利用についても肖像権は一定程度保護されるがその保護の程度は低い（最判平成17.11.10民集59－９－2428）。

肖像権が問題となった裁判例を見ると，非商業的利用に関するものが多い。例えば，上記の平成17年最判の事案では，週刊誌が，殺人事件の被告人の法廷での肖像画を掲載したことが問題となっており，このような報道の場面における肖像の利用が問題となる場合が多い。

しかし，広告でも肖像権が問題となることもあるのであり，例えば，風俗店の従業員募集広告に，とあるモデルの写真を無断で利用したことが，当該モデルの肖像権侵害として損害賠償が認められた事案（東京地判平成26.11.27平25（ワ）16728）等が存在する。なお，一般人の写り込みの問題もあり，例えば地域情報誌の表紙に漁をする姿が写り込んだとして肖像権侵害が認められた事案もある（注：青森地判平成７．３．28判時1546－88　ただし，核燃料リサイクル施設の発行する地域情報誌に，反対派住民の姿が映っていたという特殊性のある事案である。)。

なお，古い写真のアーカイブ利用の文脈で「肖像権ガイドライン」が公表されている（http://digitalarchivejapan.org/wp-content/uploads/2021/04/Shozokenguideline-20210419.pdf）。同ガイドラインをそのまま広告の肖像権には利用できないが，その解説等は肖像権理解の上で参考になる。

Q42 パブリシティ権

パブリシティ権とは何ですか？

A

肖像等の顧客吸引力を排他的に利用する権利です。

肖像を単に第三者にみだりに利用されないという点が問題となることもあるが，これに加え，肖像を利用して商品等の販売をしていくに当たって，当該肖像による顧客吸引力を排他的に利用したい，という場合も存在する。また，氏名等，肖像以外にも，このような顧客吸引力があり，これを利用したいというニーズがある。

このような，肖像等（注：この「等」の範囲は議論がある。後述のように「氏名」が含まれるものの，それ以外については，例えば王貞治選手のバッティングフォームの立像の差止めを肯定した東京地決昭和53. 10. 2判タ372－97や内藤篤・田代貞之『パブリシティ権概説』（木鐸社，第3版，2014）271頁参照。）の顧客吸引力を排他的に利用する権利をパブリシティ権という。

最高裁は，肖像等を無断で使用する行為は，〈1〉肖像等それ自体を独立して鑑賞の対象となる商品等として使用し，〈2〉商品等の差別化を図る目的で肖像等を商品等に付し，〈3〉肖像等を商品等の広告として使用するなど，専ら肖像等の有する顧客吸引力の利用を目的とするといえる場合に，パブリシティ権を侵害するものとして，不法行為法上違法となると解するのが相当であるとした（最判平成24. 2. 2民集66－2－89）。

つまり，単に肖像等を利用すればただちにパブリシティ権侵害になるのではなく，肖像等の有する顧客吸引力を無断で利用した場合にパブリシティ権侵害になり得るという判断であるところ，広告における芸能人の肖像等の利用は，多くの場合，当該肖像等の有する顧客吸引力を利用するものであるから，パブリシティ権を処理しなければならない。

なお，関係してそっくりさんの問題がある（広告法107頁）。例えば，芸能人Ａにそっくりのを広告のモデルに採用してよいかという問題である。この場合には，ＢがＡの公認なのか，それとも，無断で「そっくり」だと主張しているのかを確認すべきである。また，単なる「仮装」「変装」レベルで，誰もが別人と分かるのか，それとも，本物同然なのかは，実務的には重要である（注：なお，仮装，とりわけコスプレについては，別途問題があり，知財高中間判令和元．５．30（平30（ネ）10081・平30（ネ）10091）及び東京地判平成30．９．27（平29（ワ）6293）並びに角田政芳＝関真也『ファッションロー』（勁草書房，2017）が参考になる。）。その上で，仮に法的にパブリシティ権侵害にならないとしても，芸能人Ａからのクレームリスクを考えて対応することになるだろう。

なお，最近はAIにより，映像処理や音声変換等を使って，本物と見分けがつかないような偽物の映像を創出することが簡単になった（Deep Fake等と言われる。）。例えば，甲飲料の広告に登場する有名な俳優の動画を加工して，その俳優が「甲はおいしくないので，プライベートでは乙を飲んでいる。」のような発言をしているように見せかける等，技術的には巧妙な方法が可能となっている。今後はこのような事態にも留意が必要であろう。

Q43 氏名権

氏名権とは何ですか？

A

自己の氏名の使用を他人が争ったり，ある人の氏名を他人が権限なくして使用する場合にそれを禁止できる権利です。

肖像のみならず，氏名に関する権利もまた重要な人格権である。氏名権は，自己の氏名の使用を他人が争ったり，ある人の氏名を他人が権限なくして使用する場合にそれを禁止できる権利として，人格権の中では最も早く成立した（人格権法149頁）。

ここで，氏名については，例えば，第三者が自己の正確な氏名を呼ばないといった形態で問題となることがあり，新聞等のメディアが，漢字圏の外国人の氏名を日本語読みにすべきか等について判例がある（最判昭和63.2.16民集42－2－27）。

もう一つの，より，広告と親和的な形態が，有名人の氏名を第三者が話題を集めるために利用することである。このような氏名権の侵害形態は「今日最も注目される」（人格権法156頁）と評されているが，パブリシティ権についての上記平成24年最判は「人の氏名，肖像等（以下，併せて「肖像等」という。）」として，その「氏名」を含む「肖像等」の顧客吸引力を排他的に利用する権利としてパブリシティ権を定義した。

なお，「ドルゲ事件」といって，昔の連続テレビ劇に登場したキャラクターである，魔神の「ドルゲ」と同一の名前のドイツ人の子供がいじめられたという事案で，和解が成立し，ドルゲという名がテレビから消えたという事案がある（人格権法156頁）。偶然の一致の例であるが，法的な義務の有無はともかく，結果の重大性等からテレビ局において，そのような判断がなされたのであろう。

Q44 名誉権

名誉権とは何ですか？

A

名誉権とは，人の品性，徳行，名声，信用等の人格的価値について社会から受ける客観的評価たる名誉についての権利です。

名誉とは，「人の品性，徳行，名声，信用等の人格的価値について社会から受ける客観的評価」（最判昭和61．6．11民集40－4－872）である。表現の自由との調和の観点から，社会的評価を低下させたとしても，（ア）名誉毀損行為が公共の利害に関する事実にかかり，（イ）その目的が専ら公益を図ることにあり，（ウ）真実であることの証明があったとき又は真実であると誤信し，その誤信したことについて確実な資料，根拠に照らし相当の理由があるときには名誉毀損の不法行為は成立しない。なお，名誉毀損とは似て異なるものに，名誉感情侵害がある。名誉感情侵害は，自己が自身の価値について有している意識や感情の侵害であり，典型的には侮辱行為によって侵害される。社会生活上許される限度を超える場合に侮辱行為は不法行為となる（最判平成22．4．13民集64－3－758参照）。

「特定の者」の名誉や名誉感情を毀損・侵害しなければ，名誉毀損や名誉感情侵害は成立しないところ，広告の表現が直接第三者の名誉毀損や名誉感情侵害となることはあまり多くないものの，例えば，特定の集団に対する侮辱的な表現は，名誉毀損や名誉感情侵害が成立するか否かを問わず，広告代理店の倫理として，できるだけ回避すべきである。また，例えば出演者の犯罪行為その他の不祥事が明らかになり，広告主やその商品・サービスに対するイメージがダウンするという状況が考えられ，広告出演契約等において，信用等の保持を義務付けることが必要である。

Q45 プライバシー

プライバシーとは何ですか？

A

当初は，私生活をみだりに公開されない法的保障ないし権利とされましたが，今は自己情報コントロール権として理解されています。

プライバシーは，いわゆる「宴のあと事件」において「私生活をみだりに公開されない法的保障ないし権利」（東京地判昭和39．9．28判時385－12）として定義された後，情報化社会の中では，「自己に関する情報をコントロールする権利（自己情報コントロール権）」と捉えられるようになった。

広告との関係では，名誉と同様に，芸能人等のプライバシー情報が公開され，それによって，芸能人のイメージが悪化するシチュエーションが考えられる。これに加え，一般人の写り込みの問題も問題となる。なお，プロファイリングについては，Q95の６参照。

Q46 所有権を根拠とする無体物としての利用の制限（物のパブリシティ権）

物にパブリシティ権はありますか？

A

判例はこれを否定しましたが，クレームリスクに留意が必要です。

広告代理店としては，クライアント以外の第三者の所有する建造物，竹木等の所有物を撮影して広告等に利用することが考えられる。また，第三者の所有物の名称を広告に使うこともあり得る。このような場合には，当該第三者から，所有権を根拠とする無体物としての利用の制限（物のパブリシティ権）等が主張されることがある。

例えば，気球の所有者がその写真を撮ることを制限できるか（広告用気球事件・東京高判昭和53．９．28東高民時報29－９－206），カエデの木の所有者がカエデの木の写真集の差止めを求められるか（カエデの木事件・東京地判平成14．７．３判タ1102－175）等が争われている。

このような一連の問題のうち，ある人の所有物の名称を第三者が使用することの可否，いわゆる物のパブリシティ権について，最高裁判決が出ている。

ギャロップレーサー事件（最判平成16．２．13民集58－２－311）は，ゲームに競走馬の名称が無断で使用され，広告にも「騎乗可能な馬は1000頭以上。

この中にはトウカイテイオー……といった名馬たち」で遊ぶことができる等と表示された事案である。原審がトウカイテイオー，オグリキャップ等GIレース優勝馬について物のパブリシティ権を根拠に損害賠償等を認めたところ，最高裁は「競走馬の名称等が顧客吸引力を有するとしても，物の無体物としての面の利用の一態様である競走馬の名称等の使用につき，法令等の根拠もなく競走馬の所有者に対し排他的な使用権等を認めることは相当ではなく，また，競走馬の名称等の無断利用行為に関する不法行為の成否については，違法とされる行為の範囲，態様等が法令等により明確になっているとはいえない現時点において，これを肯定することはできないものというべきである。」として，損害賠償責任等を否定した。つまり，競走馬等の物の名称について，それが商標権等で保護されているのであれば別論，そうではない場合に「法令等の根拠もなく競走馬の所有者に対し排他的な使用権等を認めることは相当ではな」いとして，そのようないわゆる物のパブリシティ権を否定した。

もっとも，ギャロップレーサー事件判決の射程範囲は不明確なところがある。例えば，同判決が，物のパブリシティ権を否定するだけではなく，それに加えて物の所有権を根拠に，当該物の無体物としての利用を規制すること全般まで否定したのか，は微妙なところである。ここで，調査官解説が，馬主との使用料の支払を内容とする利用許諾契約につき「むしろ，ゲームソフト会社としても，事業を円滑に進める上では，通常はこのような契約を締結することが望ましい」（調査官解説（瀬戸口壯夫『最高裁判所判例解説 民事篇 平成16年度（上）』116－117頁）としていることは，注目に値する。

すなわち，仮に法的権利が認められなくても，勝手に名前を使われた馬主等からのクレームリスクもあり，広告表現を考える際には，このような事実上のリスクも検討すべきである（広告法106－107頁参照）。

例えば，広告代理店が「騎乗可能な馬は1000頭以上。この中にはトウカイテイオー……といった名馬たち」で遊ぶことができる等というゲームの広告を制作する場合においては，広告主に対し，利用許諾契約締結の有無を尋ねた上で，利用許諾契約の締結を促し，少なくとも広告上に表示する馬名は，利用許諾契約締結済みのものとする等の対応が望ましいであろう。

その場合，広告の使用条件についても明確に合意した利用許諾契約となるよう，法務的なレビューが必要である（広告法112頁参照）。

Q47 死者の人格権

死者に人格権はありますか？

A

生存している人間についてしか人格権が認められないという考えもありましたが，その死後も一定期間は保護されるとの考えも有力になっています。仮に生存中のみと解したとしても，クレームリスクに留意が必要です。

過去においては，人格権は存命中にのみ認められるという考えも有力であった。しかし，現在，死者の人格権については，何らかの理屈で一定範囲で肯定する見解が有力である。具体的には，①死者の人格権（人格的利益）が侵害された場合には，遺族等が死者に代わって直接これを求めることができる，②遺族固有の人格権の侵害と解する，③死者に対する遺族の敬愛追慕の感情侵害とする等の様々な構成が考えられている（人格権法41－43頁）。ただし，肯定説であっても，生前よりは要件を厳しくすべきであるという議論や，期間を短くすべきといった議論もあるように，法的に保護される範囲は生前よりも制限されている。

どのような場合に死者の人格権が「法的」に認められるかについては明確な基準はないものの，直系の子孫が存命か，委託を受けた肖像管理者が存在するか，愛好団体，政治・信条・外交・宗教上の考慮，事実誤認・誹謗中傷の有無等を考慮しながら対応する必要がある（広告法110－111頁）。

Q48 クレームリスク

なぜ人格権はクレームリスクに特に留意が必要なのですか？

A

経済的利益が問題となる，商標権等の侵害の問題の場合には，経済合理性の観点から，クレームをするかどうかを判断をする企業の権利者がよく見られます。しかし，人格権は個人が権利者であるところ，いわば「プライド」の問題ですから，厳密な権利の有無の判断とは無関係に，感情を逆なですることによるクレームリスク等を検討しなければなりません。

クレームリスク一般についてはQ91以下のとおりであるが，例えば，企業が有する商標権等の権利を行使するか否かは，社内の法務知財部門で検討し，必要に応じて弁護士や弁理士等と相談した上で，法的にどこまでの権利行使ができるか等を想定して，クレームをつけるかどうかの判断をすることが多い。これに対し，人格権の問題というのは主に個人の問題であって，その人のプライドがかかっており，仮に法的権利が立たないとしても，クレームリスクが高い（辺縁的パブリシティについては広告法105頁参照）。その意味では，関係する人が自分の人格権が侵害されたとしてクレームが出ないか，という観点から内容について検討が必要である（なお，従前は弁護士を立てることのハードルの高さ等からあきらめていた事案について，ネット上に書き込むことで炎上したり，比較的容易に専門家にアクセスできるようになったことから，このような個人によるクレームの重要性が増しているとも指摘することができるだろう。）。

2．人格権に関する実務対応

Q49 権利処理

人格権の実務的な対応はどうすればよいですか？

的確な権利処理ができているか確認をしましょう。

広告に芸能人等に出演をしてもらう場合には，これらの人格権についての実務対応をしなければならない。基本的には，出演者自身又は出演者のパブリシティ権等を管理するマネジメント会社との間で広告出演契約を締結し，権利処理をすることになる。

ここで，権利処理において気をつけるべきことは，権利ごとに，権利者が異なる可能性があることである。例えば，Ａに所属するカメラマンがモデルＢを撮影した場合，著作権は（職務著作⇒Q10として）Ａに帰属するが，人格権はＢ又はＢの所属するマネジメント会社が持つ。

そこで，権利処理の対象となる権利とその帰属先をきちんと把握しておく必要がある。

なお，芸能人等でない，例えば一般人を被写体とする場合，（当該一般人の肖像等に吸引力はないとして，）その人にパブリシティ権はないかもしれないが，顔等を撮影するのであれば肖像権，名前を使うのであれば氏名権等，様々な人格権がある以上，これに留意が必要である（広告法111頁）。

Q50 広告主提供素材の留意点

広告主提供素材は何に注意する必要がありますか？

A

広告主がきちんと権利処理をしたか確認しましょう。

広告主が素材を提供する場合には，その素材については，基本的に，広告主の許可を得て利用する限り，実務上問題になることは少ない。

もっとも，理論的には，広告主が人格権を侵害すると，広告代理店も共同で責任を負う可能性がある。例えば，あるサウナ販売会社は，購入者の写真と名前を他の購入者と一緒に小さく特定の新聞に広告を掲載するとの承諾を取り付けた。しかし，別の新聞にも写真と名前が大々的に掲載され，しかも，存在しない発言までその人の発言として付されていた。その購入者がサウナ販売会社を訴えたところ，裁判所は慰謝料を命じた（東京地判平成元．8．29判時1338－119）この事案では，「一週間に一度は，街のサウナに通っていました……。サウナの良さは一口では言えませんが，毎日仕事が忙しいんで子供となかなか遊んでやれないんです。だから子供と一緒に入るサウナが一番の楽しみ。家族みんなが健康になれる，こんなにいいものは他にないと思います。結局，安い買いものでしたね」という（本人が全く述べていない）コピーがついており，このようなコピーの作成に広告代理店が関与していた可能性は高い。もし，広告代理店が発言のねつ造に関わっていれば責任を負うことになる。また，仮に共同でねつ造をしたのではないとしても，発言が実際に行われたものかどうかについての確認不足について道義的責任を問われることもある。

契約上広告主提供素材についての権利処理の責任の所在を明確にした上で，十分な確認体制を構築すべきである。

とりわけ，広告法に詳しくない広告主であれば，しっかりした権利処理が期待できないこともあるため，慎重に対応すべきである。

Q51 第三者提供素材の留意点

第三者提供素材の注意点は何ですか？

A

その第三者がしっかり権利処理をしているのか確認しましょう。

第三者が提供する素材については，当該第三者との間で，権利処理について適切な契約を結ぶことが重要である。ここで，権利処理については，あまり広告法に詳しくないと思われる会社や，いわゆる「フリー素材」として提供している場合には，単に契約において「権利処理は素材提供者が責任をもって行う。」と記載されていればそれで満足するのではなく，権利処理がきちんと行われているのかを確認すべきである。法務対応としては，「その会社と取引して，広告主に迷惑をかけないか」といった観点から，その第三者の信頼度等を考慮すべきであろう（著作権の文脈におけるフリー素材のリスクにつきQ23も参照）。

Q52 自社作成素材の留意点

自社作成素材の注意点は何ですか？

A

自社がその権利処理に責任を負うことから，権利処理の確認体制を構築し，間違いなく権利の確認ができるようにしましょう。

自社作成素材の場合においては，自社が責任を持って，被写体等の権利処理をすることになる。

権利処理のためのひな形を有している企業は多いが，特定の素材について，どの関係者に，（そのひな形に記載されている）どの権利が問題となるのか等については，例えば定型的な場合についてフローチャート等で現場で確認できるようにした上で，非定型的場面について，法務部門が確認する等，権利処理の確認体制を構築すべきである。

Q53 写り込み

写り込みはどうすればよいですか？

A

実務的には，エキストラ，ぼかし等の対応になるでしょう。

上記（⇒Q41）のとおり，一般人であっても，肖像権等が問題となることがある。そして，少なくとも，顔が識別できる程度の写真であれば，実務上の対応を検討すべきである。

具体的には，（小さくても）顔が分かる程度の画像を利用することが，広告クリエイティブの趣旨から必要であれば，エキストラ等を利用する，顔が識別できる必要がなければ，ぼかし等を入れる，場合によっては，CG等で合成する等様々な対応が考えられる（広告法111－112頁）。

コラム　馬好き法務部員の一日

6　証拠を残すことの大切さ

実務では，色々な場面で証拠が大事になってくる。

クレームリスクについては，法律上のリスクではない。よって，例えば，「法律上は白（ないしは極めて白に近いグレー）です。しかしクレームリスクが高いです。」という案件の場合，広告主の意向によっては「リスクが高いので止めますね。」とだけ言えば済む場合もあるかもしれない。しかし，広告主に対して，そのリスクをとるのかとらないのか，という判断をお願いせざるを得ない場合もあるだろう。そういう場合に，例えば口頭のやりとりで済ませて，後で実際にクレームがついたといった場合には，従前の口頭でのやりとりが「言った」，「言わない」となる。信頼関係ができている取引先であっても，例えば取引先担当者が自己の社内の立場を守るために「明確にリスクをとったつもりはない。」等と言ったり，又は，肝心の担当者が異動していたり，場合によっては退職しているということもあり得る。

だからこそ，メール等の証拠が残る形で連絡を取り，後で「言った」「言わない」にならないようにすることが大事である。

実際には，メールを送っても回答がない人の場合には電話をすることがあるが，例えば，7/1のメールでリスクを伝えて，7/3に電話で「リスクをとる」という回答があった時には，「本日はお電話ありがとうございました。」として，メールを打ち，「7/1のメールの件について，結論としてリスクを取られると言うことですので内容を変えずにそのまま出稿します。」と相手担当者に送っておけば，それだけでも相当程度の証拠にはなるだろう。

第7話の1　景品表示法―表示規制

story 7-1

三浦：キャンペーンをやりたいのですが，何に気をつければいいですか？

北野：どういうキャンペーンでしょうか。

三浦：期間限定で値引きします。

北野：こういう企画は，景表法が重要です。景表法は大きく分けて表示と景品について規制をしていますが，例えば，商品又は役務の価格その他の取引条件について著しく有利であると誤認させることは景表法違反です。

三浦：具体的に，値引き事例ではどのような問題が考えられますか。

北野：値引きをするという場合，適切に表示しないと，いわゆる二重価格といって景表法の規制に引っかかる可能性があります。

三浦：例えば，2,000円の商品を期間限定で1,000円で売るのですが，「2,000円の品を50％オフ」といった表示をしても大丈夫でしょうか。

北野：基本的には，その2,000円という価格がどこまで実際に使われていたのか，という問題があり，例えば，セール開始時点から８週間遡って４週間超の期間2,000円で売っていたか等が問題となります。

三浦：それは大事ですね。早速確認します。

1．景表法の基礎

Q54 景表法とは

景表法とはどのような法律ですか？

A

表示と景品について規制することで，消費者を保護する法令です。

平成21年改正前景表法は，「商品及び役務の取引に関連する不当な景品類及び表示による顧客の誘引を防止するため，私的独占の禁止及び公正取引の確保に関する法律（昭和22年法律第54号）の特例を定めることにより，公正な競争を確保し，もつて一般消費者の利益を保護することを目的」（改正前景表法１条）としており，公正取引委員会管轄の独禁法の特例法であった。独禁法の不公正な取引方法のうちのぎまん的顧客誘引と不当な利益による顧客誘引のうち，特に消費者との関係で問題が大きいと考えられた表示や景品について具体的な規制を設けたものである（景品表示法２頁。なお，立法に至るまで及びその後の経緯につき６頁以下も参照。）。

その後，平成21年改正によって，景表法の目的規定は，「商品及び役務の取引に関連する不当な景品類及び表示による顧客の誘引を防止するため，一般消費者による自主的かつ合理的な選択を阻害するおそれのある行為の制限及び禁止について定めることにより，一般消費者の利益を保護すること」を目的とするものと改定され（景表法１条），所轄官庁も公正取引委員会から消費者庁に移管された（景品表示法１頁）。

不当表示や過大な景品の提供がされると，消費者が自主的・合理的に良い商品，サービスを選ぶことができなくなる。改正により「公正な競争の確保」という表現は１条の文言から消えたものの，公正な競争の確保と消費者による自主的かつ合理的な商品・サービスの選択ができる意思決定環境の確保は表裏一体であることから，実体的な規制に実質的変更はない（景品表示法5頁）。

なお，具体的な広告方法が独禁法の要件に該当すれば，独禁法違反となる（例えば，「不公正な取引方法」（昭和57年6月18日公正取引委員会告示15号）のぎまん的顧客誘引についての一般指定8項，不当な利益による顧客誘引についての一般指定9項参照）。また，各都道府県に，景表法を補完するような条例があることもある。

Q55 「事業者」

「事業者」とは何ですか？

A

経済活動を行っている者が全て入ります。

景表法2条1項は「この法律で『事業者』とは，商業，工業，金融業その他の事業を行う者をいい，当該事業を行う者の利益のためにする行為を行う役員，従業員，代理人その他の者は，次項及び第31条の規定の適用については，これを当該事業者とみなす。」として，経済活動を行う者を広く「事業者」に含むとする。

そして，「営利を目的としない協同組合，共済組合等であっても，商品又は役務を供給する事業については，事業者に当たる。」（運用基準2(1)），「学校法人，宗教法人等又は地方公共団体その他の公的機関等が一般の事業者の私的な経済活動に類似する事業を行う場合は，その事業については，一般の事業者に準じて扱う。」（同2(3)）のように，非営利団体であっても，商品又は役務を供給する事業を行う限り，これに該当する（景品表示法44－45頁（表示），202－203頁（景品））。

Q56 表示規制

景表法の表示規制はどのようなものですか？

A

品質，規格その他の内容（優良誤認），価格等の取引条件（有利誤認）等について著しく優良ないし有利と誤認させることが禁止されます。

景品規制（Q70以下）と並ぶ景表法の二本柱の一つが表示規制である。景表法は「事業者は，自己の供給する商品又は役務の取引について，次の各号のいずれかに該当する表示をしてはならない。」（景表法５条１項）とした上で，①優良誤認（景表法５条１項１号），②有利誤認（景表法５条１項２号），③商品等の内容，取引条件以外の事項に係る不当表示（景表法５条１項３号）という３類型の不当な表示を禁止する。

優良誤認は，品質，規格その他の内容に関する不当表示，有利誤認は価格その他の取引条件に関する不当表示である。

要するに，品質，規格その他の内容（優良誤認），価格等の取引条件（有利誤認）等について著しく優良又は有利であると示すことで，不当に顧客を誘引し，一般消費者による自主的かつ合理的な選択を阻害するおそれがある場合について，表示規制により禁止されている。

Q57 表示規制の「表示」

表示規制の対象となる「表示」とは何ですか？

A

商品・役務の販売に際して事業者が顧客を誘引する広告はほぼ景表法の表示規制の対象となる「表示」と考えるべきです。

ここで，「表示」とは，「顧客を誘引するための手段として，事業者が自己の供給する商品又は役務の内容又は取引条件その他これらの取引に関する事項について行う広告その他の表示であつて，内閣総理大臣が指定するもの」（景表法２条４項）であるところ，不当景品類及び不当表示防止法第２条の規定により景品類及び表示を指定する件（https://www.caa.go.jp/policies/policy/representation/fair_labeling/public_notice/pdf/100121premiums_6.pdf）が，以下の５種類が「広告その他の表示」として規制対象となることを定めている。

- 商品，容器又は包装による広告その他の表示及びこれらに添付した物による広告その他の表示（２項１号）
- 見本，チラシ，パンフレット，説明書面その他これらに類似する物による広告その他の表示（ダイレクトメール，ファクシミリ等によるものを含む。）及び口頭による広告その他の表示（電話によるものを含む。）（２項２号）
- ポスター，看板（プラカード及び建物又は電車，自動車等に記載されたものを含む。），ネオン・サイン，アドバルーン，その他これらに類似する物による広告及び陳列物又は実演による広告（２項３号）
- 新聞紙，雑誌その他の出版物，放送（有線電気通信設備又は拡声機による放送を含む。），映写，演劇又は電光による広告（２項４号）
- 情報処理の用に供する機器による広告その他の表示（インターネット，パソコン通信等によるものを含む。）（２項５号）

これらは極めて広範であり「およそ事業者が顧客を誘引する際に利用すると思われるものはすべて含まれている」（景品表示法40頁）と評されている。様々な広告手法が列挙されており，広告代理店がクライアントの依頼を受けて何らかのキャンペーンを行う場合に，「表示（景表法２条４項）」ではないという理由で景表法の規制を免れることができる場合はほとんどないだろう。

そして，「事業者」についても広く解釈されている（⇒117頁）。「自己の供給する商品又は役務の内容又は取引条件その他これらの取引に関する事項」は，流通実態により判断されるものであり，例えば，フランチャイズチェーン本部の表示について，本部は売買契約の当事者となっていなくとも認められた例がある（景品表示法46頁）。また，小売業者が一般消費者に示した表示が，メーカー，製造元，卸売業者等の情報に基づいている等，メーカー等のBtoB企業であっても，表示内容決定に関与していれば，表示主体となる（景品表示法52－54頁）。

なお，「事業者が自己の供給する商品又は役務の内容又は取引条件その他これらの取引に関する事項について行う」については，古本の買入れや従業員募集等については該当しないとされている（景品表示法46頁）ものの，例えば従業員募集についての職安法やその指針（職業紹介事業者，求人者，労働者の募集を行う者，募集受託者，募集情報等提供事業を行う者，労働者供給事業者，労働者供給を受けようとする者等が均等待遇，労働条件等の明示，求職者等の個人情報の取扱い，職業紹介事業者の責務，募集内容の的確な表示，労働者の募集を行う者等の責務，労働者供給事業者の責務等に関して適切に対処するための指針）等，他の法令に留意が必要である（AI・HRテック87頁以下）。

なお，広告事業者については「広告代理店やメディア媒体（新聞社，出版社，放送局等）は，当該商品または役務の広告の制作等に関与していても，当該商品または役務を自ら供給していない限り，景品表示法の規制の対象とはならない」（景品表示法46頁）とされているものの，広告代理店としてのコンプライアンスや，レピュテーションリスク等の観点から，形式的に景表法の規制を満たさないというだけで，これを無視して広告主の景表法違反の広告案件に関与してよいということではない。

2022年7月にいわゆるアフィリエイトについての指針が公表された。この点については，Q102で改めて説明する。

Q58 表示の解釈

表示はどのように解釈されますか？

一般消費者の観点から解釈されます。

不当表示は，商品又は役務の内容の優良性，取引条件の有利性等に関して一般消費者に誤認されるものであることを，その本質的な要素としている（景品表示法58頁）。

そこで，ある表示が表示規制の対象かどうかは，「一般消費者」の観点から判断する。実際の商品等と一般消費者が当該表示から受ける印象・認識の間に差がある場合に「誤認」があったとされる（景品表示法59頁）。なお，消費者に誤認が生じているかの判断は，表示上の特定の文章，図表，写真等から一般消費者が受ける印象・認識ではなく，表示「全体」から一般消費者が受ける印象，認識が基準となる（不実証広告ガイドライン第１・２⑵及び価格表示ガイドライン第２・１⑶）。

では，一般消費者とは誰か。景表法の規制が消費者と事業者の間の情報知識の格差に鑑み，消費者が適正な商品選択ができるよう適正な表示を確保しようとしていることに鑑みれば，「当該商品または役務についてさほど詳しい情報・知識を有していない」通常レベルの消費者，一般レベルの常識のみを有している消費者が基準となる（景品表示法62頁）。

例えば，ある事項がその業界内の「玄人」にとっての常識であっても，一般消費者に誤認される可能性はあるし（景品表示法62頁），需要者の範囲が限定されていれば，そのような需要者が基準となる（景品表示法63頁）。

そこで，少なくとも保守的に考える場合には，⑴「一般消費者」の知識水準，理解水準については，事業者よりも低いところにおくべきであり，また，⑵当該商品・役務の性質・特性上，とりわけ誤解をしやすい人が需要者となりやすい場合には，そのような誤解をしやすい人を前提とすべきであろう。

Q59 管理上の措置

管理上の措置とは何ですか？

A

景品・表示管理担当を定める等の体制の整備等をする必要があります。

2014年に施行された景表法改正では，事業者のコンプライアンス体制の確立として不当景品や不当表示等発生防止のための体制整備義務が課されられるようになった（景表法26条）。同条により事業者は「自己の供給する商品又は役務の取引について，景品類の提供又は表示により不当に顧客を誘引し，一般消費者による自主的かつ合理的な選択を阻害することのないよう，景品類の価額の最高額，総額その他の景品類の提供に関する事項及び商品又は役務の品質，規格その他の内容に係る表示に関する事項を適正に管理するために必要な体制の整備その他の必要な措置を講じ」る義務を負う（景品表示法245頁以下）。

ここで，管理上の措置指針の第4では，以下のものが挙げられており，令和4年の改正では，アフィリエイター等の作成する表示等を確認することが必要となる場合があるとされた（管理上の措置指針第4・3(2)）。

- 景表法の考え方の周知，啓発
- 法令遵守の方針等の明確化
- 表示等に関する情報の確認
- 表示等に関する情報の共有
- 表示等を管理するための担当者等を定めること
- 表示等の根拠となる情報を事後的に確認するために必要な措置を採ること
- 不当な表示等が明らかになった場合における迅速かつ適切な対応

事業者は，法務部その他の部門において景表法担当者を置く等して，上記の指針の要求する対応を実施すべきである。なお，その具体的な方法については上記指針の別添「事業者が講ずべき表示等の管理上の措置の具体的事例」が事例を挙げているので，これらの事例を踏まえて導入をする他，疑義があれば外部専門家の意見を聞くべきである。

Q60 公正競争規約

公正競争規約とは何ですか？

A

事業者や事業者団体が内閣総理大臣及び公正取引委員会の認定を受けて定めるルールです。

景表法本体が定めているのは，業界にとらわれない共通のルールであるが（なお，業界ごとの告示が存在することにも留意が必要である。），各業界ごとにその商慣習も異なっている。そこで，景表法31条１項は「事業者又は事業者団体は，内閣府令で定めるところにより，景品類又は表示に関する事項について，内閣総理大臣及び公正取引委員会の認定を受けて，不当な顧客の誘引を防止し，一般消費者による自主的かつ合理的な選択及び事業者間の公正な競争を確保するための協定又は規約を締結し，又は設定することができる。これを変更しようとするときも，同様とする。」としており，事業者又は事業者団体が内閣総理大臣及び公正取引委員会の認定を受けて定める表示や景品についてのルールである公正競争規約について規定している。

同業者同士で対象となる商品や役務の性質に即してルールを制定し，相互に遵守し合うことで一般消費者による自主的かつ合理的な選択により資する表示が広がり，また，ルールを遵守する事業者への信頼感も増す関係にある（景品表示法265頁）。

この公正競争規約は，公正競争規約に参加する事業者を拘束するものであり，規約に参加しない，いわゆる「アウトサイダー」に対しては法的拘束力を有しない。そこで，アウトサイダーが公正競争規約に違反する行為をしたからといって，直ちに景表法違反にはならない。もっとも公正競争規約のルールが一般化すれば，それと異なる実態にある表示について優良誤認，有利誤認が生じ得ることから，アウトサイダーでも，同業界の公正競争規約に留意が必要である（景品表示法266－267頁）。

なお，内閣総理大臣と公正取引委員会の認定を受けた公正競争協定又は規約及びこれらに基づいてする事業者又は事業者団体の行為に独禁法違反行為に対する排除措置等の規定は適用しない（景表法31条５項，景品表示法268－269頁）。

Q61 景表法違反

景表法違反の場合のペナルティはありますか？

A

措置命令，課徴金及び差止請求に注意してください。

調査（景表法29条１項参照）によって景表法違反が判明した場合の措置の代表的なものとして，措置命令（景表法７条１項）が挙げられる。措置命令とは，名宛人に対し，①行為の差止め，②違法行為が再び行われることを防止するために必要な事項，③これらの実施に関連する公示，④その他必要な事項を命じるものであり，違法行為をしないこと，一般消費者の誤認排除のための新聞広告等による公示，再発防止策策定，今後の広告提出等が命じられてきた（景品表示法305頁）。

課徴金制度により（景表法８条），優良誤認表示・有利誤認表示のいずれかを行った場合に，売上額の３％の課徴金が課される（景品表示法308頁以下）。ここで，事業者が表示内容の真実性に注意することへのインセンティブを高めるため，優良誤認表示又は有利誤認表示に該当することを知らず，かつ，知らないことにつき相当の注意を怠った者でないと認められるときには，課徴金の納付を命じることができないとされている（景表法8条1項柱書）。「相当の注意」を怠ったか否かの判断においては，当該表示の根拠となる情報を確認するなど，一般消費者保護の見地から是認され得る正常な商慣習に照らし必要な注意をしていたかどうかが問題となる（景品表示法329－330頁）。なお，自主申告による減額（景表法9条）及び自主返金による減額（景表法10条）にも留意が必要である。

加えて，適格消費者団体による差止請求（景表法30条）の実例も出ている。例えば，特定の小売販売業者とは独立の研究会が作成したという体裁で，不特定多数の消費者に向け，健康食品の原料の薬効を説明した新聞折込みのチラシについて，適格消費者団体が，景表法上の団体訴訟として差止めを求めた事案（クロレラチラシ配布差止等請求事件）がある。第一審は，景表法が規制対象とする商品表示に当たると解するとした上で，優良誤認表示に当たるとして，差止め及び優良誤認表示である旨の周知措置の履行を求めることができるとした（京都地判平成27．1．21判時2267－83）。しかし，その後の控訴審段階では既にチラシの利用を終えていたので，差止めの必要性があるとはいえないとされている（大阪高判平成28．2．25判時2296－81）。なお，上告審では，景表法についての判断がされていない（最判平成29．1．24民集71－1－1）。

2．優良誤認に関する留意点

Q62 宣伝の誇張

景表法は，「良いもの」だと誤認させてはならないという規制をしていると聞きましたが，広告宣伝において，多少の誇張はあり得るのではないですか？　ちょっとでも誇張したらダメなのでしょうか？

A

社会一般に許容される誇張の程度を超えて，商品・サービスの内容が，実際のもの等よりも著しく優良であると示す表示に至れば「著しく」優良と誤認させるとして景表法に違反する可能性があります。

上記（⇒Q56）のとおり優良誤認は，商品・サービスの内容が実際のものよりも著しく優良であると示すことであるが，いわゆる「パフィング」と言われる，広告宣伝に通常含まれる程度の誇張は一般消費者の適切な選択を妨げないとして許容される（景品表示法66頁）。そこで，この範囲であれば，「著しく」優良（景表法５条１号）と示していることには当たらない。

では，どの範囲が「著しく」か。ここで，不実証広告規制に関する指針は「『著しく』とは，当該表示の誇張の程度が，社会一般に許容される程度を超えて，一般消費者による商品・サービスの選択に影響を与える場合をいう。すなわち，商品・サービスの内容について，実際のものよりも著しく優良であると示す又は事実に相違して当該事業者と競争関係にある他の事業者に係るものよりも著しく優良であると示す表示とは，一般消費者に対して，社会一般に許容される誇張の程度を超えて，商品・サービスの内容が，実際のもの等よりも著しく優良であると示す表示である。」としている。このように，広告宣伝に通常含まれる程度の誇張を割り引いて一般消費者が広告宣伝の内容をとらえた時に，一般消費者が実際のものよりも優良だと誤認する場合が「著しく」に当たる（景品表示法66頁）。

その結果，例えば，ビタミンCが天然由来でも人工合成でも同じビタミンCである以上化学的には等価であったとしても，人工合成されたビタミンCを（天然）アセロラ由来と表示することは，「著しく」優良であると誤認させる表示だと解された例がある（アサヒフードアンドヘルスケアに対する排除命令平成16年（排）第14号参照）。

Q63 真実の表示

真実を述べる限り優良誤認の問題はないのでしょうか？

A

真実であっても，その表示方法によっては問題が生じる可能性があります。

優良誤認の要件を満たす限り，表示内容が真実であるというだけでは，免責されない。

表示内容全体から一般消費者が受ける印象，認識を基準とすることから，仮に表示に記載されているここの文章がすべて正しくても，ともに表示さている図表，写真等を含めた表示全体からみて一般消費者に誤認される場合には，不当表示として問題となる（景品表示法64頁）。

また，食品などでどの事業者も行っている安全・衛生対策を行っているにすぎないにもかかわらず，当該対策をことさらに強調することで，あたかも，他の事業者において取られていないような特別な対策をとっているために安全性が高いと誤認させる場合にも問題となり得る（景品表示法87頁）。

Q64 メリットのみの表示

> デメリットを表示しなければ優良誤認でしょうか？

A

単にデメリットを表示しないだけで，常に優良誤認になるものではありませんが，メリットが同時にデメリットをもたらす商品又は役務についてメリットのみを表示する場合には，優良誤認になる可能性があります。

景表法は，不当表示を規制するもので，事前に具体的に表示義務がある事項を定めるものではない。そこで，何かを表示しないというだけで，ただちに景表法に違反するものではない。

しかし，消費者にとってメリットをもたらすと同時に消費者が通常知り得ないデメリットをもたらす商品又は役務について，デメリットをもたらす事項を表示しないことで，一般消費者に誤認されれば不当表示となるおそれがある（景品表示法69－70頁），具体的には「表示を義務付けられており，又は通常表示されている事項であって，主張する長所と不離一体の関係にある短所について，これを殊更表示しなかったり，明りょうに表示しなかったりするような場合には，商品全体の機能，効用等について一般消費者に誤認を与えるので，不当表示となるおそれがある。」とされている（比較広告5(3)）。

例えば，建築基準法の規定による制限があるのに，そのような制限を記載せず，あたかもその利用につき何らの制限がないかのように表示したとして排除命令が出された事案がある（公取委排除命令昭和57年（排）第8号）。

Q65 資料の準備

優良誤認の根拠としてはどの程度の資料を準備しておけばよいですか？

A

優良誤認の判断のため必要な場合には，内閣総理大臣（消費者庁長官）が，15日以内に合理的根拠を示すよう求めることができ，それに対し，合理的根拠を示す資料が提出されなければ，景表法違反とみなされてしまうことを前提に，速やかに合理的根拠に関する資料を提出できるよう準備が必要です。

優良誤認は，品質，すなわち成分や属性，規格，その他（原産地，製造方法，受賞の有無，有効期限等）に関する表示について「実際のものよりも著しく優良であると示し，又は事実に相違して当該事業者と同種若しくは類似の商品若しくは役務を供給している他の事業者に係るものよりも著しく優良であると示す表示であつて，不当に顧客を誘引し，一般消費者による自主的かつ合理的な選択を阻害するおそれがあると認められる」場合をいう（景表法5条1号）。

ここで，例えば，原材料，成分，容量，原産地，等級，住宅等の交通の便，周辺環境のような事項に関する表示は客観的な確定が可能である（不実証広告規制に関する指針第2・1(1)）。しかし，痩身効果，空気清浄機能等のような効果，性能に関する表示については，契約書等の取引上の書類や商品そのもの等の情報を確認することだけでは，実際に表示されたとおりの効果，性能があるか否かを客観的に判断することは困難である（同指針(2)）。

そこで，「内閣総理大臣は」「事業者がした表示が第5条第1号に該当するか否かを判断するため必要があると認めるときは，当該表示をした事業者に対し，期間を定めて，当該表示の裏付けとなる合理的な根拠を示す資料の提出を求めることができる。この場合において，当該事業者が当該資料を提出しないときは，同項の規定の適用については，当該表示は同号に該当する表示とみなす。」（景表法７条２項）。要するに，優良誤認の判断のため必要な場合には，内閣総理大臣（消費者庁長官）が，事業者に対し，15日以内（景表則７条２項）に合理的根拠を示すよう求めることができ，それに対し，合理的根拠を示す資料が提出されなければ，景表法違反とみなされてしまう。

ここで，合理的根拠は，①提出資料が客観的に実証された内容のものであること，②表示された効果，性能と提出資料によって実証された内容が適切に対応していることで判断される（同指針第３・１）。

例えば，製薬会社が販売する二酸化塩素を利用した除菌グッズにつき，景表法７条２項の規定に基づき資料の提出を求めたところ，提出された資料はいずれも表示の裏付けとなる合理的な根拠を示すものであるとは認められないとして，消費者庁が措置命令をしたことが2022年１月20日に公表されている（https://www.caa.go.jp/notice/assets/representation_220120_01.pdf）。

このような規定を前提に速やかに合理的根拠に関する資料を提出できるよう準備が必要である。

3．有利誤認に関する留意点

Q66 値引き表示

値引き表示はどのような場合に問題となりますか？

A

二重価格といわれる問題で，例えば過去の価格との比較をする，過去の一時期だけ存在した価格ではなく，「最近相当期間にわたって販売されていた価格」ではないといけないといった規制があります。

価格，数量，アフターサービス，保証期間，支払い条件等の取引条件に関する表示について「実際のもの又は当該事業者と同種若しくは類似の商品若しくは役務を供給している他の事業者に係るものよりも取引の相手方に著しく有利であると一般消費者に誤認される表示であつて，不当に顧客を誘引し，一般消費者による自主的かつ合理的な選択を阻害するおそれがあると認められるもの」が禁止される（景表法5条2号）。

ここで，頻繁に問題となるのが二重価格表示，例えば「定価10万円のところ，50％オフの5万円で販売」といった表示であるところ，これについては，「不当な価格表示についての景品表示法上の考え方」（https://www.caa.go.jp/policies/policy/representation/fair_labeling/guideline/pdf/100121premiums_35.pdf）を参照されたい。

まず，比較対象が何かが問題となる。すなわち，過去や将来の販売価格との比較，希望小売価格との比較，競争事業者の販売価格との比較，他の顧客向けの販売価格との比較等があり，それぞれについて，上記考え方が具体的な比較方法を示している。以下では，過去の価格について検討しよう。

「過去の販売価格を比較対照価格とする二重価格表示を行う場合に，同一の商品について最近相当期間にわたって販売されていた価格とはいえない価格を比較対照価格に用いるときは，当該価格がいつの時点でどの程度の期間販売されていた価格であるか等その内容を正確に表示しない限り，一般消費者に販売価格が安いとの誤認を与え，不当表示に該当するおそれがある。」「他方，同一の商品について最近相当期間にわたって販売されていた価格を比較対照価格とする場合には，不当表示に該当するおそれはないと考えられる。」（同考え方第４・２⑴ア㈠ｂ）。要するに，１年前に１度だけ10万円で販売されていても，それを持って「10万円の50％オフ」というのは有利誤認であって，「最近相当期間にわたって販売されていた価格」を比較対照価格とすべきということである。

そこで問題は「最近相当期間にわたって販売されていた価格」とは何かである。この点は，「一般的には，二重価格表示を行う最近時（最近時については，セール開始時点からさかのぼる８週間について検討されるものとするが，当該商品が販売されていた期間が８週間未満の場合には，当該期間について検討されるものとする。）において，当該価格で販売されていた期間が当該商品が販売されていた期間の過半を占めているときには，『最近相当期間にわたって販売されていた価格』とみてよいものと考えられる。ただし，前記の要件を満たす場合であっても，当該価格で販売されていた期間が通算して２週間未満の場合，又は当該価格で販売された最後の日から２週間以上経過している場合においては，『最近相当期間にわたって販売されていた価格』とはいえないものと考えられる。」（同考え方第４・２・⑴ア㈢）とされている。これを場合分けすると，以下のようになる。

①販売期間が８週間以上の場合

セール開始時点から８週間さかのぼって４週間超を占める価格をもって比較対照価格とすることができる。

②販売期間が８週間未満の場合

当該商品が販売されていた期間の過半にわたって，当該比較対照価格で販売され，かつ，その価格での販売が２週間以上である場合には，比較対照価格とすることができる。

③上記①②の要件を満たしてもなお比較対照価格とできない場合

比較対象価格で販売された最後の日から2週間以上経過した場合

4．その他の問題

Q67 その他の留意点

その他誤認されるおそれのある表示についての留意点は何ですか？

A

その他誤認されるおそれのある表示については，個別の告示があることから，当該広告が告示の対象であるか確認が必要です。

公正取引委員会告示が，無果汁の清涼飲料水についての表示，商品の原産国に関する不当な表示，消費者信用の融資費用関する不当な表示，不動産のおとり広告に関する表示，おとり広告に関する表示，有料老人ホームに関する不当な表示を定めている。

なお，おとり広告については，広告法務64頁を参照のこと。

Q68 比較広告

> 同業他社と比べて当社が優れているという比較広告は景表法上可能ですか？

A

禁止はされていないものの，客観的に実証され，正確な数字が引用され，公正な比較方法であることが必要です。なお，仮に景表法に適合していても，①比較広告をすることが有効か，②比較広告が媒体社の審査基準に適合するか等の別の問題もあります。

比較広告は必ずしも禁止されていないが，不当表示に該当する可能性がある（景品表示法87－88頁）。比較広告に関する景品表示法上の考え方は，1比較広告で主張する内容が客観的に実証されていること，2実証されている数値や事実を正確かつ適正に引用すること，3比較の方法が公正であることの3要件を満たすことが重要とする（比較広告2）。

具体的には，限られた条件の下での調査結果であるにもかかわらず，全ての条件の下でも適用されるものであるかのように引用する場合（同4(1)ア），多数の項目にわたって比較テストをしている調査結果の一部を引用する場合に，自己の判断で，いくつかの項目を恣意的に取り上げ，その評価を点数化し，平均値を求めるという方法等を用いることにより，当該調査結果の本来の趣旨とは異なる形で引用し，自社製品の優秀性を主張すること（同4(1)イ），自社のデラックス・タイプの自動車の内装の豪華さについて比較広告する場合において，他社製品のスタンダード・タイプのものの内装と比較し，特にグレイドが異なることについて触れず，あたかも同一グレイドのもの同士の比較であるかのように表示すること（同5(2)）等は不当表示のおそれがある。

これらの比較広告については，仮に景表法に適合していても，①比較広告をすることが有効か，②比較広告が媒体社の審査基準に適合するか等別の問題がある。

なお，最大級表示，例えばNo１については，それにより一般消費者に示された優良性と適切に対応するものである必要があるとされる。例えば，その内容が利用者（つまり，実際にそのサービスや商品を利用した者）の感想と一般の消費者に認識されるにもかかわらず，実際にはウェブサイトを見た者による当該ウェブサイトの印象を調査したにすぎない場合には合理的な根拠に基づくものではないと考えられる（景品表示法80－81頁）。

Q69 打消し表示

「全て」半額という広告をしたいのですが，半額にならないものがありますが，その場合にはどうすればよいですか？

A

打消し表示として，十分に大きく，かつ，「全て」という文字とのバランスが取れていて，適切なところに配置されており，背景から目立つような形で半額にならないものがあることが明示されていれば，景表法に違反しない可能性があるものの，半額にならないものが多い場合等は，そもそも「全て」という言葉を使うべきではないこともあるでしょう。

例えば，「全て」等の断定的表現や目立つ表現などを使って，品質等の内容や価格等の取引条件を強調した表示を「強調表示」という（消費者庁「打消し表示に関する表示方法及び表示内容に関する留意点」（https://www.caa.go.jp/policies/policy/representation/fair_labeling/pdf/fair_labeling_180607_0004.pdf）第１）。

強調表示はそれが事実に反するものでない限り何ら問題となるものではないものの，対象商品・サービスの全てについて，無条件，無制約に当てはまるものとして一般消費者に受け止められる。そこで，仮に例外などがあるときは，打消し表示，すなわち，例外がある旨の表示を分かりやすく適切に行わなければ，その強調表示は，一般消費者に誤認され，不当表示となる可能性がある（景品表示法72－77頁）。

個別の広告方法にもよるが，打消し表示の文字の大きさ（同留意点第２・２⑴ア），強調表示の文字と打消し表示の文字の大きさのバランス（同留意点第２・２⑴イ），打消し表示の配置箇所（同留意点第２・２⑴ウ），打消し表示と背景との区別（同留意点第２・２⑴エ）等に配慮しなければならない。

とはいえ，あくまでも常識的にみて「例外的」といえる範囲の場合に打消し表示を使うべきであって，「全て」といっているにもかかわらず，実際には，非常にたくさんの例外があるというような広告方法は，それが留意点の基準を満たしているか以前に，そもそも広告代理店のあるべき姿という観点から，適切かどうか疑問がある。

＜不当表示の検討手順＞

①品質や取引条件についての情報か？（⇒Q56）
②（作成者の意図とは関係なく）それを見た消費者はどのように認識するか？（⇒Q58）
③品質や取引条件の実体のうち，合理的根拠により立証できる範囲の内容はどうか？（⇒Q65）
④上記②と③で齟齬があるか？（⇒Q62－64，66）
⑤齟齬がある場合には不当表示に該当し違法となるリスクがあるため，修正する必要がある。
＊なお，懸賞・景品についても，不当表示を検討し，表示についても，景品・懸賞も検討すること

修正方法Ⅰ　品質や取引条件以外の情報に変更
修正方法Ⅱ　実体をありのままに表現した情報に変更

コラム　馬好き法務部員の一日

7　「いい広告」は危ない

この約３年間，社内の皆様に向けて研修等を繰り返して来たが，最近気づいたのは，「景表法はこうなっている。」，「著作権法はこうなっている。」というような個別具体的な法律の話をしても，なかなか「響かない」ということである。もちろんできるだけ具体的な実務に即した事例を出して説明する等努力はしているが，なかなか「景表法の条文はこうなっていて......」という話に注意を向かせるのは難しい。逆にいえば，これは我々も同じで，デザイナーがとても苦労して微妙な色味やフォント等を選んでいるが，この苦労は我々が想像をすることができても，真に理解することはなかなか容易ではないわけである。

このような状況下，比較的有用なのは，「現場での判断基準」を伝える，しかもそれは法律上の白黒の判断基準ではなく，「こういった状況になったら絶対法務に相談してね。」という，法務への相談基準を伝える，ということだということに気がついた。

実は，広告法務の「白黒」の判断基準は微妙であって，類似事例を踏まえながら，うんうんうなってやっぱりグレーということだったことも十分にある。しかし，法務に相談すべきラインというのは，もっと現場の人にとってもわかりやすい。その際に，よく言うのは「過去の法務確認済みの案件や，同業他社の広告と比べてください。」ということである。法務の素養があれば，比べた場合「違和感」を感じた案件は止めてください，という。しかし，法務の素養がある人は多くはない。

そこで，「今回の方が他と比べてよい広告だと思ったら，絶対相談をしてください。」と言うのだ。

法務の目が入ると，「実証されているのか？」「比較対象価格で売った経歴があるのか？」等，細かいチェックが入り，当初の「シンプルで分かりやすい」表現が，例えば打ち消し表現が入り，複雑で長い表現になってしまったり，「力強く訴求する」表現が，留保つきのより弱いニュアンスの表現になったりする。過去の類似事案や，同業も，本来は，もっとも広告効果の高い表現を狙っていたはずである。ところが，法務を挟んだ結果，「妥協」した表現になることも少なくない。このような表現よりも，“よい広告”であれば，法務を挟んだ場合に悩むべきところで悩んでいない可能性がある。

このような観点から，私は，「よい広告ができたら法務に相談してね！」とお願いしている。これは，比較的分かりやすい基準なので，オススメである。

第7話の2　景品表示法―景品規制

story 7-2

三浦：値引きとは別のキャンペーンをやりたいのですが，何に気をつければいいですか。

北野：どういうキャンペーンでしょうか。

三浦：プレゼントをしたいです。

北野：景品に関する規律ですが，景品は，懸賞で渡す場合と，懸賞以外で渡す場合に大きくわかれます。

三浦：今回は買ってくれた皆様にお渡しします。

北野：それはいわゆる総付景品であり，その場合には，原則として景品類の提供に係る取引の価額の10分の２の金額（当該金額が200円未満の場合にあっては，200円）の範囲内であって，正常な商慣習に照らして適当と認められる限度を超えてはならないという規制があります。

三浦：そうすると，自由にプレゼントの額を決められるのではないのですね。

北野：そうなります。

三浦：例えば，割引券の提供はどうですか？

北野：景品にならない場合もあります。そのような景品の定義にも留意が必要です。

1. 景品規制概要

Q70 景品規制

いわゆる景品規制とは何ですか？

顧客誘引のために提供される景品類についての規制です。

景表法４条は「内閣総理大臣は，不当な顧客の誘引を防止し，一般消費者による自主的かつ合理的な選択を確保するため必要があると認めるときは，景品類の価額の最高額若しくは総額，種類若しくは提供の方法その他景品類の提供に関する事項を制限し，又は景品類の提供を禁止することができる。」と定める。

この内容は，「不当景品類及び不当表示防止法第２条の規定により景品類及び表示を指定する件」及び「景品類等の指定の告示の運用基準について」により，具体化されている。

「不当景品類及び不当表示防止法第２条の規定により景品類及び表示を指定する件」１項は，以下のように定めている。

1　不当景品類及び不当表示防止法（以下「法」という。）第２条第３項に規定する景品類とは，顧客を誘引するための手段として，方法のいかんを問わず，事業者が自己の供給する商品又は役務の取引に附随して相手方に提供する物品，金銭その他の経済上の利益であつて，次に掲げるものをいう。ただし，正常な商慣習に照らして値引又はアフターサービスと認められる経済上の利益及び正常な商慣習に照らして当該取引に係る商品又は役務に附属すると認められる経済上の利益は，含まない。
一　物品及び土地，建物その他の工作物

二　金銭，金券，預金証書，当せん金附証票及び公社債，株券，商品券その他の有価証券
三　きよう応（映画，演劇，スポーツ，旅行その他の催物等への招待又は優待を含む。）
四　便益，労務その他の役務

基本的には，事業者が，顧客を誘引するための手段として，自己の供給する商品・役務の取引に付随して，相手方に提供する物品，金銭，その他の経済的利益がいわゆる景品規制の対象となる。もっとも，値引き，アフターサービス等一部の内容は規制から外されている。これらの各要件の詳細は，Q71以下で具体的に検討していく。

景品規制の対象となった場合，最高額，総額等について規制がある。なお，新聞業告示，雑誌業告示，不動産業告示，医療関係告示等にも留意が必要である。

Q71 「顧客を誘引する手段」

「顧客を誘引する手段」とは何ですか？

A

客観的に顧客誘引のための手段になっている場合を全て含みます。

顧客を誘引するための手段については，提供者の主観的意図やその企画の名目のいかんを問わず，客観的に顧客誘引のための手段になっているかどうかによって判断する（運用基準1(1)）。したがって，例えば，親ぼく，儀礼，謝恩等のため，自己の供給する商品の容器の回収促進のため又は自己の供給する商品に関する市場調査のアンケート用紙の回収促進のための金品の提供であっても，「顧客を誘引するための手段として」の提供と認められることがある（同1(1)）。また，新たな顧客の誘引に限らず，取引の

継続又は取引量の増大を誘引するための手段も，「顧客を誘引するための手段」に含まれる（同1(2)）。そこで，かなり広い範囲の行為が含まれる（景品表示法202頁参照）。

Q72 「自己の供給する商品又は役務の取引」

「自己の供給する商品又は役務の取引」とは何ですか？

A

自己の製造販売する商品が最終需要者に至るまでの全ての流通段階における取引が含まれ，BtoBもBtoCも含まれます。

「自己の供給する商品又は役務の取引」には，自己が製造し，又は販売する商品についての，最終需要者に至るまでの全ての流通段階における取引が含まれる（運用基準3(1)）。販売のほか，賃貸，交換等も，「取引」に含まれる（同3(2)）。

ここで，例えば，コーラ飲料の原液の供給をする業者と，瓶詰め及び消費者への販売をする業者という二種類の業者がいる場合に，コーラ飲料の原液を供給する業者が，その原液を使用したびん詰コーラ飲料について景品類の提供を行う場合について考えると，確かに，景品類を提供するコーラ飲料の原液の供給をする業者と，景品類が提供される対象である最終消費者の間には直接の契約は存在しない。しかし，コーラの原材料として原液が用いられていることが，需要者に明らかである場合には，原液の供給業者にとっても「自己の供給する商品の取引」に当たる（同3(5)）。なお，原材料を供給した後，加工等を通じて製造工程において変質し，原材料と完成品が別種の商品と認められるようになった場合には，原材料の供給業者にとって，「自己の供給する商品の取引」に当たらない（同3(5)）。

なお，自己が商品等の供給を受ける取引（例えば，古本の買入れ）は，「取引」に含まれない（同3(4)）。

Q73 付随性

付随性（取引に附随して）とは何ですか？

A

取引を条件として他の経済上の利益を提供する場合又は経済上の利益の提供が取引の相手方を主たる対象として行われるときは，「取引に附随」する提供に当たります。

取引を条件として他の経済上の利益を提供する場合（運用基準4(1)）又は経済上の利益の提供が取引の相手方を主たる対象として行われるとき（同4(2)），取引の勧誘に際して，相手方に，金品，招待券等を供与するような場合（同4(3)）等には，「取引に附随」する提供に当たる。

経済上の利益の提供が取引の相手方を主たる対象として行われるときの例としては，商品の容器包装にクイズを出題する等，経済上の利益を提供する企画の内容を告知している場合（同4(2)ア），解答やそのヒントが分からない場合等商品又は役務を購入することにより，経済上の利益の提供を受けることが可能又は容易になる場合（同4(2)イ），小売業者又はサービス業者が，自己の店舗への入店者や協賛，後援等協力関係にある店舗への入店者等に対し経済上の利益を提供する場合（同4(2)ウ），資本の過半数を拠出している業者，フランチャイズ契約を結んだ加盟店，（元売業者と系列ガソリンスタンド等）入店者のほとんどが自己の供給する商品又は役務の取引の相手方であると認められる場合のような，自己と特定の関連がある小売業者又はサービス業者の店舗への入店者に対し提供する場合（同4(2)エ）が挙げられる。

Q74 付随性が否定される場合

取引付随性が否定されるのはどういう場合ですか。

A

取引付随性が否定される場合としては，①正常な商慣習に照らして取引本来の内容をなす場合，②セット販売等の場合，③その他の場合が挙げられます。

取引付随性が否定される場合としては，大きく分けて，①正常な商慣習に照らして取引本来の内容をなす場合，②セット販売等の場合，③その他の場合がある。

①正常な商慣習に照らして取引本来の内容をなす場合（運用基準4⑷）としては，例えば，喫茶店のコーヒーに砂糖やクリームが添えられた場合がある。それは，正常な商慣習に照らして，「（ブラックコーヒーに）砂糖やクリームがついたもの」こそが喫茶店が通常提供する「コーヒー」という商品なのであって，あえて砂糖やクリームに景品規制をかけて「その砂糖やクリームの価格はコーヒーの価格の20%以内か」等を検討する必要はないと解されている。

②２つ以上の商品又は役務が提供される場合であっても，商品又は役務を２つ以上組み合わせて販売していることが明らかな場合（同4⑸ア），商品又は役務を２つ以上組み合わせて販売していることが商慣習となっている場合（同4⑸イ），商品又は役務を２つ以上組み合わせて販売していることにより独自の機能，効用を持つ１つの商品又は役務となっている場合（同4⑸ウ）には，原則として取引付随性が否定される。ただし，懸賞による提供方法を採用する場合や取引の相手方に景品類であると認識される方法で提供する場合は別である（同4⑸ただし書）。

③その他の場合であるが，自己の供給する商品又は役務の購入者を紹介してくれた人に対する謝礼は，紹介者を当該商品又は役務の購入者に限定する場合を除き「取引に附随」する提供に当たらない（同4⑺）。インターネット上の懸賞企画については，応募者が商取引サイトを閲覧することが前提となっているだけでは取引付随性はないが，商品・役務の購入が必要だったり，商品・役務の購入により応募が容易になる場合には取引付随性

が肯定される（「インターネット上で行われる懸賞企画の取扱いについて」(https://www.caa.go.jp/policies/policy/representation/fair_labeling/guideline/pdf/100121premiums_24.pdf)）。

Q75 経済上の利益

経済上の利益とは何ですか？

A

通常，経済的対価を支払って取得するものです。

経済上の利益については，「通常，経済的対価を支払って取得するものをすべて含む趣旨」（景品表示法211頁）であり，提供を行う側の事業者が，そのための特段の出費を要しないで提供できる物品等であったり，市販されていない物品であっても，それが通常，経済的対価を支払って取得するものであれば，経済上の利益に該当する。なお，通常より安く購入できる権利も同じである（運用基準5(1)・(2)）。

これに対し，通常，経済的対価を支払って取得するものと認められなければ経済上の利益に含まれないので，表彰状，表彰盾，表彰バッジ，トロフィー等のように相手方の名誉を表するのは経済上の利益に該当しない（同5(1)ただし書）。なお，モニターに対する仕事に相応する報酬の支払いは景品類の提供ではないが，それが過大であれば経済上の利益に該当する可能性がある（同5(3)）。

そして，「不当景品類及び不当表示防止法第2条の規定により景品類及び表示を指定する件」1項ただし書は，形式的に経済上の利益の要件を満しても，正常な商慣習に照らして，①値引きと認められるもの，②アフターサービスと認められるもの，③当該取引に係る商品又は役務に付随すると認められるものは，景品類に該当しないとする。

まず，「値引と認められる経済上の利益」該当性は，当該取引の内容，その経済上の利益の内容及び提供の方法等を勘案し，公正な競争秩序の観点から判断する（運用基準6(1)）。対価の減額（同6(3)ア），割戻し（同6(3)イ），同じ対価で，それと同一の商品又は役務を付加して提供する場合（同6(3)ウ,）等は取引通念上妥当と認められる基準に従う限りこれに該当する。なお，例えば，「コーヒー５回飲んだらコーヒー１杯無料券をサービス」といったように，同一の商品又は役務を付加するなら，同6(3)ウに該当するが，「コーヒー○回飲んだらジュース一杯無料券をサービス」等の場合は実質的な同一商品又は役務の付加には当たらないので，「値引き」には該当しない。懸賞による場合や，同一の企画において景品類の提供とを併せて行う場合には，値引きに該当しないことにも留意が必要である（同6(4)ア，イ）。

次に，「正常な商慣習に照らしてアフターサービスと認められる経済上の利益」についても，当該商品又は役務の特徴，そのサービスの内容，必要性，当該取引の約定の内容等を勘案し，公正な競争秩序の観点から判断する（同7(1)）。

更に，「正常な商慣習に照らして当該取引に係る商品又は役務に附属すると認められる経済上の利益」は，当該商品又は役務の特徴，その経済上の利益の内容等を勘案し，公正な競争秩序の観点から判断する（同8(1)）。商品の内容物の保護又は品質の保全に必要な限度内の容器包装は，景品類に当たらない（同8(3)）。

Q76 景品類の価額の算定

景品類の価額はどのように算定しますか？　例えば，原価が100円（税抜）で市場価額が200円（税抜）のものはどうですか？　また，消費税を含みますか？

A

通常購入時の価格により，消費税を含みます。原価が100円（税抜）で市場価額が200円（税抜）なら，220円（消費税率10％の場合）です。

景品については，過大な景品が禁止されているところ，過大性は，景品類の価格を基礎とする。

「景品類の価額の算定基準について」（昭和53年11月30日事務局長通達第９号）（https://www.caa.go.jp/policies/policy/representation/fair_labeling/guideline/pdf/100121premiums_21.pdf）によれば，まず，景品類と同じものが市販されている場合には，景品類の提供を受ける者が，それを通常購入する時の価格による（同算定基準１(1)）。そこで，原価は基準とならない。

なお，宝くじを景品とする場合があるが，宝くじが当選した場合の賞金額ではなく，宝くじ購入時の額による（景品表示法221頁）。株式のように変動する場合は，提供時点の価格による（景品表示法221頁）。

景品類と同じものが市販されていない場合には，入手価格，類似品の市価等を勘案して，景品類の提供を受ける者がそれを通常購入することとしたときの価格を算定し，その価格による（算定基準同１(2)）。もし，全く同一ではなくても類似の製品があれば，そのような類似品の価格が参考になる。かかる類似品が一切なければ仕入れ価格と通常の利益を踏まえ，実際にそのような製品が販売されればどのような価格になるか判断する（景品表示法法律相談77頁も参照）。

景品類の価額は消費税を含んだ金額となる（消費者庁「景品に関するＱ＆Ａ」Ｑ９（https://www.caa.go.jp/policies/policy/representation/fair_labeling/faq/premium/#q9））。

Q77 取引価額

取引価額はどのように算定しますか？

基本的には購入額ですが，例外もあります。

また，過大性の判断においては，取引価額も問題となる。事業者としてはできるだけ高い額の景品を出したい傾向にあり，取引価額を合理的に計算した場合に，それがいくらとなるかに関心を持つ。

総付運用基準は，以下のように定める。

まず，購入者を対象とし，購入額に応じて景品類を提供する場合は，当該購入額を「取引の価額」とする（総付運用基準1(1)）。例えば，1,000円購入したらこれを提供，1万円購入したらこれを提供，という場合にはそれぞれ「1,000円」「1万円」である。

次に，購入者を対象とするが購入額の多少を問わないで景品類を提供する場合の「取引の価額」は，原則として，100円とする。ただし，当該景品類提供の対象商品又は役務の取引の価額のうちの最低のものが明らかに100円を下回っていると認められるときは，当該最低のものを「取引の価額」とすることとし，当該景品類提供の対象商品又は役務について通常行われる取引の価額のうちの最低のものが100円を超えると認められるときは，当該最低のものを「取引の価額」とすることができる（総付運用基準1(2)）。○○か××を買ったら景品が提供されるという場合には，○○と××の価格を比較して安い方を基準とする（100円以下なら100円である。）。

更に，購入を条件とせずに，店舗への入店者に対して景品類を提供する場合の「取引の価額」は，原則として，100円とする。ただし，当該店舗において通常行われる取引の価額のうち最低のものが100円を超えると認められるときは，当該最低のものを「取引の価額」とすることができる。例えば，店に1,000円の商品と2,000円の商品だけが売られている場合，1,000円が最低額であり，1,000円が取引価額となる。この場合において，特定の種類の商品又は役務についてダイレクトメールを送り，それに応じて来店した顧客に対して景品類を提供する等の方法によるため，景品類提供に係る対象商品をその特定の種類の商品又は役務に限定していると認められるときはその商品又は役務の価額を「取引の価額」として取り扱う（総付運用基準1(3)）。

懸賞運用基準5(1)は，懸賞についても，上記を準用する。

2. 類型別の留意点

Q78 一般懸賞

一般懸賞にはどのような留意が必要ですか？

A

基本的には，最高額規制と総額規制の双方が課されます。

懸賞とは，①くじその他偶然性を利用して定める方法，又は②特定の行為の優劣又は正誤によって定める方法で，景品類の提供の相手方又は提供する景品類の価額を定めることをいう（懸賞制限告示１項）。

①は，それがくじの方法を利用するかを問わず，誰に景品類を与えるか，与える景品類のうちどのようなものを与えるかを「偶然」によって決定する場合を広く懸賞とする趣旨である（懸賞運用基準１）。(1)抽選券を用いる方法，(2)レシート，商品の包装等を抽選券として用いる方法，(3)商品のうち，一部のものにのみ景品類を添付し，購入の際には相手方がいずれに添付されているかを判別できないようにしておく方法，(4)全ての商品に景品類を添付するが，その価額に差等があり，購入の際には相手方がその価額を判別できないようにしておく方法，(5)いわゆる宝探し，じゃんけん等による方法が含まれる。なお，限定10人のみに販売，その10人は抽選で選ぶといった方法は，（それ以外の人が商品の購入の必要がない場合）懸賞に該当しない（景品表示法192頁）。

②は，偶然性以外の要素も考慮するので（懸賞運用基準２），(1)応募の際一般に明らかでない事項（例 その年の重大ニュース）について予想を募集し，その回答の優劣又は正誤によって定める方法，(2)キャッチフレーズ，写真，商品の改良の工夫等を募集し，その優劣によって定める方法，(3)パズル，クイズ等の解答を募集し，その正誤によって定める方法，(4)ボウリング，魚釣り，○○コンテストその他の競技，演技又は遊技等の優劣によって定

める方法が含まれる。ただし，セールスコンテスト，陳列コンテスト等相手方事業者の取引高その他取引の状況に関する優劣によって定める方法は販売促進の技術向上を競うもので，含まれない（景品表示法223頁）。

先着順は懸賞に該当しない（「景品のある限り購入者全員に提供する」方法である（景品表示法法律相談29頁）。）が，総付景品とされる可能性がある（懸賞運用基準3）。

もし，懸賞に該当すると最高額規制がかかる。つまり，懸賞にかかる取引の価額の20倍の金額を超えることができない（懸賞制限告示2項）。しかも，同時に，総額について当該懸賞に係る取引の総額，つまり，客観的に合理的に予測される対象商品の売上げ予定総額の100分の2を超えてはならない（懸賞制限告示3項）。

例えば，1,000円のものを購入した場合に懸賞で何かをプレゼントする，という場合については，そもそも2万円までしかプレゼントできないところ，例えば2万円のプレゼントを採用するなら，そのプレゼントの合計は，例えば1万個売れる（1,000万円の売上げ）と予想されるのであれば，2％である20万円まで，つまり，10個しかプレゼントできないことになる。

Q79 共同懸賞

懸賞について通常より少し高い額の景品を出せる場合がありますか？

A

多数の事業者が共同で実施する共同懸賞は規制が緩められますので，共同懸賞をご検討ください。

多数の事業者が共同で実施する共同懸賞は規制が緩められ，取引の有無にかかわらず，30万円が最高額，総額も懸賞に係る取引の予定総額の100分の3となる（懸賞制限告示4項）。そこで，1,000円のものを購入した場合に懸賞で何かをプレゼントする，という場合であれば，2万円ではなく30

万円までプレゼントできることになる。

具体的には以下の各場合である。

- 一定の地域における小売業者又はサービス業者の相当多数が共同して行う場合（同4項1号）
- 一の商店街に属する小売業者又はサービス業者の相当多数が共同して行う場合。ただし，中元，年末等の時期において，年3回を限度とし，かつ，年間通算して70日の期間内で行う場合に限る（同4項2号）
- 一定の地域において一定の種類の事業を行う事業者の相当多数が共同して行う場合（同4項3号）

ただし，他の事業者の参加を不当に制限する場合は，この限りでないとされていることにも留意が必要である。

Q80 総付景品

総付景品についてはどのような留意が必要ですか？

A

「景品類の提供に係る取引の価額の10分の2の金額（当該金額が200円未満の場合にあつては，200円）の範囲内であつて，正常な商慣習に照らして適当と認められる限度を超えてはならない。」（「一般消費者に対する景品類の提供に関する事項の制限」1項）とされています。

事業者が一般消費者に対して懸賞によらないで景品類を提供することを総付景品といい，「一般消費者に対する景品類の提供に関する事項の制限」が規制する（景品表示法235頁）。具体的には，①商品の購入者に対して購入額に応じあるいは購入額の多少を問わずもれなく提供する，②店舗への入店者に対し商品の購入を条件とせずもれなく提供する，③購入や入店の先着順によって提供する等の場合が挙げられる。

規制内容としては「景品類の提供に係る取引の価額の10分の２の金額（当該金額が200円未満の場合にあつては，200円）の範囲内であつて，正常な商慣習に照らして適当と認められる限度を超えてはならない。」とされている。

ここで，「一般消費者に対する景品類の提供に関する事項の制限」は，そもそも景品類に該当しないものも含め，以下の１－４については，仮に景品類に該当するものであっても，総付景品の規制を適用しないとする（「一般消費者に対する景品類の提供に関する事項の制限」２項）。

1　商品の販売若しくは使用のため又は役務の提供のため必要な物品又はサービスであって，正常な商慣習に照らして適当と認められるもの
2　見本その他宣伝用の物品又はサービスであって，正常な商慣習に照らして適当と認められるもの
3　自己の供給する商品又は役務の取引において用いられる割引券その他割引を約する証票であって，正常な商慣習に照らして適当と認められるもの
4　開店披露，創業記念等の行事に際して提供する物品又はサービスであって，正常な商慣習に照らして適当と認められるもの

よって，これらの場合に該当しないかについても検討すべきである。

3．実務上の問題

Q81 懸賞か総付景品か＜１＞

全ての商品に景品をつけるものの，その内容が異なっていて，どの景品がつくかが購入しないとわからない場合は懸賞ですか，総付景品ですか？

A

内容の相違が価格の相違を招く場合には懸賞に当たる可能性があり，そうでない場合には総付景品の可能性があります。

「すべての商品に景品類を添付するが，その価額に差等があり，購入の際には相手方がその価額を判別できないようにしておく方法」（懸賞運用基準1(4)）は，「くじその他偶然性を利用して定める方法」（懸賞制限告示１項１号）に該当するとされている。よって，価値の高いものと低いものが存在し，どれが価値の高いものでどれが価値の低いものかわからなければ，懸賞と判断される。これに対し，価値が変わらなければ仮に内容が違っていても，総付景品となる（景品表示法法律相談28頁）。

Q82 懸賞か総付景品か＜２＞

懸賞で当たった方には，１等から３等まで（景表法の範囲内で）豪華景品を，外れた方全員には，残念賞で粗品を提供する場合の「残念賞」は外れた方全員に渡すことから，総付景品ですか？

懸賞と考えられます。ただし，全員に粗品を提供した上で，一部の人には追加で景品をという場合，総付＋懸賞となる可能性があることに留意が必要です。

総付景品のようにも思われますが，「残念賞」もくじの結果により提供されることに変わりがないため，懸賞と考えるべきです（景品表示法法律相談82頁）。ただし，結果的に1－3等をもらうであろう人も含め，先に（「外れた人全員」，ではなく）「全員」に粗品を配布した上で，更に抽選をするという方法であれば，総付景品（粗品）と懸賞（抽選による景品）という判断がされる可能性もあります（景品表示法法律相談82頁）。

なお，同一の取引に付随して複数の景品提供を行う場合，これらを合算した額の景品類の提供をしたものとされ，合計額が上限以下であるかが問題となります（懸賞運用基準5⑵及び総付運用基準1⑸参照。なお，景品表示法235－236頁も参照。）。

Q83 割引券

> 当社は全員に20%分の割引券を付与しようと思います。
> ①自社の製品であれば何でも購入の際に割り引かれる割引券
> ②特定の自社製品だけ購入の際に割り引かれる割引券
> ③他社製品であれば何でも購入の際に割り引かれる割引券
> ④自社製品も他社製品も購入の際に割り引かれる割引券
> ①～④のいずれの場合によって価額の上限規制の適用が変わりますか？

A

①，④は上限が適用されない可能性があります。②，③は上限が適用されます。

「一般消費者に対する景品類の提供に関する事項の制限」2項3号は「自己の供給する商品又は役務の取引において用いられる割引券その他割引を約する証票であつて，正常な商慣習に照らして適当と認められるもの」については，景品類に該当する場合であっても上限を適用しないとされており，①は上限が適用されない可能性がある。

そして，総付運用基準4(2)は「特定の商品又は役務と引き換えることにしか用いることのできないものを除く」としているので，②であれば，上限が適用される。

③のように，他社製品の割引券であれば「自己の供給する商品又は役務」ではないので，上限が適用される。

これに対し，「他の事業者の供給する商品又は役務の取引において共通して用いられるものであって，同額の割引を約する証票を含む。」（同4(2)）ともされているので，共通割引券である④も上限が適用されない可能性がありますが，「同額の割引」が必要なので，自社と他社で割引率を変えてはいけない。

Q84 オープン懸賞

取引に付随しない懸賞は可能ですか？

A

景表法上の規制は撤廃されましたが，景表法上の規制がないからといって，何をしてもよいわけではありません。

取引付随性のない懸賞はオープン懸賞といわれ，一定の規制がされていたが平成18年に景表法上の規制が撤廃された（景品表示法210－211頁，運用基準4(6)）。なお，富くじや賭博等についての規制も残っているので，景表法上の規制がないからといって，何をしてもよいわけではない。

Q85 取引先事業者への景品提供

取引先事業者への景品提供は規制されますか？

A

原則として景表法が適用されますが，懸賞によらない景品の提供が原則として自由になりました。ただ，例外もあります。

前述（⇒Q72）のとおり，景表法の「取引」は，BtoBを含むところ，懸賞制限告示は，取引の相手方への景品類提供を規制しているのであって，規制対象は一般消費者に限られず，事業者も含む。そこで，事業者に対して懸賞の方法で景品を提供するならば，原則として景表法の上限の範囲内で行わなければならない。

ところで，総付運用基準は「一般消費者」についての基準のみを規定しているところ，「事業者に対する景品類の提供に関する事項の制限」廃止以降は，事業者に関する懸賞以外の方法による景品提供について，一般的規制が撤廃された（景品表示法法律相談87頁）。そこで，原則として景表法は適用されないものの，医療関係告示や公正競争規約による制限にはなお留意が必要である。

<景品規制チャート>

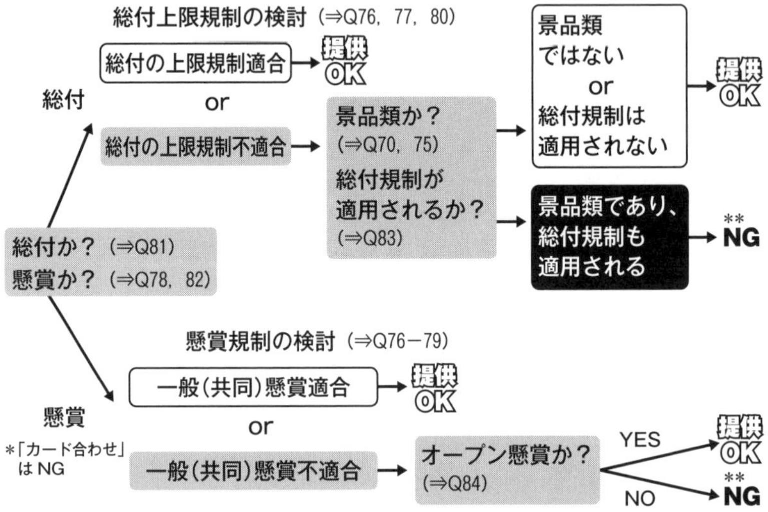

総付か？（⇒Q81）
懸賞か？（⇒Q78，82）

総付

総付上限規制の検討（⇒Q76，77，80）

総付の上限規制適合 → 提供OK

or

総付の上限規制不適合 → 景品類か？（⇒Q70，75） 総付規制が適用されるか？（⇒Q83）

→ 景品類ではない or 総付規制は適用されない → 提供OK

→ 景品類であり，総付規制も適用される → ＊＊NG

懸賞

＊「カード合わせ」はNG

懸賞規制の検討（⇒Q76－79）

一般（共同）懸賞適合 → 提供OK

or

一般（共同）懸賞不適合 → オープン懸賞か？（⇒Q84）

YES → 提供OK

NO → ＊＊NG

＊「カード合わせ」とは，２以上の種類の文字，絵，符号等を表示した符票のうち，異なる種類の符票の特定の組合せを提示させる方法を用いた懸賞による景品類の提供のことをいう（懸賞制限告示５項）

＊＊景表法の規制に違反する可能性が高い

コラム　馬好き法務部員の一日

8　逆転の発想

景表法の本を読むと，例えば景品であれば，景品の定義から始めて，１つ１つ要件を満たすかを判断して，最後に上限規制を検討している。それは「講学的」ないしは「理論的」には正しいし，法律を学ぶものが法律の仕組みを理解する上では大事な思考の順番である。

ところが，実際の実務では，例えば，懸賞や景品っぽいキャンペーンの話が持ち込まれた場合に「明らかに上限規制を下回る価値」の場合もかなり多く存在する。そういう場合について，１つ１つ「景品とは何か，今回は景品に該当しているのか」等を検討することは迂遠であって，思考経済にも反する。

この章につけたフローチャートは，まさにこのような逆転の発想から，実務において判断がしやすくかつ否定という結論になりやすい上限規制の問題を先取りして検討し，その上で，上限規制を超えそうだ，という場合に限り，法律上の要件を考えるというたてつけとしている。あまり類書に類似するフローチャートはないが，私が原案を作成したフローチャートについて筆者が賛同してくれたので，本書には，オリジナルのフローチャートが掲載されることになった。

第8話 その他の法令

story 8

三浦：広告法務を学ぶ場合，知財，人格権，そして景表法を押さえれば，もう大丈夫でしょうか。

北野：そんなに簡単ではありません。どのような商品・サービスのため，どのような広告手法を採用した広告キャンペーンを行うのか等，具体的に何をするかによっても様々な法令が関係します。

三浦：例えばイベントで宣伝するのはどうですか。

北野：まず，イベントがどのようなものか，宣伝のためのイベントを自社で主催するか，スポーツイベント等の第三者が実施するイベントに協賛するかで大きく異なります。

三浦：例えば，宣伝だけのためにイベントを企画するのはいかがですか。

北野：まず，イベントを告知する場面を考えてみましょう。告知のためには，マスメディア広告，インターネット広告等を行うわけです。そこで，まずはこれまで説明した事が問題となります。例えば，メインゲストの写真を使う場合の権利処理とかですね。

三浦：肖像権ですね。

北野：著作権等も忘れないでくださいね。

三浦：ポスターを貼る際ですが，ポスターは，勝手に貼っていいのでしょうか。所有者の許可が必要ですか。

北野：そのような民事法の問題もありますが屋外広告物規制等，行政法による規制も重要です。

三浦：なるほど，他にはありますか。

北野：イベントはどこで何をするのかも問題になりますね。実施場所に応じた道路交通法等の許認可，工作物関係の規制（建築基準法等），イベント内容に応じた消防法（花火，スモーク等），安全配慮・警備，参加者との関係の権利処理等の問題があります。加えて協賛なら，協賛特有の問題があります。

三浦：こんなにたくさんあるのですね！

北野：これは，あくまでも一つの例ですが，広告関係の法令は多岐にわたりますので，法務の守備範囲は広いですね。

三浦：実務的にはどうすればいいのですか。

北野：自社内で全てのチェックや許認可等の取得を行うことは難しい場合もありますので，社外の人とも適切に協力しながら，広告法令をクリアしていってください！

1．その他の法令

Q86 屋外広告物規制・AR広告

OOH広告では，何に気をつける必要がありますか？

A

これまでのマスメディアの広告に当てはまる事柄に加え，屋外広告物規制も重要です。

広告手法には様々なものがあるが，OOH（Out of Home）広告も，重要な広告手法の一つである。これは，交通広告や屋外広告などの，家庭以外で接触するメディアによる広告であるが，例えば，屋外広告物規制等の特別な規制に服する。

屋外広告物法は，屋外広告物，すなわち，「常時又は一定の期間継続して屋外で公衆に表示されるものであつて，看板，立看板，はり紙及びはり札並びに広告塔，広告板，建物その他の工作物等に掲出され，又は表示されたもの並びにこれらに類するもの」（屋外広告物法2条1項）を規制する。同法は各自治体が，条例によって屋外広告物を規制することを認めている

（同法３条）ので，実務上は掲載予定の場所に適用される屋外広告物条例を検討することになる。

具体的な規制内容は各条例によるが，禁止区域や禁止物件を定めた上で，それ以外の場所（の多く）について，地方自治体の許可が必要な許可区域として，当該区域に広告物を掲示したい場合には，事前に許可申請をしなければならないという立て付けがよく見られる。

屋外広告物法及び条例に加え，具体的なOOH広告の内容によって，建築基準法，道路交通法，道路法等様々な法令が問題となることから，これらの規制に対応しなければならない（広告法266頁，271頁）。

なお，最近OOH広告の一種として，特定の場所でアプリを起動してスマートフォンのカメラで眺めると，カメラの撮影した現実の空間に，説明文・画像や広告がアプリ上で合成されるというAR（Augmented Reality，拡張現実）技術を利用した，AR広告が試みられている。AR広告は，スマートフォンアプリ上に表示されるだけであれば，「常時又は一定の期間継続して屋外で公衆に表示されるもの」ではないとして，屋外広告物規制そのものの適用の範囲外の場合も多いものの，ARの形態として，例えば２次元コードを特定の場所に（物理的）に掲示して，その２次元コードをアプリ（リーダー）等で読み取ることで広告等が出てくるのであれば，当該２次元コードが屋外広告物と解される可能性は否定できないと思われる。いわゆるポケモンGO等で出てきたAR独自の問題（注：例えば，（ユーザによる）私有地への侵入，（多くのユーザが周囲に集まることによる）平穏生活の権利又は利益の侵害，（大量のユーザが押し寄せる場合の）公園等の占有許可の要否，交通事故等，表現主体の誤解（例えば，駅の構内に時刻表を表示させるARアプリが更新されず，古い時刻表が表示された場合に，ユーザが鉄道会社に対して文句を言う可能性がある。）等の諸問題に留意が必要である。

Q87 イベント

> イベントについてはどのような規制がありますか？

A

実施場所に応じた道路交通法等の許認可，工作物関係の規制（建築基準法等），イベント内容に応じた消防法（花火，スモーク等），安全配慮・警備，参加者との関係の権利処理等の問題があります。加えてイベントへの協賛なら，協賛特有の問題があります。

広告は，様々なイベントとも深い関係がある。その具体的手法としては，販促イベントの開催といった直接的形態から第三者の主催するイベントの協賛といった間接的形態まで，様々なものがある。イベント運営は，始まる前は予想どおりの集客ができるかハラハラし，参加者が来てくれたら，その参加者を満足させながら，突発的事態に適切に対応しなければならず，終わるまで気が抜けない。その後は撤収，廃棄物処理，参加者へのフォローアップ等の事務処理が山積みであり，（やりがいはあるが）非常に大変である。以下，イベントに関する法務を概観しよう（広告法258頁以下）。なお，イベント開催の告知をマスメディアやインターネットを通じて行う場合には，マスメディア広告やインターネット広告の問題にも留意が必要である。

まず，イベントをどこで実施するのかに応じ，道路交通法，道路法，都市公園法，河川法・海岸法等の許認可等を取得する必要がないかを検討する必要がある。加えて，興行場法上の許可についても検討が必要である。

次に，イベントに伴い設置される工作物等についても，建築基準法，建設業法，電気事業法，電気工事士法，建築士法，屋外広告物法・条例等に準拠する必要がある。

加えて，具体的なイベントの内容に応じて，消防法・火災予防条例に基づく催物開催届出や花火・スモーク等に対する規制対応，食品衛生法上の営業許可や届出，酒税法規制，青少年の健全な育成に関する条例対応（深夜の場合の年少者入場規制等），景表法対応（⇒Q54以下参照），コンテンツの権利処理等が必要である。

イベント主催者は安全配慮義務を負う（注：例えば，野球のファウルボールが観客の顔面を直撃し傷害を負わせた事案についてプロ野球主催者の安全配慮義務違反が認められた事例（札幌高判平成28. 5 . 20判時2314－40）等。なお，大阪高判平成28. 11. 10（判例集未搭載）は，イベント会場付近における落雷事故について責任を否定したが，イベント会場内の場合には別個の検討が必要と思われる。）。そこで，一定以上の規模のイベントについては，警備体制が重要である（注：なお，違った観点としては，コスプレ等に関する軽犯罪法，銃刀法等も検討が必要である。）。その場合，まずは自主警備（例えば，関係者による誘導，注意喚起等）を検討することになるが，第三者に警備事務を委託することもある。その場合には，警備業法上の認定を取得した業者に委託することになる。加えて，一定規模以上のイベントの場合には，警察の助言・指導を受けながら，適切な安全対策を講じていくことになる。

なお，運営側の人員については，出演者の権利処理（注：とりわけ，当該イベントがLV（ライブビューイング）されたり，配信されたり，BD化等される等の二次利用がされる場合にはそれに応じた権利処理も必要である。）した上で，労働基準法，労働者派遣法，労働安全衛生法等に準拠する必要がある。

第三者の行うイベントへの協賛の場合，主催者が法令や社会規範を遵守して，予定どおり滞りなくイベントを行えるのか（タイアップ等という形で宣伝・告知をしたイベントでトラブルが起こると，自社や，タイアップした広告主にクレームがくる。），協賛に伴う宣伝の具体的内容，イベントの内容がどのようなものであるか，自社としてイベントの内容に対して何らかの要請をするべきか等，協賛特有の留意が必要である。

加えて，新型コロナウイルス流行中においては，そもそも開催ができない場合や，開催ができてもイベント参加者の人数や声出し等に制限があり得ることにも留意が必要である。

 撮影

撮影は何に留意が必要ですか？

A

著作権（3話）や肖像権（6話）に留意が必要なのは当然ですが，それ以外の問題としては特に所有権が重要です。すなわち，所有者は，所有物を撮影した写真等に対して直接コントロールを及ぼすことはできませんが，例えば，所有地内にある建築物であれば，塀等で囲い，所有地に入らないと観覧・撮影等できないようにした上で，所有地に入るに当たって，撮影条件等を定めることができます。その際，撮影条件が商用禁止であったのに商用利用してしまうと，その契約違反となり得ます。

撮影については，著作権法や肖像権といった既述の内容に加え，所有権等に一定の配慮が必要である（宗教法制研究会『事例式寺院・墓地トラブル解決の手引』（新日本法規，2017）494頁及び広告法240頁参照）。例えば，昔からの名所旧跡等の観光スポットの撮影について，当該観光スポットの所有者は，著作権を行使することはできない。しかし，所有権を行使することはできる。所有権は，その所有物を自由に使用，収益及び処分をする権利（民法206条）であり，客体を一般的・全面的に支配する物権である（新訂物権法257頁）。

このような所有権の行使の一環として，敷地の所有権者は，同地の全部又は一部を撮影禁止等とすることができる（特殊な例であるが，大阪高判昭和33．7．18下民9－7－1311参照）。そして，これに違反した撮影行為に対しては損害賠償等の請求の余地がある（東京地判平成14．7．3判時1793－128）。

例えば，所有権に基づき，入場を原則として禁止した上で，当該敷地内への入場の際に，一定の撮影禁止区域が定められたり，撮影した写真の利用について個人的利用は可能だが，商用利用が禁止されている等のルールに同意をすることを求めることは可能である。もし，撮影した場所がそのような場所であれば，それに違反して撮影禁止区域で撮影するとか，写真を商用利用することは契約違反となり得る（注：なお，広告目的での立入りについて，無断立入りを正当化する事由を通常認めがたいとする広告法241頁も参照）。

なお，私有地以外も，道路については道路交通法，海岸については海岸法，河川については河川法，公園については都市公園法等を参照のこと。

写り込みについては，Q13及びQ53を参照。

Q89 消費者法

> 消費者法は広告に関係しますか？

A

契約条件等について定める消費者契約法等の規制は，これまであまり典型的広告規制としては理解されてこなかったものの，最高裁（最判平成29. 1.24民集71－1－1）は，広告が勧誘に当たり，消費者契約法の適用対象となる可能性を認めています。特にターゲティング広告等個別化されていけばいくほど，この問題は重要になります。

取引の基本的事項について定める民法，取引の際の取引条件について一定の場合に取消しを可能とする消費者契約法，特定類型の取引における表示義務等を定める規定を含む特定商取引法，製造物の場合の責任の特則を定める製造物責任法等は，確かに表示や警告等に関する規定を含むものの，あくまでも広告主と消費者の間の問題であり，いわゆる広告規制としてはあまり注目を集めてこなかった。しかし，広告関係企業も無関心ではいられない。

消費者契約法は原則として消費者と事業者が契約を締結する過程を規制する。そこで実務上同法の規制する「勧誘」や「契約」といった概念は，特定の消費者に対するものが問題となることが多いところ，広告により，広告主が消費者に対して虚偽又は誤解を招く表現をして購買行動に至らしめた場合に，広告主が責任を負う場面はあっても，広告代理店に対し消費者法が直接適用される場面はあまり注目されてこなかった。しかし，広告も消費者法とは無関係ではないことを示す最高裁判例が出ている。

新聞に折り込まれたチラシについて最高裁は「事業者が，その記載内容全体から判断して消費者が当該事業者の商品等の内容や取引条件その他これらの取引に関する事項を具体的に認識し得るような新聞広告により不特定多数の消費者に向けて働きかけを行うときは，当該働きかけが個別の消費者の意思形成に直接影響を与えることもあり得るから，事業者等が不特定多数の消費者に向けて働きかけを行う場合を上記各規定にいう『勧誘』に当たらないとしてその適用対象から一律に除外することは，上記の趣旨目的に照らし相当とはいい難い。したがって，事業者等による働きかけが不特定多数の消費者に向けられたものであったとしても，そのことから直ちにその働きかけが法12条１項及び２項にいう『勧誘』に当たらないということはできない」（最判平成29. 1 .24民集71－１－１）とした。よって，いわゆる広告においても，消費者契約法の規制がかかる可能性に留意が必要である。特にターゲティング広告（Q97以下）等広告が個別化されていけばいくほど，この問題は重要になる。

また，特定商取引法の表示義務は，広告代理店としても無関心ではいられないだろう。なお，製造物責任と広告については，例えば，長尾治助（編著）『広告の審査と規制―自己責任時代の広告の適正化』（日経広告研究所，1995）を参照されたい。

Q90 下請法

下請法で気をつけることは何ですか？

４つの義務と11の禁止事項があるのですが，当事者間の合意があっても下請法違反となり得ることが重要です。

制作会社は中小企業が多いところ，広告代理店から広告クリエイティブ等の情報成果物の製作委託がされることも多い。そこで，下請法が問題となる（「下請取引適正化推進講習会テキスト」https://www.jftc.go.jp/houdou/panfu_files/shitauketextbook.pdf）。

下請法が適用されるのは，物品の製造委託・修理委託・情報成果物作成委託・役務提供委託であるところ，「情報成果物」はプログラム以外にも，テレビ番組，テレビCM，ラジオ番組，映画，アニメーション等の「映画，放送番組その他影像又は音声その他の音響により構成されるもの」や，設計図，ポスターのデザイン，雑誌広告等の文字，図形若しくは記号若しくはこれらの結合又はこれらと色彩との結合により構成されるものを含むもので，多くの広告クリエイティブは「情報成果物」に該当するだろう。そして，以下の３類型のいずれかであれば，情報成果物作成委託となる。

・事業者が業として行う提供の目的たる情報成果物の作成の行為の全部又は一部を他の事業者に委託すること。
・事業者が業として請け負う作成の目的たる情報成果物の作成の行為の全部又は一部を他の事業者に委託すること。
・事業者がその使用する情報成果物の作成を業として行う場合にその情報成果物の作成の行為の全部又は一部を他の事業者に委託すること。

ここで，プログラムではない情報成果物製作委託の場合，親事業者が資本金5,000万円超で下請事業者が5,000万円以下か，親事業者が1,000万円超で下請事業者が1,000万円以下であれば下請法が適用される。

下請法が適用されると，親事業者は以下の４つの義務を負う。

（ア）書面の交付義務（同法３条）
（イ）書類の作成・保存義務（同法５条）
（ウ）下請代金の支払期日を定める義務（同法２条の２）
（エ）遅延利息の支払義務（同法４条の２）

更に，親事業者に対し以下の11の禁止事項が規定されている。

（ア）受領拒否の禁止（同法４条１項１号）
（イ）下請代金の支払遅延の禁止（同法４条１項２号）
（ウ）下請代金の減額の禁止（同法４条１項３号）
（エ）返品の禁止（同法４条１項４号）
（オ）買いたたきの禁止（同法４条１項５号）
（カ）購入・利用強制の禁止（同法４条１項６号）
（キ）報復措置の禁止（同法４条１項第７号）
（ク）有償支給原材料等の対価の早期決済の禁止（同法４条２項１号）
（ケ）割引困難な手形の交付の禁止（同法４条２項２号）
（コ）不当な経済上の利益の提供要請の禁止（同法４条２項３号）
（サ）不当な給付内容の変更・やり直しの禁止（同法４条２項４号）

実務的には，下請事業者が同意しても，必ずしも下請法の規制を免れられるものではない，という点が重要である。すなわち，通常のビジネス法においては，当事者間においてどのような合意をしたかが探求されることが多い。そこで，契約書において一方当事者の明示的義務を定めた場合に，それが公序良俗違反（民法90条）等として無効とされるのは例外的な場合に過ぎない。しかし，下請法の違反の有無においては，原則として下請事業者が下請法違反の内容に同意していたというだけでは，違反を免れることはできない。そこで，親事業者となる広告代理店は，専門家に相談しながらきちんと下請法に基づくレビューを行う必要がある。

2．クレーム事項

Q91 不快表現

「不快だ」というクレームに対して気を付けることは何ですか？

A

事前にターゲットやそれ以外の第三者等がどのような意見を持つであろうかを検討し，そのリスクについて広告主とも相談した上で，例えば，ターゲット以外の第三者等の一部が「不快」に思ってでも伝えたいメッセージがある，という場合には，その広告意図や広告効果を犠牲にしてまで広告表現を変更することは必須ではありません。

広告に対するクレームの中には「自分が不愉快に感じる」というものが少なくない。そのようなクレームに対しては，不快に思った人が①ターゲット（広告を届けたい相手）であるか，②それ以外の第三者等であるか，という観点で検討をするのが有益であろう。

まず，ターゲット（広告を届けたい相手）が不愉快に思うような広告は問題があることが多い。それは，多くの広告はターゲット（潜在的購入者等の広告を届けたい相手）の注目を集め，直接・間接に商品・サービスの購入意欲を高めようとするものであるところ，そのようなターゲットが不快に思うのであれば，その目的が実現されないことが多いからである。（注：なお，シューズメーカーの広告のように，今はターゲットも不快に思うだろうが，あえて次の時代のスタンダードになるメッセージを打ち出したい，ということもあるだろう。）

これに対し，それ以外の第三者等については，もちろん同じ広告意図や広告効果を得る上でターゲットもそれ以外の第三者等もいずれも不快に思わない表現があるのであれば，そのようなものを選択した方が良いとは一応言えるものの，潜在的にそれを見る可能性がある全ての人が絶対に不快に思ってはいけないという縛りの下で広告表現を考えないといけないとすれば，広告意図が実現されなかったり，広告効果が得られないことも多い。その意味では，広告主との間で，その広告で打ち出すべき広告意図や意図する広告効果が何かをまずはしっかりと議論し，ターゲットが不快に思わない範囲でどのような広告表現がその目的実現にとって最善かを考え，広告表現案を練るべきであろう。その上で，これまでの事例等を踏まえ，第三者等が不快だとしてクレームを入れる可能性の高低を検討し，広告主に説明すべきであろう。そのようなコミュニケーションを経て，なお，第三者等が不快だとしてクレームを入れる可能性を踏まえてもそのターゲットに正しく広告意図を伝え，広告効果を得る上でベストなものが元々の広告表現案であると広告主が判断すれば，第三者等が不快だとしてクレームを入れる可能性のある広告を用いることは十分にあり得ると考える。その際において，事前に「説明するべき場合にどのような説明をするか」という内容は想定しておくべきであるし，実際に不快等というクレームが来た場合に，そのような説明をすべきことも多いだろう。とはいえ，例えば炎上状態になった場合において，説明のためのプレスリリースを出したことがいわば「燃料」として，炎上を悪化させる恐れがあること等を踏まえ，説明の内容だけではなく，タイミングや方法等にも留意が必要である。

以上が総論的なコメントとなるが，初版刊行後に多くの関連事案（月曜日のたわわ事件，松戸警察署Vtuberコラボ事件等）が発生しているので，それを元に炎上，卑下・自虐，差別・ステレオタイプ・ポリティカルコレクトネス（政治的正しさ），アニメ絵・萌え絵等について説明したい。

まず，炎上は，意図して炎上させる炎上商法の場合と，意図しないで炎上してしまう場合の双方がある。まず，あえて極端なことを言って注目を集めるという，意図的な場合を検討したい。炎上すれば，多くの人が批判をすることになるが，例えば「1,000万人に見てもらい，990万人に嫌われても10万人に商品を買ってもらえればそれで元が取れる」という発想から，あえて炎上をして知名度を上げることがある。いわば，「悪名は無名に勝る」という発想である。この場合，短期的にはそのような形で一定程度売上げを伸ばしたり知名度を上げることができるものの，炎上によって，他の信用を重視する主体（協業予定者や潜在的協業対象等）との関係が悪化したり，その後のコラボレーションが困難となる可能性には十分に留意が必要である。

これに対し，意図せずに不快な表現をして炎上してしまい，訂正・謝罪に追い込まれるパターンもいくつかある。一番典型的なのは，卑下・自虐ネタ等の意図でターゲットを「下げる」「貶める」ことによる炎上が目に付く。ターゲットを不快にさせないという原則に立ち戻り，ターゲットがその表現を受け止めたときどう感じるかを慎重に検討し，そのような炎上を避けることが重要である。

また，近年では，差別・ステレオタイプ・ポリティカルコレクトネスの問題がある。例えば，外国人に関するステレオタイプ，性別に関するステレオタイプ等を強調する広告については，「差別だ」という観点からの批判がされることがある。もちろん，「若い女性を中毒にして継続的に自社商品を購入させるようにする」といった外食サービス業の広報担当役員のように，ターゲットに対する露骨な差別意識を表出すれば，大きな批判を受けて炎上するのは当然であり，厳に謹まなければならない（当然のことながら，事態収集のため，自社としてそのような差別意識を有しておらず，申し訳ない等の謝罪が必要であろう。）。ただ，その広告表現が固定観念を助長しかねないといった論旨で，場合によってはやや過剰反応とも思われるようなクレームがターゲット以外の第三者等からされる事例もある。基本的には，そのようなクレームをする人が存在し得るということは考慮に入れて，上記の広告主とのコミュニケーションを行うべきとは言えるが，そのようなクレームの可能性があるというだけでターゲットへの広告意図や広告効果の観点とは無関係に特定の類型の表現が一律に禁止されるとは考えるべきではないだろう。

いわゆる，アニメ絵・萌え絵については，特に公共的主体がこれを利用することに対してクレームがつくことがあり，松戸警察署Vtuberコラボ事件では，特に服装等において露出が大きい等の要素がないにもかかわらず，市議等から強い抗議があった。また，月曜日のたわわ事件では，一般向けの漫画について新聞広告を行う際に，当該漫画のキャラクターを利用したことがターゲット外の第三者によって強く批判された。そもそも，広告にアニメ絵・萌え絵を使ってはならない，という社会規範は存在せず，現に，多数用いられている。そして，ターゲットが誰かによって絵のトーンを変えることは参照可能なプラクティスである。例えば，ご当地アニメとのコラボとしてアニメキャラを用いたお土産を作成する際，「アニメファンに買ってもらいたい場合には元々のアニメ絵のトーンの絵を使うが，それ以外の一般の観光客に買ってもらいたい場合には絵のトーンを変える」といった方法が考えられる。但し，月曜日のたわわ事件のような，その漫画の（顕在的及び潜在的）ファンをターゲットにする広告に，その漫画のキャラクターの画像を利用したという場合であるにもかかわらず，第三者等から非常に強い抗議があるというのは，クレームの可能性が従来より広がっていることを示す事例とは言えるだろう。

ターゲット以外の第三者等のクレームであっても，意見として受け止めて今後の広告方法の検討の参考にするということ自体は必要であろうが，それを超えて訂正・謝罪まで行うべきかは別問題である。実際に，（広告ではないが）NHKによるVtuberの起用に対してインターネット上で反対運動が起こったものの，NHKが起用を継続する等，クレームがついたからといって必ずしも訂正・謝罪する必要はない，という対応も徐々に増えていることには留意が必要である。

Q92 他人の権利侵害を主張した場合

「他人の権利を侵害している」というクレームに対して気を付けることは何ですか？

A

権利者（及びその代理人）以外のクレームは法的には意味がないものの，それをきっかけに，違法なのではないか等を再検討しましょう。

例えば，何らかのパロディや何かを暗示させる広告について，当該パロディ等の対象である者が著作権侵害を訴えた場合には，当然，著作権法の問題の有無を検討すべきである（第12話（⇒240頁以下））。

ところが，第三者が「これは○○の著作権を侵害していないか，○○から許可を取ったのか。」という形でクレームをつけることがある。

基本的には，権利侵害を主張できるのは，権利者及びその代理人であって，第三者については，何ら権利侵害を主張する「法的立場」にはない以上，そのような権利侵害の主張が第三者からされても，法的には何の意味もない。例えば「自分が大ファンであるXXという作品のパロディ広告は許されない。」という請求が法的に立つことは基本的にあり得ない。

とはいえ，例えば，多くのファンが憤るようなパロディがあった場合には，権利者が動かざるを得ない場合もあり，その意味で，第三者の権利侵害が主張された場合については，それが単純な「いいがかり」なのか，そうではなく，多くのファン等関係者が憤るような内容の広告であり，その後の権利者からの（法的クレーム）を示唆するものか，について検討するべきであろう。

Q93 法令違反のグレーゾーンが主張された場合

「法令違反ではないのか」というクレームに対して気を付けることは何ですか？

A

このようなクレームがついた場合，①法令違反の可能性は低い，②法令違反かどうかグレーゾーンにある，③法令違反の可能性が高いというそれぞれの状況に応じた対応が必要です。

法令違反の疑いに対しては，具体的に問題となる法令を特定した上で，法令違反の可能性の高低を分析すべきである。必要があれば，専門家とも協議をしてその程度を分析した上で，法令違反の可能性が高ければ，是正すべきである。問題は，法令違反の可能性が低いないしグレーゾーンの場合である。

例えば，「こんなに優れているはずがない，景表法違反だ」というクレームがつくことが考えられる。このような場合，消費者庁から景表法7条2項に基づき合理的な根拠を示す資料の提示が求められる可能性があるところ（Q65），既に管理上の措置（Q59）が講じられていれば，そのような場合でも準備が整っており，大きな問題はないと思われる反面，もし準備が整っていなければ，15日（景表則7条2項）で資料を提示することは困難となる。そこで，法律上の対応の可否の観点，それが社会からどのように評価されるかという観点，そして，ビジネス的な観点も踏まえて，いざ所轄官庁が動けば違法と認定されかねないという場合であれば，撤回・回収の可能性も含め対応を検討すべきであろう。

3．媒体考査

Q94 媒体考査とは

媒体考査とは何ですか？

A

各媒体ごとに，広告を掲載するか否かの審査が行われ，これを媒体考査といいます。業界団体の審査基準等を参考に対応していくことになります。

新聞・テレビ・雑誌等の各媒体社は，どのような広告を掲載し，どのような広告を掲載しないか，各媒体社自身が審査し，判断する。このような審査の過程を媒体考査という。

広告代理店は，クライアントの希望に沿った広告クリエイティブを制作するところ，制作した広告クリエイティブが媒体考査に通らなければ，クライアントの目的は達成しない。そこで，広告代理店は，法律以外に，媒体考査とその基準についても，理解しておく必要がある。マスメディアにおいては，業界ごとに業界団体が審査基準等を定めており，これが参考になる（広告法183頁）。

例えば，「日本民間放送連盟放送基準」「新聞広告掲載基準」「雑誌広告掲載基準」等があり，独自の規制に留意が必要である。

加えて，広告代理店自身としても，違法な商品・サービスの広告や問題のある広告に関与したという社会的批判を避けるという観点からチェックをしていくべきである（広告ビジネス入門45頁。なお同186頁は「広告活動を行ううえでは，つねに「法律や規制に抵触しないだろうか」というリーガルマインドとともに，「だれかの権利や利益を侵害していないだろうか」という想像力を働かせることが肝要である」とする。）

コラム　馬好き法務部員の一日

9　嫌われない法務になるために

法務が全員に「大好き」と思われることは容易ではない。やはり，相談者が進めたい案件にノーと言わざるを得ない場面もあり，必然的に同僚から厳しい目で見られる。「本当にダメなのか？」と聞かれることは多い。しかし，だからといって，「嫌われ者」になることが必然という訳ではないだろう。

まず，きちんと相談者の意向に寄り添って徹底的に考えること，つまり，頭ごなしにノーではなく，「何とか少しの手直しで解決できないか」と知恵をしぼることである。広告表現には「ニュアンス」がある。「この表現はほぼ黒だけども，こういう表現までニュアンスを落とせばほぼ白，その中間はこんな表現があってこの表現はグレーだからクライアントにリスクがあると説明してメール等でリスクをとるとの回答があればいいのでは」等と具体的な代替案を説明するよう心がける。

次に，ダメな場合には，わかりやすく説明することが重要である。法律を知らない人でもわかるように丁寧に噛み砕いて説明する。例えば広告主も，もしかするとダメな理由を上司に説明する必要があるかもしれない。わかりやすい説明は，自社内だけではなく広告主に対する説明にも役に立つ。

更に，できるだけ早めに要点をついた回答をすることが挙げられる。とりわけダメな場合に，ものすごい時間をかけてノーと答えてしまうと，相談者も困ってしまう。早めに「第一感として難しいと思うんだけど……」と言って，変えられるなら変えて欲しいと示唆した上で，「どうしてもこれで検討してくれ」。と言われたら，その「一番ダメ」な部分についてきちんと根拠を示してノーと言う。それだけなら，比較的早くできるだろう（なお，その場合「少なくとも」という枕詞をメールにつけておこう。）。

最後に，法務が「ありがとう」と言ってもらえる少ない機会は，ピンチの時である。いわれのないクレームがついた，どうしよう，こういう場合について，きちんと法的に検討して「法律上何の問題もない」といった上で広告主との協議の方向性をアドバイスしてあげると，「権利者ではない人が，一人だけクレームをつけてきたところ，法的に理由がないという説明をしたら，広告主の納得を得ました！」等として大喜びしてくれることもある。こういう体験を繰り返すことで，少しでも止める時に理解してもらえる人を増やすのが重要である。

第9話　個人情報保護法

story 9

三浦：最近個人情報保護法が改正されたと聞きました。

北野：よく知ってますね。令和2年改正と3年改正は，少なくとも民間企業に関する限り2022年4月から既に施行されており，地方自治体に関する部分も2023年4月に施行予定です。

三浦：きちんと社内に改正を説明しなさいと言われていますが，広告会社と言ってもＢ２Ｂの企業相手なので，どう個人情報保護法が重要か，ピンと来なくて。。。

北野：確かに，かつて広告会社にとって個人情報保護法の重要性は低かったので，その意味ではそのような疑問はよく分かります。しかし，もはやそうではありません！

三浦：そうなのですね！そもそも我々は個人情報保護法の適用対象なのでしょうか？

北野：少なくとも従業員や取引先担当者等の個人情報は取り扱っているので，個人情報取扱事業者として適用されることには争いがないでしょう。

三浦：なるほど，でもその程度ということでしょうか。

北野：例えば，インターネット広告では，個人情報を取り扱ったり，それに極めて近い情報を取り扱うことは多いですね。そのような場合，個人情報保護法の規律が重要です。

三浦：他にはどうでしょうか？

北野：キャンペーンやセミナーの事務局とかをやると，応募者や参加者等の情報を取扱うことがあり，その局面でも重要ですね。

三浦：個人情報が重要なことが良くわかりました。

Q95 Ｂ２Ｂと個人情報

うちはＢ２Ｂの広告会社なので個人情報は取り扱わないから，個人情報保護法の適用はないですよね。

A

そうではありません。広告会社を含むほぼ全ての会社に，個人情報保護法が適用されます。個人情報保護法が適用されない会社は現代社会において想定困難です。

個人情報保護法は，個人情報取扱事業者に対して各種の義務を負わせているところ，個人情報取扱事業者とは，個人情報データベース等を事業の用に供している者（個人情報保護法16条２項）である。個人情報データベース等（個人情報保護法16条１項）とは，特定の個人情報を電子計算機を用いて検索することができるように体系的に構成した（同項１号），個人情報を含む情報の集合物等とされているが，要するに，（デジタルの又はアナログの）データベース化された個人情報の集合体のことである。例えば，ほぼ全てのスマートフォンに電話帳アプリが入っていると思われるが，これはまさに個人名から電話番号を検索することができるので，典型的な個人情報データベース等である。このようなデータベース化された個人情報を利用することなく，日常業務を行うことは困難であり，その意味でも，広告会社を含むほぼ全ての会社が個人情報取扱事業者として個人情報保護法上の義務を負うことになる。なお，平成27年改正以前においては，いわゆる5000人要件があり，個人情報データベース等を事業の用に供していても，少人数のデータしか取り扱っていない場合には，個人情報取扱事業者にならないという例外があった。しかし，その例外は既に取り払われてしまっており，取り扱うデータが少ないから個人情報取扱事業者ではないという主張はもはやできなくなっている。

Q 95の2 概念整理その1

個人情報，個人データ，保有個人データ等と関連する概念が多くてよくわかりません。

A

その情報がデータベース化されているかといったポイントを抑えましょう。

「個人情報」は特定の個人を識別することができることを中核とする情報（個人情報保護法2条1項1号参照）であり，伝統的な個人情報と平成27年改正で導入された個人識別符号（個人情報保護法2条1項2号）に分かれる。ここで，その情報自体で特定の個人を識別することができることを要しない，ということが重要である。例えば，従業員について，人事部門は管理シートのようなものを作っているだろう。その従業員の氏名，従業員番号，所属，住所，電話番号等々。この辺りが「個人情報か？」と問われたら，「イエス」となるだろう。では，その従業員に対する人事考課の内容，その従業員が異動希望を出していること，その従業員は親の介護のため転勤をさせられないことはどうだろうか。例えば，人事考課が1から5までの数字で表されるとして「4」という数字そのものは単独では「個人情報」にならない。しかし，それがAさんの管理シート上に掲載されていれば，それは「個人情報」である。このように，「4」といったその情報自体で特定の個人を識別することができない情報でも，Aさんの人事考課が4であったこと，というように特定の個人を識別することができる形になっていれば，全てまとめて「個人情報」である。

個人情報データベース等（個人情報保護法16条1項）を構成する個人情報が「個人データ」である。上記Qで，データベース化された個人情報の集合体が個人情報データベース等であると説明したが，このような個人情報データベース等を構成する個人情報が「個人データ」である。例えば，電話帳にAさん，Bさん，Cさんの情報が入っていれば，それぞれが「個人データ」である。上記のとおりアナログデータベースでもよく，名刺を50音順に並べたものも「個人データ」である。

「保有個人データ」は，実務上は個人データとほぼ同じであり，一部が除外されると考えるべきである。具体的には，個人情報取扱事業者が開示，内容の訂正，追加又は削除，利用の停止，消去及び第三者への提供の停止を行うことのできる権限を有する個人データのうち政令で除外されるもの以外のもの（個人情報保護法16条４項）である。保有個人データであれば本人に開示等の請求が認められる（個人情報保護法33条以下）ところ，個人情報取扱事業者に開示等の権限がないのであればこれを認められない。なお，令和２年改正前は「保有個人データ」の定義に６ヶ月要件が課せられており，短期で消去されるデータは「保有個人データ」ではなかったが，改正によって短期間しか保存しないデータでも，「保有個人データ」とされる。

Q 95の3 概念整理その２

どうして個人情報，個人データ，保有個人データ等を区別する必要があるのですか？

A

そのデータがどの類型に該当するかによって，異なる規律が適用されるからです。

個人情報保護法は，個人情報に関する規律（個人情報保護法17-21条，40条），個人データに関する規律（個人情報保護法22-31条），そして保有個人データに関する規律（個人情報保護法32-39条）を定めている。つまり，そのデータがどの類型のデータなのかに応じて，異なる規律が適用される。

例えば，保有個人データについては，保有個人データに関する事項の公表等（個人情報保護法32条），開示（個人情報保護法33条），訂正等（個人情報保護法34条），利用停止等（個人情報保護法35条）が求められる。例えば，「私のデータを開示してください」という請求があれば，それが保有個人データである以上，原則としてこれに応じなければならない。しかし，単なる個人情報や個人データである場合にこのような請求に応じるのは仮に応じたいと思っても実務上難しいと思われる。

例えば，名刺が名刺入れに乱雑に入ってるだけ（個人情報だが個人データではない）という状況であれば，本人の利益保護のためこのような義務を課すまでもないだろう。また，データベース化されていないので，Aさんから開示請求が来た，となっても，Aさんのデータが簡単に検索できる訳ではないため，そのような義務の履行は大変である。

また，たとえデータベース化されていても，単なる個人データに過ぎず，保有個人データではない場合，例えば，第三者から委託を受けていて，自分では開示の権限がない場合，開示義務を課すべきではない。

これはあくまでも一例に過ぎないものの，問題となる規律がどの類型の情報に適用されるか，というのは重要である。

なお，全ての個人データは個人情報でもあり，全ての保有個人データは個人データ・個人情報でもある。そこで，あるデータが個人データだとすれば，個人データの規律と個人情報の規律がダブルでかかり，あるデータが保有個人データだとすれば，保有個人データの規律，個人データの規律と個人情報の規律がトリプルでかかる。

Q 95の4 名前さえ消せばいいのか

名前を消したらもう個人情報ではないから大丈夫ですよね？

A

そうではありません。例えばSUICAデータの利活用が問題となった平成25年の事件では，詳細な交通ICカード履歴データが個人情報ではないかが問題となりました。又，他の情報と容易に照合することができ，本人を特定できる可能性があります。

まず，名前を消しても，それ以外の情報がある程度豊富である前提の下では，もはやその残った情報で個人を識別可能だとされる可能性がある。上記のSUICAの事件では，詳細な交通ICカード履歴データが個人情報ではないかが問題となった。（そして，どこまで情報を削れば個人情報でなくなるかが分かりにくいという状況を踏まえ，平成27年改正でQ95の11で後述の匿名加工情報制度が導入された。）

また，「他の情報と容易に照合することができ，それにより特定の個人を識別することができることとなるもの」もまた個人情報である（個人情報保護法２条１項１号）。例えば，100人分の従業員の氏名，従業員番号，所属，住所，電話番号をエクセルにまとめるとしよう。これは個人情報だろうか。これは，個人情報である（そして個人データでもある）。それでは，そのエクセルから氏名を全部消した，これは個人情報だろうか。これも，普通は個人情報である（そして個人データでもある）。なぜかというと，各会社は従業員番号と個人名の関係を記載したリスト（従業員名簿等）を持っているはずであり，これと照合すれば，すぐにこの従業員番号00001がＡさんだと分かるからである。これが「他の情報と容易に照合することができ，それにより特定の個人を識別することができることとなるもの」の意味である。

Q 95の5 要配慮個人情報

要配慮個人情報とは何ですか？

A

不当な差別，偏見その他の不利益が生じないようにその取扱いに特に配慮を要する情報です。

要配慮個人情報とは，本人の人種，信条，社会的身分，病歴，犯罪の経歴，犯罪により害を被った事実その他本人に対する不当な差別，偏見その他の不利益が生じないようにその取扱いに特に配慮を要するものとして政令で定める記述等が含まれる個人情報である（個人情報保護法２条３項）。

センシティブな情報については取り扱いに注意が必要であって，個人情報保護法上も，個人情報取扱事業者に対して，特別な規律をかけている。

要配慮個人情報に関する主な規律としては，以下のものがある。

・要配慮個人情報の取得時に原則として同意が必要（個人情報保護法20条２項）
・個人データの第三者提供の方法としていわゆるオプトアウトという方法があるが，要配慮個人情報については利用不可（個人情報保護法27条２項）
・要配慮個人情報が含まれる個人データの漏えい等が発生し，又は発生したおそれがある事態の報告が必要（個人情報保護法26条１項本文及び個人情報保護法規則７条１号）
・本人の同意なく要配慮個人情報が取得されたものであるという理由によって，保有個人データの利用停止等の請求を受けた場合であって，その請求に理由があることが判明したときは，原則として，遅滞なく，利用停止等を行わなければならない（個人情報保護法35条）。

例えば，従業員の病歴等はＢ２Ｂの広告会社等あまり多くの個人情報を取り扱わない会社でも無関係ではいられない。上記の規律を遵守しないと，個人情報保護法違反となる。

Q 95の6 利用目的

商品送付目的の住所情報は，DM送付に使ってもいいですか？

住所を含む個人情報を特定の利用目的で入手した場合，原則としてそれ以外の目的で利用してはいけません。

本人としては，どのような目的で自分の個人情報が利用されるかについては関心を有するところである。例えば，オンラインショップで商品を購入するとき，本人はその店舗に自分の名前と住所を伝えるが，それはあくまでも，商品の配送のために利用するということで伝えているのであって，その日以降はDMが大量に届いても構わないと考えて伝えている訳ではない。

このような観点から，個人情報取扱事業者は，個人情報の取得にあたりどのような目的で利用するかをできる限り特定しなければならない（個人情報保護法17条１項）。プロファイリング等の分析を行うならその旨も特定する（ガイドライン通則編３－１－１※１）。そして，事前の本人同意なく当該利用目的の範囲でしか利用できないのが原則である（個人情報保護法18条１項）。

よって，例えば，オンラインショップが商品送付目的で取得した購入者の個人情報は，その利用目的の範囲，つまり商品送付のためにしか利用することができない。例えば，DM送付といったそれ以外の目的で利用するのであれば，事前の本人同意が必要である。

なお，一度利用目的を定めても，変更前の利用目的と関連性を有すると合理的に認められる範囲であれば利用目的の変更ができる（個人情報保護法17条２項）。例えば「新商品を紹介する」としていたものを「新商品だけではなく既存商品も紹介する」とすることは関連性を有すると合理的に認められるだろう（個人情報保護法Q＆A２-８）。

Q 95の7 プライバシーポリシー

プライバシーポリシーとは何ですか？

A

プライバシーポリシーとは，会社の個人情報の保護に関する方針を定めるものであるところ，これに利用目的等を記載して公表することが実務上多く見られます。

個人情報取扱事業者は，個人データの適正な取扱いの確保について組織として取り組むために，基本方針を策定することが重要であるとされている（ガイドライン通則編10-1）。項目の例として，「事業者の名称」，「関係法令・ガイドライン等の遵守」，「安全管理措置に関する事項」，「質問及び苦情処理の窓口」等があげられる（ガイドライン通則編10-1）。この基本方針をプライバシーポリシーと呼ぶことが多い。

ここで，個人情報保護法上は，公表や本人にとって（容易に）知り得る状態に置くことが求められている事項が多い。例えば，あらかじめその利用目的を公表している場合には，利用目的の通知・公表義務を免れるところ（個人情報保護法21条1項），このような利用目的の公表のために，プライバシーポリシーを公表し，その中に利用目的を記載することはよく見られる。また，保有個人データに関し，本人の知り得る状態に置くべき事項として名称・代表者氏名（個人情報保護法32条1項1号），利用目的（個人情報保護法32条1項2号），開示請求等に応じる手続（個人情報保護法32条1項3号），安全管理措置，苦情窓口，認定個人情報保護団体等があるところ，これもプライバシーポリシーの中に記載することが多い。

Q 95の8 不適正利用

令和2年改正で設けられた不適正利用って何ですか？

A

違法又は不当な行為を助長し，又は誘発するおそれがある方法による個人情報の利用の禁止のことです。

違法又は不当な行為を助長し，又は誘発するおそれがある方法による個人情報の利用が禁止されており（個人情報保護法19条），これは不適正利用禁止といわれる。就活中の学生のデータの分析・加工が問題となった，2019年のいわゆるリクナビ事件でも見られたように，個人情報の不適切な利用が散見されるところ，それが全て違法とは言い切れない中，法の明文で不適正な利用そのものを違法とすることが個人の権利利益の保護にとって必要と判断された。

そこで，法令に違反する行為，及び直ちに違法とはいえないものの，法その他の法令の制度趣旨又は公序良俗に反する等，社会通念上適正とは認められない行為が規制される（ガイドライン通則編３－２）。

広告との関係では広告配信を行っている事業者が，第三者から広告配信依頼を受けた商品が違法薬物等の違法な商品であることが予見できるにもかかわらず，当該商品の広告配信のために，自社で取得した個人情報を利用する場合が違法となるとされる（ガイドライン通則編３－２事例６）。

Q 95の9 連絡網

社内の連絡網を作成してもいいですか？

利用目的として「社内の緊急連絡」等，連絡網に関する利用目的を特定した上で，個人情報を取得し，当該情報に基づく連絡網を作成して社内で利用することは問題ありません。

個人情報保護法の施行に伴ういわゆる「過剰反応」として，連絡網を作成することさえできなくなるのではないか，という懸念があった。しかし，地震等の災害に対する対応がますます重要とされる現在，緊急時の連絡先の確保は会社として重要である。そして正しい手続を取れば，連絡網の作成は可能である。

すなわち，社内の緊急連絡が重要なので，緊急時の連絡先（個人携帯等）

を教えてもらい，それを連絡網にまとめようというプロジェクトであれば，当該情報の利用目的として，「社内の緊急連絡」と特定し，その上で，緊急時の連絡先の情報を取得することになる，そして取得した情報を連絡網にまとめて緊急連絡のため利用するというのは，まさに当初特定した利用目的の達成に必要な範囲での利用である。よって，個人情報保護法上の問題はない。

なお，社内利用は第三者提供に該当しないことから，個人データ第三者提供に関する本人同意（個人情報保護法27条1項）も不要である。

Q 95の10 委託

DM送付を委託されたのですが，個人情報についてどのような点に注意すればいいでしょうか。

A

個人データとして安全管理を行う必要があります。また，委託元から，委託先監督義務（個人情報保護法25条）履行のために覚書等の締結を要請された場合，当該覚書等の義務にも従う必要があります。

例えば，DM送付のためのエクセルで作られた宛名データは個人データである可能性が高いといえる。そこで，自社が個人データに関する義務（＋個人情報に関する義務）を負うことに留意が必要である。特に，安全管理措置（個人情報保護法23条）として，その取り扱う個人データの漏えい，滅失又は毀損の防止その他の個人データの安全管理のために必要かつ適切な措置を講じなければならない。その際はガイドライン通則編10記載の各措置を講じるべきである。

個人情報取扱事業者が利用目的の達成に必要な範囲内において個人データの取扱いの全部又は一部を委託することに伴って当該個人データが提供される場合には，第三者提供における本人同意が不要となる。しかし，本人の同意なく個人データが提供されることで，本人の個人データに対する安全管理の水準が切り下がることは許されない。そこで，委託元には監督義務（個人情報保護法25条）が課されている。実務上，委託元は個人データの取り扱いに関する覚書を締結する等によって，監督義務を果たそうとする。そこで，委託元と覚書等を締結した場合，当該覚書等の義務にも従う必要がある。

Q 95の11 匿名加工情報

安全管理のために名前を消したら匿名加工情報ですか？

A

そうではありません。個人データの安全管理目的で加工をし，その結果として匿名加工情報の基準を結果的に満たしても，それは匿名加工情報ではありません。

匿名加工情報（個人情報保護法２条６項）・仮名加工情報（個人情報保護法２条５項）については誤解が多い。要するに，元々個人情報だった情報について，特定のメリットを享受するためにあえて特定の類型に該当するように加工するのが匿名加工情報・仮名加工情報である。

Q95の４のとおり，氏名を削除しても個人情報である。とはいえ，実務上，加工にあたって氏名を削除することは多い。それは，あくまでも「氏名がその取り扱い上不要なら安全のために削除しておく」という安全管理（個人情報保護法23条）のためのものであって，依然として個人データ（個人情報）であることには変わりはない。

ここで，実務上は，「（本人同意なく）第三者に提供したい」「利用目的を変更したり，利用目的達成後も利用を続けたり，開示等の義務を免れたい」といったニーズがある。個人データのままであれば，第三者提供をするためには原則として本人同意が必要である（個人情報保護法27条）。また，利用目的は変更に制限があり（個人情報保護法17条２項），利用目的が達成されたら原則として利用を続けることができず（個人情報保護法22条），保有個人データの範囲拡大により多くのデータについて開示等本人の権利の対象となった（個人情報保護法33条以下参照）。前者の第三者提供のメリットを享受するためあえて加工するのが匿名加工情報，後者の利用目的等のメリットを享受するためあえて加工するのが仮名加工情報である。その場合には，それぞれの類型ごとに定められた加工基準に従うべきであり，それに加えて，例えば，匿名加工情報であれば公表・加工等情報の管理等，仮名加工情報であれば第三者提供禁止等，いろいろな制約がある。そこで，このような特定の目的がないのであれば，匿名加工情報・仮名加工情報は使わないことになるだろう。

なお，個人データ安全管理のために匿名化をする場合であっても，偶然加工基準を満たして客観的には匿名加工情報・仮名加工情報の要件を満たしてしまう可能性がある。しかし，客観的に該当するだけでは足りず，匿名加工情報・仮名加工情報としようとして加工することが必要である（個人情報保護法Ｑ＆Ａ14－４及び15－６）。よって，偶然要件を満たしただけでは，匿名加工情報・仮名加工情報ではない（逆にいうと，そのような情報には，個人情報・個人データ・保有個人データに関する規律が適用される）。

Q 95の12 退職者情報

退職した従業員の情報はいつまで保存していいのですか？

A

その具体的な情報の利用目的の達成や保存義務の観点から必要な範囲で保存しましょう。

個人情報取扱事業者は利用目的の達成に必要な範囲内において，個人データを正確かつ最新の内容に保つとともに，利用する必要がなくなったときは，当該個人データを遅滞なく消去するよう努めなければならない

(個人情報保護法22条)。すると,「雇用管理」を利用目的とする従業員の個人データは,その従業員の退職ということにより「雇用管理」という利用目的は既に達成され,利用する必要がなくなったとして消去すべきようにも思われる。

ただし,例えば,従業員のデータであっても,退職後も一定期間記録を保持することが利用目的の達成のため必要なのであれば,なおその一定期間の間は,利用する必要がなくなったとは言えない。(例えば,退職金が退職後一定期間後に支払われるという場合に,当該支払いに必要な情報は,退職の瞬間に消去する訳にはいかない。)

加えて,法令に基づく保存義務を履行する場合,その他合理的に定められた保存期間内は削除する必要はない。

Q 95の13 個人情報の取扱い

営業所の外部からも見えるところに各従業員のノルマ達成状況を貼り出していますが,個人情報保護法上の問題はありませんか?

A

それが個人データであれば個人データの第三者提供となり,同意が必要な可能性があります。

個人データには,データベースから出力された内容も含まれる。そこで,個人データであるエクセルのデータを印刷・出力すれば,これも個人データである。これを第三者も見ることができるところに貼り出して公表すれば,第三者提供(個人情報保護法27条)として,原則として本人同意が必要である(個人情報保護法27条。確認・記録も必要である(個人情報保護法29条・30条)。

ここで,以下の方法で第三者提供をすることができる。

- 本人同意（個人情報保護法27条１項本文）―原則的形態である。
- 法令に基づく場合等（個人情報保護法27条１項各号）―改正で学術機関関係が整理された。
- オプトアウト（個人情報保護法27条２項）―本人の求めに応じて第三者提供を停止するもの。改正で規制が強化された。
- 委託（個人情報保護法27条５項１号）―委託先監督義務（個人情報保護法25条）が発生
- 事業承継（個人情報保護法27条５項２号）
- 共同利用（個人情報保護法27条５項３号）

実務上個人データである情報の公開を行うのであれば本人同意で行うことになると思われる。ただし，そもそも外部からも見えるところに貼り出さなくても良いのではないか，という点からも検討すべきであろう。

Q 95の14 外国企業と個人情報

外国企業との取引では個人情報に関して気をつけるべきことがありますか？

A

外国にある第三者に対する個人データの提供については原則本人同意の規律があり，また，外国企業に委託する場合等には，外的環境の把握や安全管理措置の公表等が必要です。加えて，経済安全保障も重要です。

まず，外国第三者提供規制への対応が必要であり，個人情報保護法28条により原則として本人同意が必要である。その例外としては①法令等（個人情報保護法27条１項各号），②EEA（欧州経済領域）・英国，③相当措置（契約，グループ規程類）等がある。

次に，外的環境の把握であり，安全管理の一環として，外国において個人データを取り扱う場合，当該外国の個人情報の保護に関する制度等を把握した上で，個人データの安全管理のために必要かつ適切な措置を講じなければならない（通則編10－7）。この際には，個人情報保護委員会が約40ヶ国と地域について既に規制概要をまとめて公表している（https://www.ppc.go.jp/personalinfo/legal/kaiseihogohou/#gaikoku）ことに留意すべきである。

更に，保有個人データに関する事項の公表等（個人情報保護法32条1項4号）として，安全管理措置に関する公表等が求められており，その中で，外的環境の把握についても公表等が必要である。最後に，いわゆる個人データが海外のデータセンターに保管されていたLINE事件において問題となったように，経済安全保障の問題も重要である。なぜその国にデータを置くのか，説明責任が重要であり，そのような問題を経営課題として取り組むべきである。

Q 95の15 写真掲載

HPや社内報に従事員の写真を掲載してもいいですか？

A

個人情報保護法の問題はないものの，プライバシーや肖像権の観点から本人の同意を得ましょう。

上記のとおり，第三者提供に本人同意が必要なのは，個人データである。第三者が見ることができるHP等への写真（その写真を持って本人を識別できるものであるか，又は，テロップ等で本人を識別できる記載があることを前提とする）掲載は第三者提供ではあるものの，写真を個人ごとにデータベース化していなければ，それは単なる個人情報の第三者提供に過ぎない。つまり，本人同意を得なくても少なくとも個人情報保護法上の第三者提供規制（個人情報保護法27条）には違反しない。

しかし，プライバシーや肖像権の問題は残ることから，一般に本人の同意を得ることが望ましい。特に従業員の写真が大きく写る場合や，HPや（社外の関係者も入手可能な）社内報等，社外の人が見る可能性がある場合には，それらの問題への配慮は必須であり，同意を得るべきである。

Q 95の16 Pマーク

Pマークという言葉をよく聞きますが，これは個人情報保護法とどう関係するのですか？

A

プライバシーマークは認定個人情報保護団体であるJIPDEC（一般財団法人日本情報経済社会推進協会）が付与するマークであるところ，認定個人情報保護団体制度は個人情報保護法に基づくものです。

プライバシーマークは日本産業規格「JIS Q 15001個人情報保護マネジメントシステム－要求事項」に適合して，個人情報について適切な保護措置を講ずる体制を整備している事業者等をJIPDEC（一般財団法人日本情報経済社会推進協会）が評価して，その旨を示すプライバシーマークを付与し，事業活動に関してプライバシーマークの使用を認める制度である。

要するに，一定の要件を満たす事業者に対してプライバシーマークの使用を認めるものであるところ，JIPDECは認定個人情報保護団体である。個人情報保護法47条以下の定めるとおり，民間団体による個人情報の保護の推進のため，個人情報保護委員会が一定の要件を満たす団体を認定し，当該団体は苦情処理，情報提供，その他個人情報等の適正な取扱いの確保に関し必要な業務を行う（個人情報の保護に関する法律についてのガイドライン（認定個人情報保護団体編）参照）。

よって，プライバシーマーク付与企業が認定個人情報保護団体であるJIPDECに加盟していれば，当該企業の苦情処理をJIPDECが行うという関係がある。また，「JIS Q 15001個人情報保護マネジメントシステム－要求事項」に適合していれば，安全管理措置（個人情報保護法23条）も講じているとみなされる可能性が高い。

Q 95の17 SNS上の情報管理

入社前から担当したいクライアントの案件を担当できることになりました。キャンペーンで，私がファンのあのアイドルとコラボすることになりました。嬉しくて仕方がないので，自分のSNSに掲載してもいいですよね。

A

絶対にダメです。

個人情報と少し異なるものの，広告分野の個人情報保護と密接に関係するSNS等の私的な利用における秘密保持についてここで言及しておきたい。現在は従業員が個人的にSNS等を利用し，全世界に対して発信することができる。例えば，フォロワー10名の内輪のTwitterアカウントでも，それが公開アカウントであれば，炎上によってたちまち万の単位で色々な人がその投稿を閲覧することになる。

そして，クライアントは特定の日に特定の情報を公表するという情報のコントロールを行い，それによって，広告効果を最大化する。例えば，アイドルとのコラボをアイドルが最も注目されるタイミング（例えばアイドルによるライブのタイミング等）で発表することでこそ，そのコラボレーションの意味が最大化される。ところが，勝手にその情報を漏洩する不届き者がいれば，クライアントはその目的を達成することができなくなってしまい，損害を被る。よって，クライアントは広告会社に対して契約違反等の損害賠償を請求することになるだろう。

すなわち，SNSに勝手に業務上の情報を掲載するということは，単に倫理的に問題があるというだけの個人的な話ではなく，クライアントに損害を与える行為であって，自分の勤めている広告会社に多額の損害賠償義務を負わせることもあり得る，重大な違法行為である。場合によっては，広告会社が問題行為を行った従業員に対して就業規則に基づき懲戒処分を行ったり，損害賠償の一部の求償を求めることもある。

いずれにせよ，絶対にそのような軽率なことをしてはならない。

第10話　インターネット広告

story 10

三浦：当社もインターネット広告業務が増えてきたのですが，どのような点に留意すべきでしょうか。

北野：プラットフォーム，ユーザ情報，UGCの３つがポイントです。

三浦：プラットフォームとはどういうことでしょうか？

北野：昔は，広告主とサイトが直接やり取りをして，「ここにバナーを掲載するなら，１か月いくらです」といった商談をしていた時代もあったようですが，今はそのような直接・個別の取引ではなく，プラットフォームを介した取引が主流となっています。

三浦：様々なプラットフォームを介在して取引がされるのですね。

北野：適切なプラットフォームと協力することで，より広告効果が上がるようになりますが，しばらく前に，海賊版サイト（リーチサイト）に広告を出していたアドネットワークを利用した広告主が批判された件があるように，プラットフォームの質というのも重視が必要です。

三浦：ユーザ情報はどうでしょうか。

北野：例えばバナー広告を貼って終わり，ということであれば，特にユーザ情報は関係ありません。ところが，ターゲティング広告といって，ユーザの属性情報，位置情報等を利用することで，より効果的な広告が出せるようになっています。

三浦：このような情報は個人情報でしょうか。

北野：核心を突く問題ですね。特定の個人を識別することができる情報というのが個人情報保護法上の個人情報の核心です。そして，それは単独で識別できなくても「他の情報と容易に照合することができ，それにより特定の個人を識別することができることとなるものを含む」とされています。つまり，一般には特定の個人を識別できないとしても，自社にとっては他の情報との照合で特定の個人を識別できるとして，個人情報になる可能性には留意が必要です。

三浦：実務上はどのような対応をすればよいのでしょうか。

北野：自社のビジネスモデルにおいて通常取り扱う情報が個人情報等に該当しないかについては，事前に確認しておくべきです。その上で，個別具体的な問題が生じた場合には，個別具体的に検討しましょう。とはいえ，一般的には，仮に個人情報とまで言えなくても，それに準じる扱いをすべきではないか，という潮流があり，少なくとも業界のガイドラインは遵守すべきです。なお，プライバシーの問題は個人情報保護法の問題の枠外に存在します。

三浦：UGCとは何ですか。

北野：User Generated Contentsの略で，例えば，SNS，レビューサイト，ブログ等，ユーザが作成するコンテンツのことをいいます。

三浦：それが広告とどう関係するのですか。

北野：例えばユーザにお金を払ってそのようなサイトに，まるで顧客であるかのように装って宣伝記事を書いてもらうということがなされた場合について，これは一私人の行為で，広告法が関係ない，といえるでしょうか。

三浦：確かに無関係とはいえないですね。

北野：これらの問題について考えていきましょう。

1．インターネット広告の基礎

Q96 インターネット広告の仕組み

インターネット広告の仕組みを理解する上では，どのような点に気をつける必要がありますか？

A

インターネット広告は，多くの関係者が様々な役割を果たしているので，それぞれの役割を理解しておきましょう。

インターネット広告については，用語が複雑であり，概念の理解をすることは容易ではない。ここで，一般社団法人日本インタラクティブ広告協会（JIAA）技術委員会の特別事業として運営されているDDAI（Data Driven Advertising Initiative）が，「インターネット広告の仕組み」（https://www.ddai.info/about_webad）において，比較的わかりやすくインターネット広告の仕組みをまとめているので，以下，これを参照しながらまとめたい。

まず，ウェブサイトは，リンクをクリックする等してウェブサーバーに対するリクエストがあると，ウェブサーバーがブラウザに対して当該ページを送信することになる。これによって，ウェブページが表示される。ところで，一般的なウェブ広告については，ウェブサーバー上に広告データそのものが存在しないことも多い。むしろ，アドタグと呼ばれるタグが，ページ上に設定されており，このアドタグがアドサーバーにリクエストをして，アドサーバーが広告を配信することが多い。

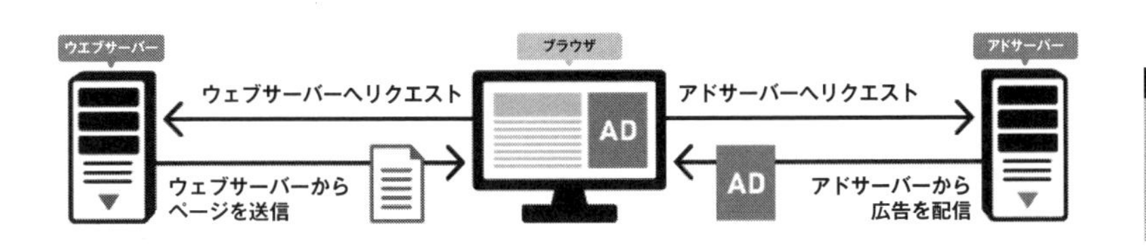

インターネット広告 第10話

スマートフォンアプリについては，広告用のソフトウェア開発キット（SDK）をアプリに組み込むことで，アドタグと同様にアドサーバーから広告の配信を受けることができる。

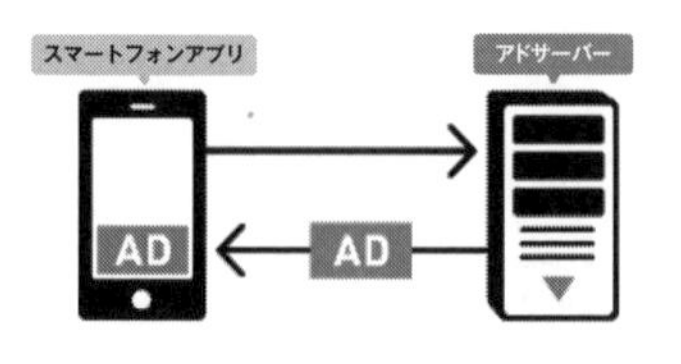

伝統的な広告では，広告主，制作会社，媒体社，そしてその中心となる広告代理店が存在し，広告主が広告代理店に広告キャンペーンを依頼し，広告代理店は，制作会社の協力を得て広告クリエイティブを作成すると，それを媒体社において掲載していた。インターネット広告ではこのように様々な当事者が関与しているところ，広告プラットフォームがデジタルプラットフォーム透明化法の対象とされる等の動きも注目される。

まず，アドネットワークが挙げられる。これはいわば広告配信ネットワークであり，1つ1つのメディアと契約して配信するのではなく，アドネットワーク事業者1社と契約するだけで多数のメディアに一括で出稿ができるようになった。

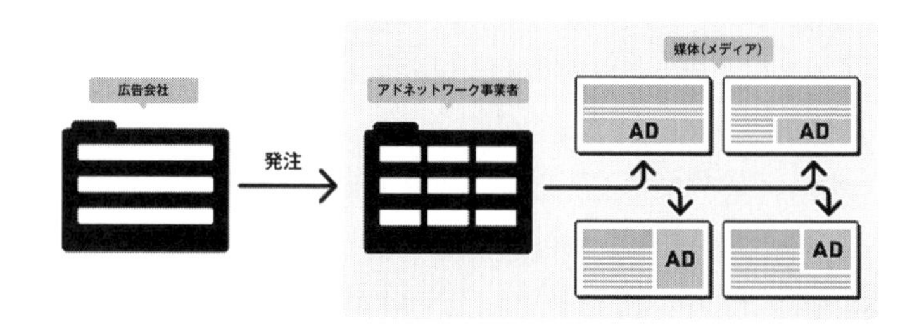

このようなアドネットワークが多数存在する中，広告枠を取引するアドエクスチェンジと呼ばれる市場が登場した（アドテクノロジーの教科書9頁参照）。このような市場では，広告主側のツールとしてのDSPとメディア側のツールとしてのSSPが重要な役割を果たしている。

DSPはDemand-Side Platformのことであり，広告主/広告代理店向けのプラットフォームであって，そこで広告枠を買い付けることができる。

SSPはSupply-Side Platformのことであり，メディア向けのプラットフォームである。

ここで，RTB（Real Time Bidding）といわれる，リアルタイムで行われる入札及び応札形式の広告配信を例にとると，メディアへのアクセスがあると，そこからメディアが契約したSSPに対して広告リクエストが送られる。SSPは，契約している複数のDSPに対して入札の依頼（ビッドリクエスト）を行う。DSPにおいては，広告主側が行ったターゲティング設定（どういう広告リクエストをいくらで購入するか等）を元に，SSPに対して入札（ビッドレスポンス）を行う。SSPは，その結果を踏まえて勝者が決まると，SSPは勝

〈RTBによる広告配信の仕組み〉

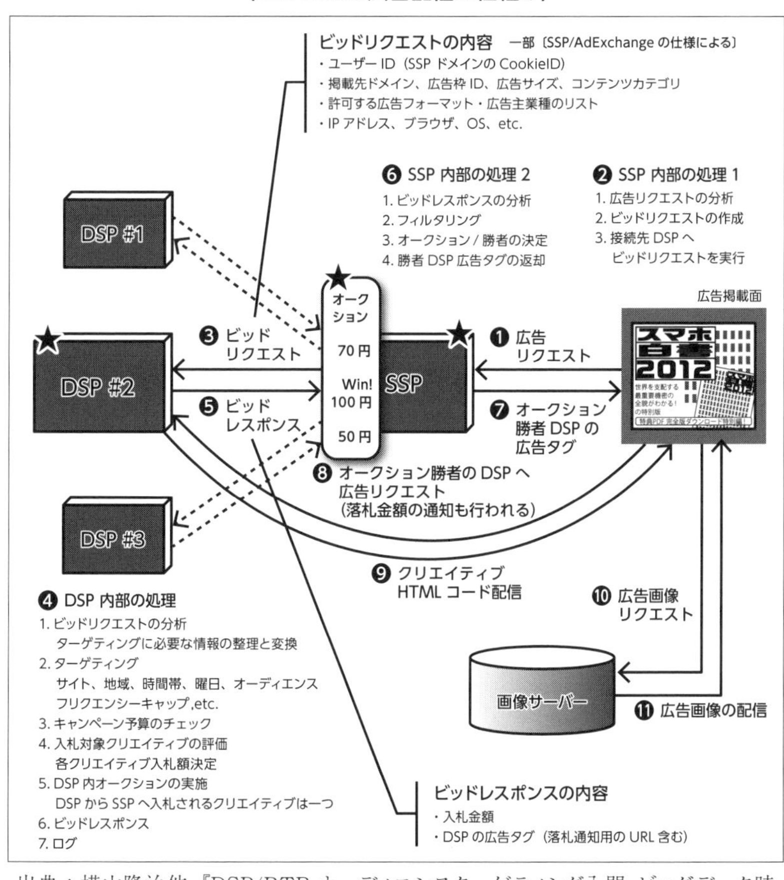

出典：横山隆治他『DSP/RTB オーディエンスターゲティング入門-ビッグデータ時代に実現する「枠」から「人」への広告革命』（インプレス R&D，2012）

者であるDSPの広告タグをメディアに送信し，メディアはDSPに広告リクエストを行い，広告が配信される。

Q97 ターゲティング広告

ターゲティング広告とは何ですか？

A

ユーザやコンテンツの情報を分析して，ユーザにとって適切と思われる広告を配信するものです。

ターゲティング広告とはユーザやコンテンツの情報を分析して，ユーザにとって適切と思われる広告を配信するものとされる（「ターゲティング広告とは」http://www.ddai.info/about_targeting）。その手法としてポピュラーなのは，オーディエンスターゲティング，すなわち，広告枠という「スペース」に広告を出すのではなく，ユーザという「人」に広告を出すという考え方のターゲティング手法であり，「枠から人へ」と称される（前掲・横山36頁）。

ここで「人」といっても，「何々さん」という個人のレベルでターゲティングがされるというよりは，年齢，性別，所得，職業等の属性情報（デモグラフィックターゲティング），位置情報（ジオグラフィックターゲティング），行動履歴（行動ターゲティング）等のデータを元にターゲティングがよく行われる。その際にはいわゆる（サードパーティー）cookieが利用されてきたところ，cookieについては，Q99以下，特にQ99の5を参照のこと。

最近では，JIAAが広告トラフィックの品質確保に関するガイドライン（無効トラフィック対策ガイドライン）（https://www.jiaa.org/katudo/gdl/ivt_gdl/）を公表している。また，ターゲティング広告に限らないものの，広告体験につき，広告フォーマットに関するガイドライン（https://www.jiaa.org/katudo/gdl/format_gdl/）も参照。

Q98 ネイティブアド

ネイティブアドとは何ですか？

A

デザイン，内容，フォーマットが，媒体社が編集する記事・コンテンツの形式や提供するサービスの機能と同様でそれらと一体化しており，ユーザの情報利用体験を妨げない広告と定義されています。

最近では，ネイティブアドと言われる広告が注目される。JIAAのJIAAネイティブアド研究会の「ネイティブ広告の定義と用語解説」(http://www.jiaa.org/download/150318_nativead_words.pdf) によればネイティブ広告は，デザイン，内容，フォーマットが，媒体社が編集する記事・コンテンツの形式や提供するサービスの機能と同様でそれらと一体化しており，ユーザの情報利用体験を妨げない広告と定義されている。

主に，インフィールド広告，レコメンドウィジェット，タイアップ等がある。

インフィールド広告は，ネイティブ広告の一種で，記事・コンテンツと一体感のあるデザイン，フォーマットで設置された誘導枠を指す。媒体内誘導型は，媒体社が提供する記事・コンテンツと一体感のあるデザイン，フォーマットで誘導枠を設置し，媒体社が制作したコンテンツ（例：タイアップ広告等）へ誘導する形式を指す。外部コンテンツ誘導型は，媒体社もしくはプラットフォーマーが提供する記事・コンテンツと一体感のあるデザイン，フォーマットで誘導枠を設置し，媒体社・プラットフォーマー内とは別に設置される外部コンテンツ（例：ランディングページ等）へ誘導する形式を指す。フィード内表示型は，媒体社もしくはプラットフォーマーが提供する記事・コンテンツと一体感のあるデザイン，フォーマットの枠内にコンテンツ（例：動画コンテンツ等）を表示する形式を指す（「ネイティブ広告の定義と用語解説」)。

レコメンドウィジェットはネイティブ広告の一種で，媒体社もしくはプラットフォーマーが提供する記事・コンテンツページ内に「レコメンド枠」（例：“関連コンテンツ”や“recommended by”等）として表示される誘導枠を指す。レコメンド枠内では，広告と編集記事がレコメンドコンテンツとして同等に扱われる場合もある。

タイアップ広告は媒体社が広告を記事調に制作編集する広告コンテンツを指す。スポンサードコンテンツはコンテンツそのものは媒体社の編集側で制作し，そのコンテンツ及びそれらが掲載されているページなどへ広告主がスポンサードするものである（「ネイティブ広告の定義と用語解説」）。この2つは類似しているが，タイアップは，記事調に広告が作られているのに対し，「スポンサードコンテンツ」はそれ自体は広告ではない。

これらの広告手法が組み合われることも多く，その場合には，例えば，媒体内誘導型インフィールド広告で誘導した先が，タイアップ広告である（インフィールド広告とタイアップ広告の組み合わせ）等という形となる。

このようなネイティブ広告は，確かに，自然にコンテンツの中に溶け込むので，ユーザに広告を見てもらいやすくなる反面，広告だと思わずにクリックしてしまった場合等，ユーザの不信感を招くおそれにも留意が必要である。

ここで，ネイティブ広告に関する推奨規定―広告表記・広告主体者の明示，広告審査に関する規定整理（http://www.jiaa.org/download/JIAA_nativead_rule.pdf）は，基本的には，広告である以上，広告であることを表記し，広告主体を明示し，広告の審査を行うべきという考えから，個別の類型に応じた注意点，例えばタイアップなら媒体社と広告主体者の関係がわかるよう両者の名称を明示する等の規定があることから，ネイティブ広告を行う場合には，このようなガイドラインに留意が必要である。

2．個人情報保護法

Q99 インターネット広告とパーソナルデータの関係

インターネット広告とパーソナルデータの関係はどのようなものですか？

A

インターネット広告，とりわけターゲティング広告ではcookie等を利用していました。これが個人情報であるかは状況によりますが，広い意味で個人に関連する情報として，個人関連情報規制が問題となります。

Q97のとおり，インターネット広告，とりわけターゲティング広告では（サードパーティー）cookie等が利用されている（Q99の５参照）。

そして，Q99の２のとおり，あるcookieが「このユーザの情報だ」と分かっている場合には，これは個人情報保護法（Q95以下参照）上の個人情報となり得るが，そうでなければ個人関連情報に過ぎない。そして，個人関連情報については，Q99の２で述べるとおり，個人関連情報を第三者に提供し，その第三者がこれを個人データとして取得する場合には事前に同意が得られているかを確認すること等の規制が入っている。

加えて，cookieについては電気通信事業法改正（Q99の３），ヨーロッパの規制（Q99の４），（サードパーティー）cookie廃止（Q99の５）等の動向が注目されることから，以下の各Qを参照されたい。

Q99の2 個人関連情報

個人関連情報規制とは何ですか？

A

クライアントＡ社が広告会社Ｂ社に広告のためのcookieを提供する場合，Ａ社にとってcookieが個人データではなくても，Ｂ社のところで個人データになれば，本人同意等が必要になります。

「個人関連情報」とは，生存する個人に関する情報であって，個人情報，仮名加工情報及び匿名加工情報のいずれにも該当しないものをいう（個人情報保護法２条７項）。個人関連情報規制は令和２年改正によって導入された。以下では外国関係の規制（主に個人情報保護法31条１項２号）を除外して説明する。

個人関連情報の定義は非常に広い，なんらかの関連性（関する）さえあれば良い訳であり，個人関連情報は極めて広い概念である（石井　夏生利　編著／曽我部　真裕　編著／森　亮二　編著『個人情報保護法コンメンタール』（勁草書房，2021年）425頁）。広告の分野ではcookieが典型的に問題となる。例えば，クライアントＡ社が，自社のサイトに訪問したユーザに対し適切な商品を勧めたいとしよう。その場合に，広告会社Ｂ社はcookie情報を提供してくれればＢ社のデータベースから誰の訪問かを判断して適切な広告を出してあげるということがあり得る。この場合，Ａ社がcookieとログインしたユーザの登録情報を組み合わせていれば，cookie情報は「このユーザ（例えば松尾剛行というユーザ）の情報だ」と分かっているのだから，既に個人情報である（「他の情報と容易に照合することにより特定の個人を識別することができる」）。上記で紹介した個人情報保護法２条７項の個人関連情報から個人情報が除外されていることからわかるように，そのような場合にcookieは個人関連情報ではない。ところが，クライアントＡ社として誰のcookieかわからないとしよう，そうすれば，cookieは個人関連情報となる。

しかし，そのような個人関連情報について全ての取り扱いを個人情報と同様に行うことは極めて重い規制であるし，今回の改正をもってもそのような不合理な規律は入っていない。具体的な規制というのは，Ｂ社のところで個人データになる，つまり，Ｂ社が誰のcookieかがわかるという場合に限ってそこについては通常個人データの第三者提供について同意が必要である以上，それと同様の同意が取得されているか確認する，という規律が入ったに過ぎない（個人情報保護法31条）。例えば上記事例では，Ｂ社のデータベースから誰の訪問かを判断して適切な広告を出してあげるということになっており，まさにこの場合にＢ社はそのcookieが誰のものかがわかりその情報に基づき判断をしている以上，個人関連情報規制が適用される場合である。

そして，個人関連情報規制が適用される場合であれば，Ａ社としては，そのようなＢ社のところで個人データになる限り，Ｂ社がＡ社からcookieの提供を受けて本人が識別される個人データとして取得することを認める旨の当該本人の同意が得られていることを確認することが必要になる（個人情報保護法31条１項１号）。基本的にはＡ社としては誰のcookieか分からない前提であることから，原則としてＡ社ではなくＢ社が同意を得る。例えば，Ｂ社として会員に対してＡ社からcookieの提供を受け，それを会員の情報と突合し，一致した場合会員の個人データとして受領することの同意を得ておいて，そのような同意を得た会員に関する情報とだけ突合するといった方法である。（但し，Ａ社が代行して同意を得ることはできる。その際は「個人関連情報の提供を受けて個人データとして取得する提供先の第三者を個別に明示し，また，対象となる個人関連情報を特定できるように示さなければならない」（ガイドライン通則編３-７-２-２(2)）ので，一般的なcookie利用に関する同意ボタンを押させてもこの要件は満たさないことに留意が必要である。）そして，Ａ社はＢ社から申告を受ける方法その他の適切な方法によって本人同意が得られていることを確認することになる（個人情報保護法規則26条１項）。Ｂ社が本人の同意を得ていることを誓約する書面をＡ社に提供すること（ガイドライン通則編３-７-３-１）等が関係する。その他，確認・記録等について個人情報保護法31条２項及び３項を参照のこと。

Q 99の3 電気通信事業法

電気通信事業法の改正によるcookie規制とは何ですか？

A

cookie等の利用者に関する情報を第三者に送信させようとする場合，利用者に確認の機会を付与する規制を導入するものです。

2022年6月に電気通信事業法が改正されました。改正により事業者が利用者に関する情報を第三者に送信させようとする場合，利用者に確認の機会を付与する規制が導入されました（電気通信事業法の一部を改正する法律案（概要），https://www.soumu.go.jp/main_content/000797453.pdf）。改正後の同法27条の12により，cookie等の利用者に関する情報を第三者に送信する場合には，原則として，①通知又は容易に知り得る状態，②同意取得又は③オプトアウトのいずれかが必要となりました。

元々，cookie等の利用者に関する情報を第三者に送信する場合に同意を求めるべきではないか等という議論が行われ，「電気通信事業ガバナンス検討会報告書」54頁では「利用者に対し電気通信役務を提供する際に，利用者の電気通信設備に記録された当該利用者に関する情報を利用者以外の者に外部送信を指令するための通信を行おうとするときは，原則として通知・公表を行い，もしくは利用者の同意を取得あるいはオプトアウト措置を提供することにより，利用者に対して確認の機会を与えることが確保できるようにすることが必要」とされていました（https://www.soumu.go.jp/main_content/000794590.pdf）。上記改正はこれを受けたものです（経緯につき「利用者に関する情報の外部送信の際の措置について」https://www.soumu.go.jp/main_content/000799061.pdf参照）。

ここで，一般社団法人日本インタラクティブ広告協会（JIAA）は2009年に「行動ターゲティング広告ガイドライン」を策定（2016年に再改定）し，会員はオプトアウト措置を講じています。つまり，ある意味では，オプトアウト等の措置はインターネット広告実務で既に実施されているものと思われますので，この改正は少なくとも広告業界の実務を大きく変えるものではないと理解されます。

Q 99の4 ヨーロッパのcookie規制

ePrivacy指令及びePrivacy規則案に基づくcookie規制について教えてください。

A

EU法が適用される企業では，現在ePrivacy指令のcookie規制が適用され，また，今後ePrivacy規則が制定されれば，その規制に服します。

Privacy指令5条3項によれば，ユーザの端末機器に保存された情報へのアクセスは，ユーザが明確かつ包括的な説明を受けた上で，同意をした場合にのみ許されるとされるものの，厳格に必須な技術上の保存やアクセスを妨げるものではないともされている（https://www.soumu.go.jp/main_content/000799060.pdf）。要するに，原則としてcookieに関する同意が必要であるが，厳密に必須なものは同意が不要とされている。その同意も，同意しなければウェブサイトを閲覧できない仕組みは不可とされる。

そして今後ePrivacy規則が制定される予定である。2021年２月時点のePrivacy規則EU閣僚理事会案ではターゲティング広告，コンテンツのパーソナライズ等を目的とするcookieについてユーザの同意を求めているところ，その限りでは，現行ePrivacy指令とあまり変化はない。しかし，端末装置の処理・蓄積機能の利用及び端末装置からの情報の取得が新たに規制対象となり，Google Privacy Sandboxは，ブラウザ内部処理で閲覧行動を分析し，利用者を属性グループに分類，このような属性情報を，広告コンテンツをリクエストする際に送信して実質的に広告ターゲティングを実現しているところ，これも新たに規制対象となると言われている

(https://www.soumu.go.jp/main_content/000744406.pdf)。

特にePrivacy規則案は今後どのように展開するか読めないところもあるものの，EU法が直接適用されるEU企業だけではなく，域外適用の要件を満たす一部の日本企業にとっても，広告に関しても重要な影響を与え得る改正であり，注視が必要である。

Q 99の5 cookie廃止

（サードパーティー）cookie廃止とはどういう話ですか？

A

伝統的なターゲティング広告は（サードパーティー）cookieに支えられてきたところ，プライバシーの観点からcookieを利用させないようにするという動きがプラットフォーマーで出ているということです。

（サードパーティー）cookie（自分のサイト内で前にログインした人を識別するためのcookieの利用もあるが，この文脈でcookieと呼ぶ場合はそうではなく，第三者にcookieを提供して適切な広告を出してもらう等の第三者との関係でのcookieである）は，広くインターネット広告に使われてきた。すなわち，伝統的なターゲティング広告はcookie情報に基づいて，そのcookieに関する端末にとって最も適切と思われる広告を出していたものの，ターゲティングはプライバシーと衝突するのではないか，等という懸念が表明され，様々な議論が行われた。

Appleは2020年にcookieからIDFAへ，そして2021年のATT（App Tracking Transparency）へという動きを見せており，要するに，cookieからそれに代わるプライバシー保護手段へ変更した上で，アプリを立ち上げたとき，ユーザに対し，「Appにトラッキングしないように要求」するか「許可」するかを確認するという選択肢を与えるようにした。

Googleも2023年頃にcookieを廃止し，Google Privacy Sandbox等の仕組

みで代替するとしている。

このような動きの中で，「インターネット広告における利用者情報の取扱いに関する動向および今後の取り組みについて」においてはファーストパーティーデータの利用やIDの利用等が論じられている（https://www.soumu.go.jp/main_content/000776306.pdf）。

要するに，cookieを前提としたネット広告の時代から，cookie以外のよりプライバシーが保護される方法でのネット広告へと時代が変わっている，ということであり，この点は法律そのものではないものの，プライバシーが関わっていることから，本書でも取り上げるものである。

3．UGCにまつわる問題

Q100 広告主体と広告規制

ユーザが作成したコンテンツについて広告規制は及ぶのですか？

A

純粋な商品のファン等が感想を書いても広告規制が及ばないのが原則ですが，具体的状況に応じて広告規制が及ぶ場合もあり，ガイドラインが作られています。

各広告規制法令は，その規制の主体について規定している。ところで，純粋にある商品のファンがSNS上に「この商品を愛用しています」という投稿をしたとしよう。これは単なる個人の感想であって，基本的には例えば景表法等の規制の対象とならない。

インターネット上で，このようなユーザが作り出すコンテンツ（UGC）が増加し，その役割が大きくなるにつれ，いわゆるステルスマーケティング等の形で企業が広告活動にこれを活用しようという動きが出てきている。

純粋な個人の活動での範疇を超え，それが事業者の活動と関係すれば，広告規制も関係してくる。消費者庁は「インターネット消費者取引に係る広告表示に関する景品表示法上の問題点及び留意事項」(https://www.caa.go.jp/policies/policy/representation/fair_labeling/guideline/pdf/120509premiums_2.pdf) を出し，令和4年にはインターネット広告留意事項も改正されたので，以下のQで類型ごとに見ていこう。

Q101 口コミ・ステマ

口コミ・ステマは何を注意すべきですか？

A

景表法上一定の場合には有利誤認，優良誤認等になることです。

口コミサイトの情報は，有用な情報も多いが，例えば，虚偽の情報が記載されることや，いわゆる「ステルスマーケティング」(ステマ) として，事業者が自社に有利な口コミを書かせることもある。

消費者庁は口コミサイトに掲載される情報は，一般的には，口コミの対象となる商品・サービスを現に購入したり利用したりしている消費者や，当該商品・サービスの購入・利用を検討している消費者からの質問によって書き込まれていることを前提とすれば，消費者は口コミ情報の対象となる商品・サービスを自ら供給する者ではないので，消費者による口コミ情報は景表法で定義される「表示」には該当しないという原則を明らかにしている。

しかし，いわゆるステマ等，商品・サービスを提供する事業者が，顧客を誘引する手段として，口コミサイトに口コミ情報を自ら掲載し，又は第三者に依頼して掲載させ，当該「口コミ」情報が，当該事業者の商品・サービスの内容又は取引条件について，実際のもの又は競争事業者に係るものよりも著しく優良又は有利であると一般消費者に誤認されるものである場合には，景表法上の不当表示として問題となるとされている（インターネット広告留意事項第2・2(2))。

このような消費者庁の姿勢は，ステマそのものが直ちに景表法違反ではないが，その方法によっては不当表示になると総括できよう。そして，上記の消費者庁の見解を前提とすれば，例えば，ステマとして掲載した内容が実際のもの又は当該商品・サービスを供給する事業者の競争事業者に係るものよりも著しく優良又は有利であると一般消費者に誤認されれば，やはり有利誤認（Q66以下）や優良誤認（Q62以下）の問題が生じるということである（インターネット広告留意事項第2・2(4)，広告法172頁，広告法務28頁）。

なお，タレントブログへの掲載については広告法務24頁参照。

Q102 アフィリエイト

アフィリエイトはアフィリエイターの表示で，広告主の表示ではないですよね？

A

そうではありません，2022年6月29日改正のインターネット広告留意事項等では広告主の表示責任が強化されています。

アフィリエイト（プログラム）は，アフィリエイトサイトの運営者であるアフィリエイターがアフィリエイトサイトに広告主が供給する商品・サービスの広告やリンク等を掲載し，広告の閲覧や商品の購入等のあらかじめ定められた条件が満たされると，アフィリエイターに対して，広告主から成功報酬が支払われるものである（インターネット広告留意事項第2・4(1)。詳細はアフィリエイト広告等に関する検討会報告書（https://www.caa.go.jp/policies/policy/representation/meeting_materials/review_meeting_003/assets/representation_cms216_220215_01.pdf　6頁，16頁，17頁等の図参照。))。例えば，健康食品甲を売りたい広告主Aは，アフィリエイターBに依頼してBのブログ上で甲を宣伝してもらい，甲が売れたら代金の何パーセントをBに支払うといったものが典型的である。

伝統的にはアフィリエイターは，当該商品等を自ら供給している者では通常ないため供給主体性（略）を欠くという見解が採用されてきた（景品表示法54頁）。しかし，アフィリエイト広告に対する消費者のアクセスを得るために，ともすると消費者が迷惑を覚えるような手法のものが出現したり（同報告書27頁），広告主の中にはアフィリエイト広告であることを広告主の逃げ口としている実態があるとも指摘されている（同報告書29頁）。

このような状況を踏まえ，アフィリエイト広告等に関する検討会報告書は「アフィリエイト広告についても，広告主が自らの判断でアフィリエイトプログラムを利用して自らが供給する商品・サービスの宣伝を行うことを選択しているところ，ASPやアフィリエイターはあくまでその広告主の提示条件の下で，アフィリエイト広告を提供する際の機能を果たしているに過ぎず，広告主がアフィリエイト広告の基本的な表示内容を決定しているといった実態が認められる」として，広告主が「表示内容の決定に関与した事業者」として責任を負うべきとした（同報告書48頁）。

これを受け，令和４年６月29日にインターネット広告留意事項が改正され，アフィリエイトプログラムを利用した広告についても，広告主がその表示内容の決定に関与している場合（アフィリエイターに表示内容の決定を委ねている場合を含む。）には，景品表示法上は，広告主が行った表示とされると明示した（同留意事項第２・４(2)）。広告主とアフィリエイターとの間で当該表示に係る情報のやり取りが一切行われていない場合等の例外は認められており（同留意事項第２・４(2)注７），その意味では全てのアフィリエイトについて無条件で広告主が景表法上の責任を負うものではないものの，実務上はこのような規制強化が行われたことを踏まえて対応すべきである。

そして，同日，管理上の措置指針（Q59参照）も改正され，表示等に関する情報の確認の際にアフィリエイター等の作成する表示等を確認することが必要となる場合があること（同指針第４・３(2)）や，アフィリエイター等との間で，表示等の作成を委ねる契約書において，どの主体が何を行うかについて，役割分担及び責任の所在をあらかじめ明記するなどの対応を行うことが考えられる（別添　事業者が講ずべき表示等の管理上の措置の具体的事例）等，実務対応として参考となる記載が追加された。

元々，アフィリエイトというだけでは責任を免れられないとはされていた（景品表示法54-55頁）ものの，今般のインターネット広告留意事項等の改正は，広告代理店及び広告主に対し，アフィリエイトに対する意識を高め，改正された管理上の措置指針等（特に別添）を参考に，アフィリエイトに対する管理の厳格化をするよう迫るものである。

4．検索エンジン関係

Q103 SEO

SEOについては，何に留意すべきですか？

A

SEOについては，広告主の協力義務，報酬等の契約条件の設定等が問題となります。なお，検索エンジンの規約を遵守することが前提です。

SEOはSearch Engine Optimizationの略であり，検索エンジンにおける表示の最適化を意味する。SEOには，サイトの質を上げることで求めるユーザに届きやすくするものから，検索エンジンの「裏をかく」方法まで様々なものがあるところ，検索エンジンと「いたちごっこ」をするような方法を採用して検索エンジンの規約に違反した場合には，いわゆるGoogle八分（Googleの検索結果から，表示されないこと）になるリスクがあることに留意が必要である。

SEOについては既にいくつかの裁判例が存在するが，重要なのは，広告主側の協力義務である。すなわち，SEO業務の一部は，広告業者のノウハウで行うことができるものの，業務の内容等の広告主の協力も必要である。東京地判平成29．4．27（平27（ワ）28193）（東京高判平成29.10.10（平29

（ネ）2484）が是認）は，SEO業者が既に一定の準備等の活動を行っていたにもかかわらず，広告主が必要な情報等を提供しなかったため具体的な案件の紹介に結びつく営業活動まで進めることができず，十分な成果を上げることができなかった場合，広告主はSEO業者に対し，既払金の返還を求めることはできないとした。

また，SEO業者自身が不正を行うことはともかく，ユーザが一定程度不適切な行為をすることは（SEO業者と広告主との関係では）止むを得ないと解された裁判例（東京地判平成30．1．22（平28（ワ）12246））にも注目が必要である。この事案においては，アプリのダウンロード数を増やすための施策としてポイントを配布したところ，同一ユーザが複数回ポイントを獲得していた。東京地裁は，SEO契約上，リワードを目的とするユーザが機械的にＩＰアドレスを変更するなどして，二重，三重にポイントの獲得を目的とする行為まで明確に排除されているとはいえず，そのような意味での機械的操作自体は許容されているものと解さざるを得ないとした。もちろん，合理的な不正対応をすべきではあるが，ユーザの中に一定数不正を行う者が含まれることはやむを得ない部分がある。ただし，予防法務としてはそのような不正の可能性をしっかり説明しておくべきであったと思われる。

その他SEO契約の錯誤無効が否定されたもの（東京地判平成28．2．10（平26（ワ）13657・平27（ワ）14897））や珍しいものとしては，SEOに関する返金を認める調停に代わる決定がある（津地四日市支決平成29．6．19（判例集未搭載））。なお，東京地判平成24．1．30（判例集未搭載）等の他の裁判例にも留意が必要である。

Q104 メタタグ

メタタグについての問題は何ですか？

A

メタタグについては，商標の問題があります。競業他社の商標をメタタグに入れること等が問題です。

メタタグとは，ウェブサイトに関する情報を記述するものであり，人間は読めないものの，検索エンジンの順位決定に（少なくとも過去において）影響を及ぼしていた。例えばメタタグに「日本加除出版」と書いていれば，本文に「日本加除出版」と記載がなくても，検索エンジンは，当該サイトが日本加除出版に関するものだろう，として取り扱ってくれるという仕組みである。

ところで，商標法２条３項８号の「広告を内容とする情報」には，ウェブページ上のバナー広告や自己のウェブページの出所を示す広告などを含むと解されている。そこで，他人の商標権が及ぶキーワードを人間が読むような形でサイトの本文に記載し，それが類似の商品に関する商標的使用（広告法119頁）であれば，商標権侵害を構成し得る（注解商標法・上120頁）。

ところが，メタタグは，人間が通常読める形ではないことから，そのような記載が「広告を内容とする情報」か，そうだとして「商標的使用」（⇒Q30参照）かが問題となる。

ここで，IKEAの商標を買物代行業者が利用したところ，当該利用にメタタグとしての利用も含まれていたという事案（東京地判平成27．1．29判時2249－86）で，東京地裁はインターネットの検索エンジンの検索結果において表示されるウェブページの説明は，ウェブサイトの概要等を示す広告であるということができるから，これが表示されるようにhtmlファイルにメタタグないしタイトルタグを記載することは，役務に関する広告を内容とする情報を電磁的方法により提供する行為に当たるとした上で，検索エンジンの検索結果において，当該商標が買物代行業者サイトの内容の説明文ないし概要やホームページタイトルとして表示され，これらが買物代行業者のウェブサイトにおける家具等の小売業務の出所等を表示し，インターネットユーザの目に触れることにより，顧客が買物代行業者のウェブサイトにアクセスするよう誘引するのであるから，メタタグないしタイトルタグとしての使用は，商標的使用に当たるということができるとした（同旨大阪地判平成17．12．８判時1934－109）。

この事案においては，検索エンジンの検索結果において当該メタタグが表示されたことがその特殊性といえる。よって，検索結果においてメタタグが表示されない場合にも同様に考えるべきであるかについては，議論がされている（注解商標法・上120－121頁）。この点は，次の検索連動型広告と同様に一律ではなく個別的な判断をすべきと思われる。

但し，実際には検索結果にメタタグが表示される事案が多いところ，そのような場合を前提に，「インターネットの検索エンジンの検索結果において表示されるウェブページの説明は，ウェブサイトの概要等を示す広告であるということができる。したがって，その説明が表示されるようにHTMLファイルにメタタグを記載することは役務に関する広告を内容とする情報を電磁的方法により提供する行為に当たるというべき」とする判断をした最近の判決（東京地判令和元．5．23裁判所ウェブサイト。知財高判令和2．3．19裁判所ウェブサイトで是認）があり，注目に値する。

Q105 検索連動型広告

検索連動型広告についてはどのような問題がありますか？

A

こちらも，他人の商標をキーワードとして検索した際に広告を出すようにする，という点で，商標権侵害に留意が必要です。

検索キーワードに応じて検索結果の画面に広告を出す検索連動型広告がある。例えば，「日本加除出版」の競争業者が「日本加除出版」で検索するユーザに対して第三者が，「加除式書籍なら当社へ」という広告を出すように，ある商標（日本加除出版）の権利者ではない者（競争業者）が，その文言をキーワードとして検索した場合に自己（競争業者）の広告を表示されるようにする行為については，権利者としては規制したいだろう。このような行為が商標法2条3項の「使用」（⇒Q30）となるかについては裁判例がいくつか存在する（なお，不競法に関する東京地判平成28．4．21裁判所ウェブサイトも参照）。

Carica Celapi事件（大阪地判平成19.9.13裁判所ウェブサイト）は，原告商品の名称及び原告商標をキーワードとして検索した検索結果ページに被告が広告を掲載することがなぜ原告商標の使用に該当するのかを原告は明らかにせず，上記の被告の行為は，商標法2条3項各号に記載された標章の「使用」のいずれの場合にも該当するとは認め難いから，本件における商標法に基づく原告の主張は失当であるとした。

大阪高判平成29.4.20判時2345－93では，「石けん百貨」という第三者の商標を検索すると，インターネットモール上の指定商品である石けんの検索連動型広告が表示された。そこで，商標権者はインターネットモールの運営者を訴えた。裁判所は，結論としては後記チュッパチャプス事件（⇒199頁）に基づいてショッピングモール運営者を免責したものの，その過程で興味深い判断をした。すなわち，当該広告は，石けん商品を買いたいなどの動機によりGoogle等で「石けん百貨」をキーワードとして検索をしたユーザを，プラットフォーマーが運営するショッピングモール内にある，「石けん百貨」の指定商品である石けん商品が陳列表示された石けん商品販売業者のウェブページに誘導するための広告であると認識される。そのため，プラットフォーマーが当該状態及びこれが商標の出所表示機能を害することにつき具体的に認識するか，又はそれが可能になったといえるに至ったときは，その時点から合理的期間が経過するまでの間に「石けん百貨」との表示を含む検索連動型広告のハイパーリンク先において，登録商標である「石けん百貨」の指定商品である石けん商品の情報が表示されるという状態を解消しない限り，「石けん百貨」という標章が付されたことについてもプラットフォーマー自らの行為として認容したものとして，商標法2条3項8号所定の要件が充足され，被控訴人について商標権侵害が成立すると解すべきとしたものである。

この問題については，広告上に商標が明示される場合と，されない場合を分けて考えるべきである。すなわち，日本加除出版で検索して，広告上にも「日本加除出版」と表示されるのであれば，商標権侵害となる可能性が高い（インターネットQ＆A153頁参照）。

問題は，上述の「日本加除出版」で検索をして「加除式書籍なら当社へ」と広告するような，広告自体には商標が示されない事案であり，前者の判決のみを前提に商標法２条３項８号に該当するのは難しいという意見もあるが，単純に考えるべきではなく，具体的文言や態様を見て，それが商標的使用なのかを具体的に判断することになるだろう。

5．インターネット広告と紛争

Q106 インターネット広告と紛争についての留意点

インターネット広告と紛争についての留意点は何がありますか？

A

様々な紛争が生じており，既に裁判例が多数存在します。これらの事案では，成果や支払いに関するものが多く，広告の成果と報酬等の取引条件をしっかり定めるべきです。

ネットショップでの取引について，例えば，本来商品番号１を販売するページに商品番号２の画像が掲載されているように商品画像が誤っていた場合に，画像の商品（商品番号２）について契約が成立するのか，それとも，契約の際に送付される商品情報（商品番号１）に基づいて契約が成立するのかが問題となり，契約は受け手に送付される情報に基づき締結される（商品番号１）としたものがある（東京地判平成25. 12. 25（平25（ワ）20058））。これは，一種の広告表示の誤りについて，事業者側を救済した事案であるが，もし，事業者側の自社サイトにおける掲載ミスにより，購入側に何らかの損害が発生して，その賠償を請求するという事案であれば，その請求が認められた可能性はある。なお，最近も，70％等の大幅な割引を広告し，その価格で契約成立のメールを送った後で，それをキャンセルするという事案があったが，仮に法的にそれをキャンセルすること自体が可能だとしても，レピュテーションやクレームリスクの観点から対応を慎重に検討すべきである。

BtoBでは，インターネット広告に関するサービス提供契約の中に，どのような義務が含まれたかが争われた事案がある。この事案では，契約内容確認書等の書類にはアクセス解析に関する記載がない場合において，アクセス解析情報提供義務はないとされたが（東京地判平成27．4．7（平25（ワ）23873）），広告を行った結果について広告主が興味を持つことは多い以上，少なくともトラブル予防の観点からは，どのような結果だったのかについて，情報を提供するのかしないのか，するならどのような情報を提供すべきかを相手方に明示すべきである。

なお，広告掲載が途中で終わった場合の報酬について，当初のシミュレーションによれば，掲載対象の広告の閲覧数が4,700万回，クリック回数を13万1,600回として，掲載料の金額を48万7,500円としているところ，途中終了時において３分の１のクリック数が認められるとして，その報酬の３分の１を認めたものがある（東京地判平成27．3．17（平26（ワ）9468））。このような，途中解除に伴う報酬の問題については，紛争の可能性が高い状況である以上，契約書に明示的規定を設けることで紛争を回避すべきである。

なお，インターネット広告に関する一部の業務について無償の合意を認めたものに東京地判平成28.12.21（平25（ワ）18531）があるが，事前に費用とその算定方法について明確に合意すべきである。

Q107 インターネット広告と商標紛争

> **インターネット広告と商標に関してはどのような紛争がありますか？**

A

インターネットモール上で出店者が商標を侵害した場合の対応が問題となります。

インターネットモールには，ショッピングモールを運営するプラットフォーマーと，モール上に出店する個別の出店者が存在する。ここで，個別の出店者が偽造品の販売その他の第三者の商標権を侵害する行為を行った場合，商標権者が当該出店者に対して商標権を行使できることは，Q125のとおりである。問題は，プラットフォーマーに対して責任を追及できるか否かである。

インターネットショッピングモールにおける出店者による商標権侵害に関して，運営者に対して差止め・損害賠償責任を追及し得るかにつき，一定の場合に運営者も責任を負うとしつつ，本件においては，運営者は商標権侵害の事実を知り又は知ることができたと認めるに足りる相当の理由があるときから合理的期間内にこれを是正しているため，差止め・損害賠償責任を負うものではないとした事例がある（知財高判平成24．2．14判時2161－86）（チュッパチャプス事件）。これはあくまでも１つの事例ではあるものの，要するに，通告を受けたプラットフォーマーは，合理的期間内に合理的対応をすべきことになる。実際には，商標権者とプラットフォーマーの間で実務的対応がなされていることも多いことから，専門家に相談すべきである。

6．その他

Q108 ドメイン名

ドメイン名に関する留意点は何ですか？

A

他人の商標を利用してドメインを取得する場合が問題になりますが，最近は，新たな紛争も生じています。

ドメイン名とはネットワーク上のコンピュータの識別方法の１つであり，

例えば，筆者の所属する桃尾・松尾・難波法律事務所は，例えばmmn-law.gr.jpというドメインを保有している。ここで，第三者が他人の商標を利用してドメインを取得することが問題となる。

不競法2条1項13号（改正法施行後は19号）は，「不正の利益を得る目的で，又は他人に損害を加える目的で，他人の特定商品等表示（人の業務に係る氏名，商号，商標，標章その他の商品又は役務を表示するものをいう。）と同一若しくは類似のドメイン名を使用する権利を取得し，若しくは保有し，又はそのドメイン名を使用する行為」を不正競争行為としており，不正の利益を得る目的で，又は他人に損害を加える目的があれば，不正競争とされる（なお，商標権侵害の有無については肯定した大阪高判平成25．3．7裁判所ウェブサイトと否定した大阪高判平成18.10.18裁判所ウェブサイト参照（注解商標法・上121頁））。

実務上は，交渉や，日本知的財産仲裁センター等におけるドメイン名紛争処理等も行われる。

なお，ドメイン移管の仕組みを悪用したドメイン乗っ取り事案（例えば，「lovelive-anime.jp」ドメインの乗っ取りについては，https://www.itmedia.co.jp/news/articles/1904/11/news024.html参照）も生じており，このような新しいトレンドについてもフォローし，自社や関係者におけるドメイン名の紛争の予防及び万が一トラブルが発生した場合の早期解決に向けた準備をしておくべきである。

Q109 リーチサイト

リーチサイトとは何ですか？

海賊版サイトへのリンクを提供するサイトですが，リーチサイトが広告費を運営資金にしているので，広告対策が問題とされています。

最近は，著作権侵害サイトへのリンクを設定する，いわゆるリーチサイト対策が問題となっている。自身のウェブサイトにはコンテンツを掲載せず，他のウェブサイトに蔵置された著作権侵害コンテンツへのリンク情報を提供して，利用者を侵害コンテンツへ誘導するためのウェブサイトはリーチサイト（ここでいう「リーチ」はヒルのことである。）と呼ばれる（なお，大島義則「リーチサイト規制の憲法的統制」NBL（1121）19頁も参照）。

リーチサイトは著作権侵害を誘発するとして，その対策が論じられていた。2019年の通常国会にも，ブロッキングといわれる接続遮断措置や，ダウンロード規制の範囲拡大等を盛り込んだ法案が提出されるのではないかとも言われていたものの，様々な事情に鑑み，法案は提出されず，総合的な対策を行うこととなったり，結局令和２年改正著作権法113条２項でリーチサイト及びリーチアプリの規制が行われ，また，2019年のダウンロード規制の範囲が広範すぎるという批判に応えて規制範囲を厳格化した（令和２年改正法30条１項４号，２項，119条３項２号，５項。著作権法811頁以下）。

ここで，総合対策の１つとして注目されるのが広告対策である。すなわち，リーチサイトの多くは趣味のサイトではなく，営利ないし広告収入目的で運営されているところ，当該サイトに広告を出稿しているアドネットワークや広告主を特定し，それに対する通告をして，出稿について再検討を促すという方法がある。元々，違法ないし低質なサイトに広告が掲載されることで，ブランドイメージの低下の可能性があることから，出稿契約上は出稿条件として，少なくともリーチサイトのようなサイトには出稿しないことが合意されているはずである。当該出稿条件が遵守されなければならないことから，リーチサイトに広告が出稿されていたとの通知があれば，広告出稿が激減することが期待される。

加えて，リーチサイトに広告料を支払った広告代理店が著作権侵害の幇助だとして損害賠償を命じられている（東京高判令和４．６．29裁判所ウェブサイト）。広告代理店側としては，関与案件において出稿条件違反が生じ，リーチサイトのような，広告主の信頼を失うサイトに広告が掲載されないように注意すべきであるし，また，リーチサイトに出稿されたという連絡があれば，真摯に対応すべきである（ブランドセーフティにつき広告ビジネス入門13頁も参照）。

コラム　馬好き法務部員の一日

10　勉強を続ける

法務の仕事の辛いところであり面白いところでもあるのは勉強を続ける必要があるということである。大きな根幹となる部分は変わらないが，細かい法令や実務は日々変更されていく。こういうものを常にアップデートしていかなければならない。

さて，大きな根幹を得るためには，本書が最適だと考えるが，全体については電通『広告法』とJARO『広告法務Q&A』が参考になる。本書でも，随所で参考にしている。また，志村『こんな時，どうする?「広告の著作権」実用ハンドブック』も，分野は著作権に限るものの，広告のシチュエーションを反映している。また知財に限ると知財教材「デザイナーが身につけておくべき知財の基本」（https://www.jpo.go.jp/resources/report/kyozai/chizai_kyozai-designer-kihon.html）も参考となる。

それでは，改正にはどう対応すればいいだろうか。最近は，政府のウェブサイト上で，通達やガイドライン等が公表されている。例えば，消費者庁の「景品表示法」サイト（https://www.caa.go.jp/policies/policy/representation/fair_labeling/）においては，景表法関係のガイドラインがまとまっており，ガイドラインを探す場合には使用している。また，下請法については，「下請取引適正化推進講習会テキスト」（https://www.jftc.go.jp/houdou/panfu_files/shitauketextbook.pdf）を参照している。それ以外の場合には，それぞれのテーマごとに定評のある実務書ないし基本書を参照するしかないだろう。例えば，景表法は西川『景品表示法』，著作権は中山『著作権法』等，それぞれの分野の書籍を読みながら，特に広告に関係のある部分を重点的に読むことになる。

もっとも，全ての省庁がこのようにまとまったサイトを作成しているとは限らない。そこで，Google等の検索エンジンで「キーワード site:go.jp」として検索することが考えられる。これは，政府のサイト（go.jp）のみで検索するものであり，政府のサイト以外の情報が入ってこないので，比較的信頼できる情報のみを入手することができる。とはいえ，政府のサイトであっても，法改正前の情報が掲載されていることも多いので，当該資料がいつアップロードされたものなのかには留意が必要である。

なお，最新の法令改正，裁判例等の情報を得る上では，SNSの利用が便利である。広告等，自分の関係する分野の投稿を頻繁に行う実務家，特に弁護士や学者の先生をフォローすることで，自然と有益な最新情報を得ることができるので，このようなSNSの利用も検討に値するだろう。

第11話 業種ごとに注意すべき規制

story 11

三浦：様々な分野の広告の案件を処理する際に留意すべきことは何ですか。

北野：各分野独自の規制，例えば，業法の規制があることですね。

三浦：業法の規制はどのような特徴がありますか。

北野：やはり，その業界の特殊性等から，規制の対象や内容が違っていることが挙げられます。

三浦：例えば，どのような相違が挙げられますか。

北野：広告規制の対象について考えてみましょう。例えば，景表法には景表法の「表示」規制があったわけです。

三浦：そうでしたね。「顧客を誘引するための手段として，事業者が自己の供給する商品又は役務の内容又は取引条件その他これらの取引に関する事項について行う広告その他の表示」ですね。

北野：はい。ところが，例えば，薬機法の「広告」，医療法の「広告」等は，必ずしも景表法上の「表示」とは同一ではないので，そういう分野ごとの定義の相違に判断すべきです。

三浦：つまり，各業法の「広告」の定義に該当しなければ何をやってもいいのですか。

北野：そもそも，業法は通常，一般的な広告規制を排除する趣旨ではありませんので，例えば，ヘルスケア業界だからといって，景表法を無視していいわけではありません。また，仮に際どく定義を回避したからといって，法の趣旨を没却する広告をすることで社会的批判を浴びる可能性もあります。

三浦：なかなか厳しいですね。他にありますか。

北野：やはり，業界団体の自主規制や公正競争規約等があることにも留意が必要です。

三浦：なかなか大変ですね。
北野：専門家とも協力しながら対応していけば大丈夫ですよ。

1．ヘルスケア業が注意すべき規制

Q110 医薬品等についての留意点

医薬品，医療機器に関係する広告を取り扱う場合について気をつけるべきことは何ですか？

A

薬機法に気を付けましょう。

ヘルスケア業，とりわけ，医薬品，医療機器に関係する広告を取り扱う場合，医薬品，医療機器等の品質，有効性及び安全性の確保等に関する法律（薬機法）の広告規制が重要である。加えて，後述の未承認医薬品等の広告禁止の関係では，健康食品についての広告においても，薬機法に対して目配りが必要である。

薬機法は，「広告」について，虚偽・誇大広告の禁止（同法66条1項），医師等が保証したと誤解されるおそれのある記事の広告の禁止（同法66条2項），堕胎を暗示し又はわいせつにわたる文書又は図画の使用禁止（同法66条3項），特定疾病用の広告制限（同法67条），未承認医薬品等の広告禁止（同法68条）を定める。

それでは，ここでいう「広告」とは何か。「薬事法における医薬品等の広告の該当性について」（平成10年9月29日医薬監第148号通知）は，①誘引性，すなわち，顧客を誘引する意図が明確であること，②特定性，すなわち，特定医薬品等の商品名が明らかにされていること，③認知性，すなわち，一般人が認知できる状態であることを要求する。ディオバン事件（最決令和3．6．28裁判所ウェブサイト）は，特定の医薬品等に関し，当該医薬品等の購入・処方等を促すための手段として，不特定又は多数の者に対し，同項所定の事項を告げ知らせる行為が薬機法66条１項の規制の対象であるとした上で，論文掲載行為はこれに該当しないとした。これに対し，例えば，飲料水の販売会社のウェブサイトにおいて「○○」と検索するよう求め，そのとおりに検索すると，飲料水がガンに効く等と書かれているといった事案では，これが薬機法上の広告に当たるとされた（Ｑ＆Ａ医薬品185頁参照）。

なお，このような検討の結果，薬機法上「広告」ではないと解されたとしても，誤解を招く表現にならないよう対応すべきであろう。

では，ある表示が「広告」だという場合に，具体的にどのような規制がかかるか。大きく，広告が禁止される類型（未承認医薬品等）と広告内容が適正であることが求められる類型（その他）に分けられる。まず，前者について検討しよう。

例えば，「ガンに効く飲料水」の例を取ると，当該飲料水が医薬品として承認等を得ていれば，少なくとも未承認医薬品等の広告禁止（薬機法68条）には当たらない。しかし，そのような承認等がなければ，そもそも医薬品等について広告をすること自体が禁止される。ここで，ある商品が医薬品なのかどうかの判断基準が問題となるが，「無承認無許可医薬品の指導取締りについて」（https://www.mhlw.go.jp/content/000658257.pdf）及び別紙では⑴専ら医薬品として使用される成分本質が配合又は含有されている場合は，原則として医薬品の範囲とする。⑵そうでなくとも，①医薬品的な効能効果を標ぼうするもの，②アンプル形状など専ら医薬品的形状であるもの，③用法用量が医薬品的であるものであれば原則として医薬品とみなす。広告法務の観点からは，「医薬品的な効能効果を標ぼう」する広告表現にならないか等，慎重な検討が必要である。

次に，承認等を取得した医薬品等についての広告規制，とりわけ誇大広告に関する規制を検討したい。具体的な薬機法の規制を理解する上では厚労省の見解を参照すべきである。「医薬品等適正広告基準」（注：解説である「医薬品等適正広告基準の解説及び留意事項等について」（平成29年９月29日薬生監麻発0929第５号）についても参照）は，薬機法66条１項の誇大広告の解釈を示している（注：ただし，この基準が絶対ではなく，広告表現全体から，国民に誤まった認識をさせるおそれがあり，保険衛生上に悪影響を及ぼす可能性があるかという観点から判断すべきである。Q＆A医薬品166頁）。

まず，名称関係（医薬品等適正広告基準第4・1）については，承認又は認証を要する医薬品等の場合に，原則として承認等を得た名称及び一般的名称以外を使用してはならないとする（注：承認等を要しない場合も，原則として届け出た名称以外を使用してはならない。）。例外的に，医薬品等の同一性を誤認させるおそれがない範囲で略称の併用やふりがなやアルファベットの併記等が認められている。

次に，製造方法関係（同第4・2）については，医薬品等の製造方法について，実際の製造方法と異なる表現又はその優秀性について事実に反する認識を得させるおそれのある表現をしてはならないとする。

更に効能効果，性能及び安全性（同第4・3）については，承認等を要する医薬品等の場合，承認を受けた効能効果等の範囲を超えた表現をしてはならず，適応外の広告は禁止されている。また，しばり表現（必ず付記しなければならない表現）等，承認された広告効果等に一定の条件がある場合その表現を正確に付記，付言しなければならない。その他，成分，用法用量，保証表現（効果を保証する表現）の禁止，本来の広告効能と認められない表現の禁止等について細かい規定がある。

ここで注意すべきは，法令上直ちに違法といえない多数の「不適切表現」に関する規定が存在することである。過量消費，乱用助長のおそれのある広告の禁止（同第4・4），医療用医薬品等の広告を医薬関係者以外に行うことの禁止（同第4・5），医薬関係者等が推薦している旨の広告の禁止（同第4・10）等が挙げられる。これらは，薬機法で法令上，直ちに禁止される行為ではないものの，不適切であって，行うべきではない。

そして，自主規制，例えば日本製薬工業協会が策定した自主規制である「医療用医薬品プロモーションコード」にも，留意が必要である。

なお，口コミ（薬機則15条の5第1項）やリコメンド広告（同条2項）も禁止されているが，リコメンド広告については，本人の同意がある等一定の場合に禁止が解除される（医薬品の販売業等Q＆A問14及びQ＆A医薬品178頁参照）。

実務的には，社内において広告審査体制が構築され，新しい広告を出すたびに社内の法務部員や，社外の弁護士によるチェックを行う会社が多い。

Q111 病院等についての留意点

病院，診療所の広告に関して気をつけるべきことは何ですか？

A

医療法について検討しましょう。

医療法は，病院・診療所の広告について極めて厳しい規制を行っている。広告をすることができる事項が狭く（医療法６条の５第３項及び医業，歯科医業若しくは助産師の業務又は病院，診療所若しくは助産所に関して広告をすることができる事項（平成19年厚生労働省告示第108号）参照），診療科名，病床の種別ごとの数字等の極めて限られた事項しか広告をすることができない。

「広告その他の医療を受ける者を誘引するための手段としての表示」も規制対象となり，ウェブサイトによる情報提供も規制される。医療法の広告規制は広告代理店を含む何人も対象とされる（医療広告ガイドライン第２・6(1)）。

「医療広告ガイドライン」（2022年４月改訂）によれば，広告は，①患者の受診等を誘引する意図があること（誘引性）と②医業若しくは歯科医業を提供する者の氏名若しくは名称又は病院若しくは診療所の名称が特定可能であること（特定性）があるものを称する（同ガイドライン第２・１）。

ウェブサイトによる情報提供等についても，広告として規制対象であるところ，患者が自ら求めて入手する情報については，適切な情報提供が円滑に行われる必要があることから，一定の要件を満たした場合に，広告可能事項の限定が解除される（医療法６条の５第３項，医療法施行規則１条の９の２）。これを限定解除といい，以下の要件（③及び④は自由診療に限る。）を満たした場合には，広告をすることができる事項の限定が当てはまらない（同ガイドライン第5・2）。

①医療に関する適切な選択に資する情報であって患者等が自ら求めて入手する情報を表示するウェブサイトその他これに準じる広告であること
②表示される情報の内容について，患者等が容易に照会ができるよう，問い合わせ先を記載することその他の方法により明示すること
③自由診療に係る通常必要とされる治療等の内容，費用等に関する事項について情報を提供すること
④自由診療に係る治療等に係る主なリスク，副作用等に関する事項について情報を提供すること

もっとも，医療法上，広告事項以外にも，様々な規制が存在することには留意する必要がある。禁止される主な広告としては，比較優良広告，誇大広告，公序良俗に反する内容の広告，体験談，治療前後の写真の広告等がある。

例えば，医療機関が，治療等の内容又は効果に関して，患者自身の体験や家族等からの伝聞に基づく主観的な体験談を，当該医療機関への誘引を目的として紹介することを意味するものであるが，こうした体験談については，個々の患者の状態等により当然にその感想は異なるものであり，誤認を与えるおそれがあることを踏まえ，医療に関する広告としては認められない（医療法施行規則1条の9第1号）。

2．食品業界が注意すべき規制

Q112 健康食品についての留意点

健康食品について気をつけるべきことは何ですか？

A

世に，「健康食品」といわれるものはあるものの，法令上の定義はありませんので，広告主の希望する表示と，当該商品のカテゴリーの整合性に留意が必要です。

「『健康食品』に係る制度に関する質疑応答集について（平成17年２月28日食安新発第0228001号）」は，「健康食品」は法令上に規定された食品ではないが，一般的には，健康に関する効果や食品の機能等を表示して販売されている食品（栄養補助食品，健康補助食品，サプリメントなど）を指すと考えられているとする（問１）。

確かに，健康によい機能を有しているか否か等は，消費者にとって重大な関心事であり，その意味では，健康食品について，できるだけ踏み込んだ広告表現を求める広告主の気持ちは理解できなくもない。しかし，医薬品と異なり「健康食品」という広いカテゴリー全体を対象とした登録・承認等の制度は存在しない。そこで，医薬品と比べると，その安全性や有効性は大きく異なる。例えば，ダイエットに効く健康食品として販売されたアマメシバの乾燥粉末等によるものと疑われる重度の健康被害事例が生じ，食品衛生法４条の２第２項による販売禁止が適用された（https://www.mhlw.go.jp/topics/bukyoku/iyaku/syoku-anzen/hokenkinou/6c.html）ように，健康食品が「健康被害」を生むこともあり得る。そこで，法は，カテゴリーごとに一定の要件の下で表示を認めたり，一定の要件の下表示を義務付けたりしている（なお，広告法235頁は明らかに食品であるもの以外を健康食品とするが，疑問である。）。

狭義の健康食品ではないものも含め，食品において健康や栄養に関する表示を行える制度（行わなければならない制度も含む。）を以下のとおりまとめた。

◎保健機能食品制度

まず，医薬品と一般食品の間に，保健機能食品が存在する。これらは，国が認めた範囲で機能等を表示することができるものである。その中には，以下のとおり，特定保健用食品，栄養機能食品，そして，機能性表示食品等がある（Q＆A医薬品157頁）。

・特定保健用食品（トクホ）

許可制であり，健康増進法43条１項の許可を受けて，食生活において特定の保健の目的で摂取をする者に対し，その摂取により当該特定の保健の目的が期待できる旨の表示をする食品である（注：なお，①関与成分の疾病リスク低減効果が医学的・栄養学的に確立されている場合，疾病リスク低減表示を認める特定保健用食品として特定保健用食品（疾病リスク低減表示），②特定保健用食品としての許可実績が十分であるなど科学的根拠が蓄積されている関与成分について規格基準を定め，消費者委員会の個別審査なく，消費者庁において規格基準に適合するか否かの審査を行い許可する特定保健用食品（規格基準型），③特定保健用食品の審査で要求している有効性の科学的根拠のレベルには届かないものの，一定の有効性が確認される食品を，限定的な科学的根拠である旨の表示をすることを条件として，許可対象と認める条件付き特定保健用食品もある。）。現在では（2022年７月１日時点）「特定保健用食品の表示許可等について」の一部改正案に関する意見募集中である。

・栄養機能食品

栄養成分の補給ができる旨等を表示することができる制度（食品表示法４条，食品表示基準２条１項11号）であるところ，食品表示基準の定める規格基準に適合すれば許可申請や届出等は不要であるところがポイントである。

＜特定保健用食品の法的な位置づけ＞

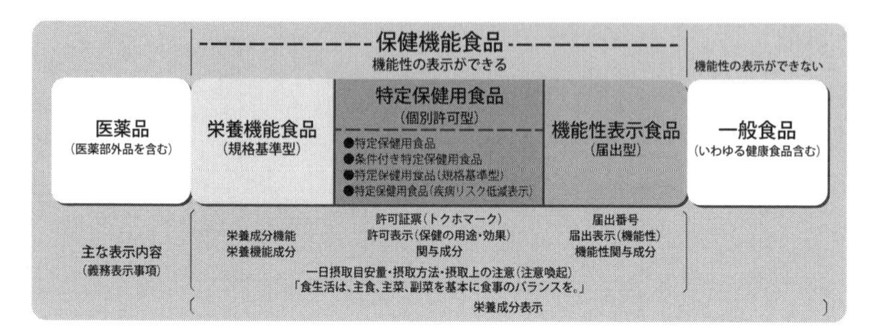

出典：公益財団法人日本健康・栄養食品協会（https://www.jhnfa.org/tokuho-0.html）

・機能性表示食品（食品表示法４条，食品表示基準２条１項10号）

事業者の責任において，科学的根拠に基づいた機能性を表示した食品で，販売前に安全性及び機能性の根拠に関する情報などが消費者庁長官へ届け出られたものである。

・特別用途食品

特別用途食品は，乳児用，幼児用，妊産婦用，病者用等の特別の用途に適する旨を内閣総理大臣の許可を受けて表示することができる食品である（健康増進法43条１項）。

・その他の健康食品

その他の健康食品については，販売そのものは原則として禁止されないものの例えば，機能に関する表示等各制度を利用したものと異なり，各制度において利用が認められる表現が認められない。

・栄養成分表示

これまでは，機能，用途等を積極的に表示したい場合の規律が主なものであったが，これに加え，表示が義務付けられる場合である栄養成分表示について言及したい。栄養成分表示制度は，栄養成分についての表示を行わなければならず，栄養成分の量や熱量等の表示消費者に販売される容器包装に入れられた加工食品及び添加物において，食品表示基準に基づき，栄養成分表示が義務付けられる。

健康食品の広告販売の際には，まずは当該商品がどのカテゴリーの商品かを確認し，そのカテゴリーで認められる表示や，当該商品に義務付けられる表示の内容を確認すべきである。

例えば疾病リスクが低減するとの表示をしたければ，「特定保健用食品（疾病リスク低減表示）」を選択することになるだろう。このように，自社の行いたい表示との関係で，どのカテゴリーの表示を選択すべきかを検討し，当該カテゴリーの表示をする要件を満たせるかを検討することになる。例えば，特定保健用食品であれば，原則として許可制であるから，その許可を受けられる要件を満たすか検討し，例えば条件付き特定保健用食品ならその要件を満たせそうだ，として，当該許可を得るというようなプロセスを踏むことになるだろう。

なお，健康食品である以上，医薬品として承認等されていないのだから，これが「医薬品」の広告とみなされれば，未承認医薬品等の広告規制違反となる。そして，前記（⇒Q110）のとおり，例えば，その広告表現の選択によっては，「医薬品的な効能効果を標ぼうする」とされる。また，商品の成分や形状や用法容量等についても，明らかに未承認医薬品等であるのに広告代理店が漫然とその広告に関与すれば批判を免れられないだろう。

Q113 食品表示法についての留意点

食品表示法について気をつけるべきことは何ですか？

A

食品の表示について統一的な規制がされたのみならず，最近の改正でリコール制度が入る等，改正が頻繁であることも重要です。

従前，食品の表示については，「食品衛生法」「農林物資の規格化等に関する法律（JAS法）」「健康増進法」等，様々な法律がバラバラにこれを規制していた。そこで，これらの法律を一元化して，統一的に規制するようになったのが食品表示法である。

食品業界の広告に従事する際には，当該商品に関する食品表示法上の規制にも目配りしなければならない。

また，2018年の改正により，食品関連事業者等が食品の安全性に関する食品表示基準に従った表示がされていない食品の自主回収を行う場合，行政機関への届出を義務付ける食品リコール制度が導入されている。また，食品表示基準は2022年３月30日のものを含む毎年のような改正がなされている（注：これまでの食品表示基準の改正概要についてhttps://www.caa.go.jp/policies/policy/food_labeling/food_labeling_act/assets/food_labeling_cms201_220330_06.pdf参照）。このような，改正が頻繁に行われる点も食品表示法や食品表示基準の重要な留意点である。

3．不動産業が注意すべき規制

Q114 不動産業の広告

不動産業の広告にはどのような留意が必要ですか？

宅建業法による規制や公正競争規約に留意が必要です。

⑴　宅建業法

宅建業法32条は，誇大広告を禁止する。具体的には，広告に係る宅地又は建物の内容や取引条件のうち，①所在，②規模，③形質，④現在又は将来の利用の制限，⑤現在又は将来の環境，⑥現在又は将来の交通その他の利便，⑦代金，借賃等の対価の額又はその支払方法，⑧代金又は交換差金に関する金銭の貸借のあっせんの事項について著しく事実に相違する表示をし，又は実際のものより著しく優良，有利であると人を誤認させるような表示をしてはならない。

また，同法33条は広告の開始時期を制限している。未完成の宅地又は建物については，売買その他の業務に関する広告は，都市計画法29条の開発許可や建築基準法６条の建築確認その他の法令による許可等がなければ広告を開始してはならない。

更に宅建業法34条は取引態様明示義務を定めており，広告主が売買契約等の当事者となるか，代理人として又は媒介するのかの別を明示しなければならない。

⑵　表示規約

公正競争規約として不動産の表示に関する公正競争規約が存在する。例えば，徒歩による所要時間は道路距離80メートルにつき１分間で計算する等の規制をしている（不動産の表示に関する公正競争規約施行規則10条10号）。

ここで，同規約に基づく広告企画のフローチャートとして，「不動産広告の実務と規制」37頁が参考になる。

すなわち，①表示すべき事項（不動産の表示に関する公正競争規約８条），②表示基準（同規約施行規則10条），③開始時期制限，④不当表示禁止の軸がある。そして，広告企画段階では，開発許可・建築確認前に，①表示すべき事項と，②表示基準を検討し，その段階では広告掲載が不可能である。その後，開発許可等が下りると広告掲載を開始することができるが，不当表示が禁止される，という仕組みである。

ここでいう不当表示の例として以下のようなおとり広告が挙げられる（同規約21条）。

> (1)物件が存在しないため，実際には取引することができない物件に関する表示
> (2)物件は存在するが実際には取引の対象となり得ない物件に関する表示
> (3)物件は存在するが，実際には取引する意思がない物件に関する表示

とりわけ，インターネット上のおとり広告規制については，公益社団法人首都圏不動産公正取引協議会「『おとり広告』の規制概要及び不動産業者の留意事項」というガイドラインが出されている。

なお，二重価格表示については，表示規約と施行規則が詳細をまとめている。

⑶　**景品規約**

不動産業における景品類の制限に関する公正競争規約も定められており，参考になる。

4．金融業の留意点

Q115 金融業の広告

金融業の広告は何に留意が必要ですか？

A

業法上の表示義務，虚偽広告禁止等の直接的な広告規制に加

え勧誘時期規制その他の勧誘に関する規制にも留意が必要です。

金融業の広告はどのような注意が必要だろうか。証券会社（第一種金融商品取引業者）を念頭に，概観したい。

まず，業法において直接的な広告規制が存在する。金融商品取引法37条１項は，金融商品業等の内容についての広告及び広告類似行為（金融商品取引業等に関する内閣府令72条）においては，業者等の商号，名称又は氏名（同法37条１項１号），業者等である旨及び業者等の登録番号（同法37条１項２号），契約に関して顧客が支払うべき手数料，報酬その他の対価に関する事項（同法37条１項３号，金融商品取引法施行令16条１項１号，同府令74条参照），契約に関して顧客が預託すべき委託証拠金（同法37条１項３号，同令16条１項２号），顧客が行うデリバティブ取引，信用取引の額（取引の対価の額又は約定数値にその取引の件数又は数量を乗じて得た額）が当該取引について顧客が預託すべき委託証拠金その他の保証金の額を上回る可能性がある場合にあってはその旨及び当該デリバティブ取引等の額の当該保証金等の額に対する比率等（同法37条１項３号，同令16条１項３号），顧客が行う取引行為において，金利，通貨の価格，金融商品市場における相場その他の指標に係る変動を直接の原因として損失が生ずることとなるおそれがある場合にあっては当該指標，当該指標に係る変動により損失が生じるおそれがある旨及びその理由（同法37条１項３号，同令16条１項４号），前記損失の額が保証金等の額を上回る事となるおそれがある場合にあっては指標のうち元本超過損が生ずるおそれを生じさせる直接の原因となるもの，係る変動により元本超過損が生ずるおそれがある旨及びその理由（同法37条１項３号，同令16条１項５号），店頭デリバティブ取引について，業者等が表示する金融商品の売付けの価格と買付けの価格とに差がある場合にあってはその旨（同法37条１項３号，同令16条１項６号），契約に関する重要な事項について顧客の不利益となる事実（同法37条１項３号，同令16条１項７号，同府令76条１号），業者等が協会に加入している場合にあっては，その旨及び当該協会の名称（同法37条１項３号，同令16条１項７号，同府令76条２号）等を表示する必要があるとする。

ただし，表示可能な領域が限られるTV，ラジオCM（同府令77条1項1号），テレビCM，ラジオCMをインターネット・ホームページに掲載したもの（同府令77条1項2号），看板，壁面に貼り付けたポスター，電光掲示板等（同府令77条1項3号）については，①業者等の商号，名称又は氏名，②業者等である旨及び登録番号，③顧客が行う取引行為について，金利，通貨の価格，金融商品市場における相場その他の指標に係る変動を直接の原因として損失が生ずることとなるおそれがある場合にあっては，当該おそれがある旨（当該損失の額が保証金等の額を上回ることとなるおそれがある場合にあっては，当該おそれがある旨（同令16条2項1号），④契約締結前交付書面（又は目論見書）の内容を十分に読むべき旨（同令16条2項2号）等の表示で足りる（同府令77条2項）。

また，同法37条2項は一定の事項について著しく事実に相違する表示をし，又は著しく人を誤認させるような表示を禁止する。

なお，定義については，同府令72条等を参照し，該当性（及び仮に該当しないとなった場合の慎重な対応）を検討されたい（日本証券業協会「金融商品取引法における広告等規制について」（平成21年7月，第4版）（http://www.jsda.or.jp/about/jishukisei/web-handbook/103_koukoku/files/103_a029-03.pdf）とりわけ問1から5参照）。

次に，勧誘の時期について一定の有価証券の募集又は売出しに係る勧誘については，有価証券届出書提出まで投資勧誘等をしてはならない（同法4条1項）。すると，広告による投資勧誘をすべき時期については，このような規制に対応しなければならない。その他，勧誘については様々な規制が存在するところ，金融商品取引法，金融商品販売法等の法令に違反し，又は違反することを助長することにならないかに留意が必要である。

なお，日本証券業協会の自主規制（例えば「広告等に関する指針」（平成28年9月版・令和3年11月一部改正）（https://www.jsda.or.jp/about/jishukisei/web-handbook/103_koukoku/files/koukokushishin_2111.pdf）も遵守しなければならない。

コラム　馬好き法務部員の一日

最後に　ロースクール，司法試験予備校，そして馬の縁

この本は私が３年前に「欲しかった本」である。

広告法務１年目で，良い参考資料がない中，非常に苦労したので，「広告に関する法務の実務上の注意点をまとめた本が欲しい」と強く思った。これを誰かに書いてもらいたいと考えたものの，私は編集者ではない。

ところで，ロースクール以前の司法試験予備校のアルバイトの時から仲がよく，私のロースクール時代には，よく一緒に勉強していた者がいた。その者も，私がロースクール時代にお世話になった先生の教え子であった。彼とは競馬が趣味の，いわば「馬仲間」であり，その縁で未だに日本ダービー現場観戦を続けている。彼は，後に編集者となった。彼が「“広告”の書籍を企画しているが，良い先生がいないか」と相談されたので，ロースクール時代にお世話になった先生を紹介した。また，私が実際の「想定読者」となり，「こういうイメージではない」等と大変おこがましいが厳しい指摘をして，まさに「私が３年前に欲しかった夢の本」が完成できるようにお願いした（当然ながら制作に協力することに関しては事前に会社の許可を得ている）。

ロースクール，司法試験予備校，そして馬の縁が，この本に結実したといえる。本書に「ダービースタリオン事件」「ギャロップレーサー事件」を入れてもらったのも，本書が馬の縁でできた本だからである。

第12話 紛争対応

story 12

三浦：た，大変です，うちの広告が著作権を侵害しているというクレームがきました。

北野：それは，どの広告がどの著作権を侵害している，ということでしょうか。

三浦：これです（自社の広告と他社の広告を見せる。）。

北野：確かに，似てますね。多分アイディアの部分は同じといってもよさそうですね。しかし，具体的な表現には違いがあります。

三浦：そうですね，アイディアは著作権法では保護されない，ということであれば，問題がないということでしょうか。

北野：表現が少しでも違ってさえすればよいわけではなかったという事は，覚えていますか。

三浦：表現の本質的特徴の感得ができれば，多少違っていても，著作権侵害になり得ます。

北野：そのとおりです。ところで，これを作った経緯については確認していますか。

三浦：制作会社への聞き取りによれば，どうも参考にした他社の広告があまり有名ではない広告だったので，そのアイディアを参考に，少し違ったことをやろうとしたら，広告が評判になってしまい，参考にされた側がこれを見つけたと言っています。

北野：そういう経緯だと，依拠性は認められ，後は著作権法の観点からは，この「違い」というのが，表現の本質的特徴の感得ができる範囲かどうかですね。微妙なところですが，裁判になってしまえば，それが肯定される可能性も十分にありそうです。

三浦：どうすればいいでしょうか。

北野：表現に一定の違いがあることから，裁判でとことん争えば著作権侵害ではないといえるかもしれないものの，ここまでストレートにアイディアを「借用」してしまうと，商慣習に反する「パクリ広告」を掲載してしまい，他社からのクレームを招いてしまったと広告主に批判されても言い訳できなさそうです。

三浦：そうすると，これは制作会社の責任だ，ということですか。

北野：今回の契約書の書き方にもよりますが，制作会社に責任を追及できる可能性はありますが，広告代理店として，きちんと広告主に経緯を報告して謝罪するとともに，広告主の許可を得て広告を撤回し，他社に対しても謝罪する必要があります。

三浦：法律違反又はモラル違反をしたのは制作会社なのだから，制作会社にやらせればいいのではないのですか。

北野：確かに，制作会社にも非がありますが，広告代理店が制作会社に全て押し付けて，何の責任も果たさないというわけにはいかないでしょう。とりわけ，広告主との関係では，契約をしているのは広告代理店であり，契約責任を否定することはできません。

三浦：確かにそうですね。

北野：早めに意思決定をした上で，きちんと責任を持った対応をする，それが，広告代理店を信頼して任せてくれた広告主に対する責任の果たし方ですし，また，そういう対応をしないと，無責任である等として，更に非難を浴びる可能性があります。

三浦：紛争対応の責任の重さを実感しました。早速会社に戻って対応を開始します！

1．紛争対応の基礎

紛争は避けたいものですが，少なくともある程度以上の規模でビジネスを継続する以上，紛争をゼロとすることはできない。その場合の対応の基本について，以下概略を述べる。

⑴ 鍵となる事実関係を迅速かつ正確に把握すること

まず，第三者からクレームを受けた際に，そのクレームに関連する情報を迅速かつ正確に収集しなければならない。

例えば，「この写真のモデルはうちの事務所所属のモデルだが，貴社の広告への利用について許諾していない。」と言われた場合に，その写真の権利処理の内容を正確かつ迅速に把握できなければいけない。場合によっては，そのモデルが別の事務所に所属していた頃に，その事務所から許諾を得ていた等，色々なシチュエーションがあるわけで，それに対して調べることに長期間かかってしまえば，とりわけ自社側に落ち度がある，謝らなければならないという場合に，非常に不誠実に見られてしまい，二次不祥事（風評被害等）が生じる。

このような迅速な情報収集と同時に必要なのは，正確性・客観性の確保である。あやふやな事実を元に例えば「うちは悪くない」と判断したものの，実は問題があった，という場合もまた，対応が不誠実とみなされ，二次風評被害が生じる。証拠関係，できるだけ客観的な当時の書面やメール等の資料を把握した上で，関係者からのヒアリング等を行う必要がある。

⑵ 判断基準となる法令・ガイドライン・判例・通説等を把握すること

収集した事実関係に対して法令・ガイドライン・判例・通説等を適用し，まずは法令の観点から，自社が悪いのか，それとも悪くないのか，というのを検討する。

ここで，事実を収集してから当てはめる，というだけではなく，そもそも関係しそうな法令は何か，そこでポイントとなる事実関係は何か，というのをきちんと法令等に基づき検討し，事実調査の際に参考にすべきである。

⑶ 法令だけではなく，商慣行・商道徳等も検討すること

ここで，法令をクリアしたら何も責任はないのか，という点も考えておかなければならない。例えば，著作権侵害が問題となる場合において確かに，「酷似」というほど似ていて，形式的には表現の本質的特徴の感得ができるものの，デザイナーに聞いたら「絶対に参考にしていない。」といっているという場合がある。

その場合には「依拠」の要件を満たしていないから，自社は責任を負わないという対応をすべきかは一考に値する。すなわち，デザイナーが本当は参考にしたが（トラブルが表面化し「マズイ」と思って）シラを切っている，という可能性もあり，裁判等になった場合に，依拠性の不存在でどこまで戦えるかは別途検討が必要である（注：結果的に同一あるいは酷似していると，依拠していたという事実上の推定を受けることもあり得る（著作権法587頁参照）。）。何より，少なくとも広告主に対しては，酷似するものを出してしまったことで迷惑をかけている。そうすると，そういうレベルの酷似が認められる場合には，仮にデザイナーが否定し，かつ，依拠の証拠が見つからない場合であっても，商道徳的観点等から謝ることも検討するべきである。

⑷　専門家に相談すること

このような判断過程における対応は，もちろんある程度自社内で対応する必要があり，全て外部に丸投げすることはできない（例えば，デジタル・フォレンジック技術を使ってメールをレビューすることができたとしても，そのようなデジタル化されていない紙の資料がキャビネットに入っているといった場合にはやはり社内の協力が必要であるし，経緯についてのインタビュー対応等も必要になる。）。しかし，やはり，危機対応ないしはトラブル対応になれた弁護士等の専門家にできるだけ早期に相談をすることで，早期に適切な対応ができるよう心がけるべきである。

2．民事紛争対応

Q116 民事紛争対応の基礎

民事紛争にはどのように対応すればよいですか？

法的には，損害賠償や差止め等（侵害品の廃棄等も含む。）が主な救済となりますが，実務上は謝罪や広告の取下げが重要です。

例えば，著作権侵害事案であれば，著作権の権利者は侵害者に対してどのような権利を持つ，ないしは裁判所でどのような救済を得られるのだろうか。基本的に，法は損害賠償による救済を与えている。よって，当該行為による損害の賠償を命じられる。なお，知財については，損害賠償を請求しやすいように一般の不法行為等とは異なる要件を定めているので，各関係法令の定める要件に留意が必要である。

もっとも，事後的な損害賠償だけでは，現在進行中の違法状態を是正できない。そこで，権利の種類にもよるが，例えば著作権侵害を理由とする差止めや，人格権に基づく差止めが認められることがある。

これらの権利を行使するための方法としては，①民事裁判（本訴），②交渉，③民事保全が考えられる。

①民事裁判手続について注意すべきは，正義を実現する手続ではないし，真実を発見する手続でもないということである。要するに，裁判官というのは神ではない人間であり，このような人間が判断できるようにルールを民事訴訟法が定めており，そのルールに則って人間である裁判官が原告の請求を認めるか否かを決めるというのが民事裁判である。例えば，自社が権利者で「パクリ広告」をした侵害者（だと信じている相手）に対して訴訟を起こしても，裁判所は「依拠性を認定できない」として，著作権侵害を否定してしまうかもしれない（依拠性につきQ21参照。）。この判決は，神の目から見た「正義」が相手方にあるということを意味するものではない。本当は依拠していたものの，それを証明する証拠が足りなくて，裁判官として，上記のルールに基づき，依拠性の証明に至っていないので，依拠がないものとみなさざるを得なかっただけかもしれない。このような民事裁判のルールにおける基本は，「証拠」で裁判官を説得するということである。すなわち，裁判官は，原則として自分で真実を探求するのではない

（時代劇の「お代官様」や「お奉行様」のように，判断者が街に繰り出して自分で事実を目撃するといった証拠収集活動をすることは原則として想定されていない。）のであって，きちんと当事者側で証拠を積み上げないと自己に有利な事実を認定してもらえない。しかも，裁判官の基本的な判断過程としては，口頭での証言「だけ」では信用性は低く，少なくとも紛争になってから作った書類も信用性が低い。これに対して，双方（少なくとも不利な方）の押印のある書面は信用性が高い。また，証拠物・データは（それが改ざん等がない限り）信用性が高いことが多く，取引をする過程で紛争を想定せずにその都度作られた記録も比較的信用性が高い（注：なお，「何」を証明する上での証明力か，という問題もあるのであって，例えば当事者間の交渉で「申しわけございません，こういうことがないよう気をつけます。甲社代表取締役社長乙」という謝罪文が出ていても，単に商道徳上の遺憾の意の表明にすぎず，法的な侵害の判断は別，という判断がされるかもしれない。）。

よって，まずは客観的資料，証拠物やデータ，当時の記録等を（改ざんが疑われないような形で）集めて，これを裁判所に提示することになる。もっとも，このような資料は「点」で存在するにすぎない。例えば，自社が著作権侵害を疑われる側（ストーリー部分⇒240頁以下参照）であるという場合において，依拠性を争うとしても，どういうプロセスでこの広告を考えついたのかについて全資料が残っているのは稀である。実際には，残っているラフ等を元に，デザイナーから聞き取りをして，それらの「点」をつなげる「線」を引いていく必要がある。このような，証拠を収集し，民事訴訟のルールに従い，裁判官に対して説得的な証拠及びこれをつなげた「ストーリー」を提示して，裁判官に自己に有利な判断をしてもらう，というのが基本的な流れとなる。

このように，最終的には訴訟による解決を図らざるを得ないとしても，実務上は，まずは②交渉で対応することが多い。そもそも広告主は裁判を嫌う（イメージアップのために広告を依頼しているのに，それが原因で裁判に巻き込まれればイメージダウンとなってしまうかもしれない。）というところもあるし，裁判には相当の労力や時間もかかる，このような「後ろ向き」の対応に時間を費やすよりも，「前向き」な対応に経営資源を注力したい，というのはかなり自然な対応であろう。

そこで，実務上はまずは交渉をして，「落とし所」を探り，そのような合理的範囲での落とし所で落ち着かせることを相手がどうしても拒む場合にのみ裁判を検討するということが多い。この場合の落とし所の判断基準は，Ⓐ法律と，Ⓑビジネスの双方がある。例えば，制作会社のデザイナーがミスをして，権利処理が不適切な素材を元に広告クリエイティブを作ってしまったので，広告会社として制作会社と交渉するというシチュエーションであれば，Ⓐ法的な問題として「契約違反を認められるか」等を検討することがある。そして，契約に「権利処理を適切に行う」という文言が明確に入っており，その事案では，明文で記載された義務に反したとすると，契約違反が認められやすいということになるだろう。これ以外にも，例えば，下請法の観点から損害賠償を請求できる条件を満たしているか等も検討することになる。その上で，仮に法律上１億円の損害の賠償を請求できる可能性が高いと判断されても，本当に１億円を「落とし所」にするか，という問題がある，もちろん，支払能力という問題もあるが，特にⒷビジネスでは，今後もその制作会社と付き合うつもりがあるのであれば，その点を考慮した対応になるだろう。

このような，Ⓐ法律とⒷビジネス双方の観点から，「落としどころ」を決めた上で，その「落としどころ」に向けてまずは交渉し，最終的には，「落としどころ」で合意できれば合意書等を作成する。もし，「落としどころ」では合意できないという場合，更に譲歩するのか，それとも裁判等別の手続を行うかを検討するということになるだろう。

これらに加え，③民事保全手続も選択肢となることがある。例えば，著作権者として「パクリ広告」の差止めを求める際に，訴訟で約１－２年も待っていることができないという場合には，民事保全手続により迅速な裁判所から仮差止め命令を得ることができる可能性がある。もっとも，民事保全法上の仮の救済を得ることができる場合は限られており，全ての紛争で利用することができるわけではない。また，基本的には，担保を立てることが必要であり，その意味では，負担も相当程度ある。

訴訟・交渉・民事保全手続等のメリットとデメリットを比較衡量しなが

ら，どの対応をするかを決めていくことになる。

実際には，広告主に迷惑をかけないという観点から，かなり早期に謝罪をして広告を取り下げて幕引きとするという対応をすることもある。その場合には，専門家等とも相談しながら，ビジネス的な観点から行ったその対応が，「法的に責任を認めた」として，更に訴訟等を招かないか等，その結果として悪影響を及ぼさないかの検討をすることが望ましい。

Q117 広告主との民事紛争対応

広告主との間ではどのような紛争があり得ますか？

A

広告主との間では，広告への不満，権利者との紛争に広告主が巻き込まれたことに伴う紛争，報酬支払いのトラブル等があります。

広告主との間には，どのような民事紛争があるか。

まず，広告主が，広告の内容に不満を持つことがあり得る。例えば，広告代理店が「この広告は人気が出るだろう」とすすめた広告キャンペーンが失敗し，思ったような効果がでないために広告主が不満を持つといった事案がある。また，例えば，固有名詞（商品名，会社名等）を間違えた，ロゴの使い方に問題があった（例えば，広告主の社内のブランドガイドラインでロゴの縦横比率を変えてはならないとあるのに，比率を変えた。），誤記があった等のクレームもある。ただ，一般には，最終的な広告クリエイティブの内容は，外に出す前に，広告主の少なくとも担当者レベルと確認済みのはずであり，その意味では，契約違反まで認められない場合もあるだろう。とはいえ，広告主との継続的な関係に鑑み，ビジネスの観点から謝罪をするということは十分検討に値するだろう。

次に，権利者が広告主に対し広告が自分の権利を侵害している等のクレームをつけ，そのクレームが広告主から広告代理店へのクレームとなる場合がある。この場合には，以下のQ119と同様となる。

更に，報酬の支払いの問題がある。この場合には，報酬不払いの理由が問題となる。例えば，広告主の経営が悪化して払えないという場合には，その悪化が一時的であれば支払いの延期を認めるという方法もあるが，金額が大きく，悪化が重篤であれば，債権回収のための措置を講じざるを得ない場合もある。債権回収方法としては，支払い期限延長を認める代わりに公正証書を作成する方法（例えば準消費貸借契約を結び，連帯保証人等をつけたうえで公正証書とし，期日どおりに払われなければ強制執行できるようにする方法），担保提供（物上担保として物を担保に入れる方法，人的担保として保証人をたててもらう方法），代物弁済（何か価値のあるものを提供してもらいそれによって弁済したと合意する方法），仮差押え等があり得る。

Q118 制作会社との民事紛争対応

制作会社とはどのような民事紛争がありますか？

A

典型的には納品された広告の問題が発覚した場合の紛争ですが，広告として世の中に出す前と後で大きく分かれます。

制作会社との間では，納期・品質・予算，すなわち，制作会社が①期限までに，②求められた内容・品質・権利処理等が済んでいるものを，③当初予算の範囲で納品できるか，というのが広告代理店にとっての重要な関心事である。

広告として世の中に出す前に問題が発覚するという場合としては，①期限に間に合わない，②内容に問題がある，③予算超過（の可能性）等がある。

まず，期限と内容は，実務上関係することが多いが，そもそもラフ提出期限までにラフが上がってこない，上がってきてもクオリティが低いという問題が生じることがある。このような場合には，広告代理店としては，広告代理店のスタッフや，他の制作会社による「肩代わり」や大幅な修正をすることで，クオリティの高いものを期限内に広告主に納めるということが考えられる。

ただし，その場合には，「法律上」は著作権の問題があることに留意が必要である。すなわち，著作権法の原則によればラフを作成した制作会社にラフの著作権が帰属し，これを基に「翻案」すれば，翻案権の侵害になりかねない（ラフの著作権についてQ10も参照）。予防的対応としては，契約書で，権利譲渡等を定める等の対応が望ましいが，いざ紛争になった時に，契約書上で適切な対応がされていないこともあり得る。その場合には，元の制作会社の同意を得てそれを証拠化しなければならない。

次に，予算超過については，広告が完成してから「実は，何度もリテイクのご指示をいただいたため，予算をオーバーしておりまして……。」と言われたり，途中で「これ以上だと予算を追加してもらえないと，ちょっと……。」という話になることもある。予算に関する紛争解決のためには，まず，契約条件を参照すべきである。定額での請負という契約を前提とすれば，業務量増加の理由，とりわけ，リテイクの根拠が問題となる。例えば，クオリティが低く，基準に達していないので，基準に達するよう指示をした，ということであれば，それによって時間が予想外にかかっても，基本的には，制作会社側で負うべきリスクの範囲である。これに対し，一度ラフについて広告主が了承し，それに基づく広告クリエイティブが既に作られた後で，広告主が一度は了承したラフとは異なる内容とするよう主張し，それにあわせるために四苦八苦したという場合，制作会社に対して追加で発生した業務に対する正当な対価を支払うべき場合が多いだろう。

広告を世に出した後のトラブルでもっとも重要なのは権利者との民事紛争対応である。すなわち，権利者との紛争が生じた場合には，多くの場合，まずは広告主にクレームがきて，広告主から広告代理店にクレームがくる。そして，広告代理店としては，制作会社に説明を求めることになる。この場合には，もちろん，法的な対応も重要であるが，同時に，ビジネス的な対応，及び，「広告主への説明責任」という観点も検討すべきである。すなわち，法的責任を追及するという意思を強く表示し過ぎれば，制作会社からの協力を得られず，それでは，広告主に対して状況を説明することができない。その意味では，あまり法的な話を前面に出さずに，事実関係の解明についての協力を求めるスタンスが適切な場合もあるだろう。

もっとも，これらの議論に加えてきちんと確認すべきは，下請法である。下請法によって，それ以外の関係であればできる主張ができなくなる可能性があるので，十分に注意すべきである（⇒Q90）。

Q119 権利者との民事紛争対応

権利者との民事紛争の留意点としては何がありますか？

A

著作権や肖像権等の権利者（と主張する者）から，広告に対して権利侵害であるというクレームがつくことがあります。このような場合には，法的に権利侵害をしているかという問題と，倫理や商道徳の観点から問題があるのではないかという観点から検討すべきです。

権利者との民事紛争対応としては，権利侵害の有無の問題と道徳・倫理的な問題の双方を考えるべきことである。

権利者との民事紛争対応には，主に，権利者と主張する者が自社に対し，自分の権利を侵害していると主張する場合が挙げられる。

権利侵害のクレームがあれば（多くは広告主から当該クレームの内容が伝えられるが），クレームの「表現」にこだわらず，関係する権利を洗い出すべきである。例えば，ある人の写真を第三者が撮影し，その第三者からライセンスを受けたが，その被写体から「著作権侵害」というクレームがあったという場合を考えてみよう。このような主張は，法律の観点からすると，明らかにおかしい。主張である著作権は撮影者が持っているのであって，被写体は（著作権譲渡でも受けていない限り）無権利者である。もっとも，肖像権の問題はあり得るので，権利処理がしっかりできていなければ問題がある，そこで，肖像権はどうか確認する必要がある（その具体的な対応については Q53を参照されたい。）。このように，クレームを1つのきっかけとして，コンプライアンスについて再点検すべきである。

なお，これとは別に，自分の権利は侵害していないが，道徳的にどうかと思うとか，他人の権利を侵害しているのではないか，といったクレームが入ることがある。例えば，表現が旧来のステレオタイプを反映しているが，それは今の時代にそぐわないのではないか等というクレームがつくことがあることから Q91以下を参照されたい。

Q120 消費者との民事紛争対応

消費者との民事紛争対応の留意点には何がありますか？

A

法的には直接消費者に責任を負う場合は多くないと思われますが，そのようなクレームに対しても誠実に対応すべきです。

例えば，広告主が，投資を勧誘する広告キャンペーンを実施したいという依頼をして，広告代理店が当該広告キャンペーンを実施した。これをみた消費者が投資をしたが，損をしたという場合に消費者に対し広告代理店は責任を負うのか。

基本的には，消費者と広告主が取引をし，その結果損をしても，広告代理店は単なる取引の「きっかけ」（誘引）となる広告作成に関与しただけにすぎない。そうすると，確かに広告代理店が直接消費者に対して責任を負う場合は多くない。契約関係がなければ，不法行為しか請求原因がないところ，消費者との関係でも，広告代理店の行為が「違法」と解されることはあまり多くない。

ただし，例えば，パチンコ攻略法等の雑誌広告について，大阪地判平成22．5．12判時2084－37は広告代理店に対し，「広告内容の真実性に疑念を抱くべき特別の事情があって，読者らに不測の損害を及ぼすことを予見し，又は予見し得た場合には，真実性の調査確認をして虚偽広告を読者らに提供してはならない義務」を認め，これに違反したとして，広告代理店の責任も認めたことに留意が必要である。

そもそも，虚偽広告は，景表法その他の法令に違反する可能性が高いものであり，広告代理店としては，それが法的に義務付けられているかはともかく，広告の内容の真実性について一定程度の確認をすべきであろう。

そして，万が一事後的に法令に違反した広告を掲載してしまったことが判明した場合等には，それがただちに消費者の関係で不法行為となるかは別問題であるが，それは，やはり広告代理店として違法な広告を出したことへの責任として，誠実に違法是正対応等すべきであろう（注：ただし，例えば広告に必要な注意書きがなければ注意書きを追加するといった是正対応はするとしても，消費者の損失を補填すべきかは別問題である。）。

これに対し，広告自体には何ら問題がなかったが，広告主のビジネスが違法ないし不当だったという場合（例えば，商品・サービスや広告における説明自体は適法かつ正確であったが，広告を見て問い合わせた潜在顧客に対する広告主のセールスパーソンの勧誘方法に問題があった場合等が考えられる。），広告代理店としては，なかなかそこまで責任を負うことは難しいと思われる。もっとも，「○○商法」等として社会的問題となり，その問題を拡大させたのが広告代理店の広告だった，等という例外的場合には社会的責任の観点から対応が必要となることもあり得るだろう。

なお，最近は集団訴訟制度等により消費者の権利が行使しやすくなるといった社会情勢にも留意すべきである。

3．行政紛争対応

Q121 行政紛争対応の基礎

行政紛争対応のポイントは何ですか？

A

事前対応によって，紛争を予防し，万が一紛争になっても，先手を打って対応できるようにすべきです。

行政との関係についての対応の要点はどのようなものだろうか（以下については，大島義則他『消費者行政法－安全・取引・表示・個人情報保護分野における執行の実務』（勁草書房，2016）が詳しい。）。

行政は「法律による行政」の原理で動いている。よって，行政は，原則として法律の根拠なく，「このような広告を出すな」等とはいえない（注：ただし，法律の根拠がなくても行うことができる「行政指導」については，法律上行政指導の中止等の求め（行政手続法36条の２）をすることができるとしても，実務上無視できない，という場合があり得る。）。

広告に関する行政紛争に対しては，どのような法令の，どのような条文に基づくか，そしてその条文ではどのような要件の下，どのような効果が規定されているか等，具体的な法令の規定に基づき，対応を検討すべきである。

例えば景表法違反（優良誤認，⇒Q62以下）を疑った場合，行政からは，合理的な根拠はあるのか，資料を提出せよという要求がくることがある。例えば措置命令を検討するための資料提出要求であれば，景表法７条２項が根拠となり（注：「内閣総理大臣は，前項の規定による命令に関し，事業者がした表示が第５条第１号に該当するか否かを判断するため必要があると認めるときは，当該表示をした事業者に対し，期間を定めて，当該表示の裏付けとなる合理的な根拠を示す資料の提出を求めることができる。この場合において，当該事業者が当該資料を提出しないときは，同項の規定の適用については，当該表示は同号に該当する表示とみなす。」），同項の要件に基づく対応をすることになる。この事例であれば，事業者（広告代理店等）は，「期間」内に（景表法の観点から真に「合理的」という要件を満たすような）「合理的な根拠」を示す資料を提出さえすれば，景表法違反と「みなす」ことはできない以上，このような資料を提出するということになる（⇒Q65参照）。

行政は，勧告，公表，行政処分に加え，課徴金を科すことがある。いずれも，原則として法令上の根拠が必要であるから，その根拠法令の要件と効果を調査し，その事案において，どのような対応をすれば，自社にとって最善の結果につながるかを考えるべきである。

ここで重要なのは「事前準備」ないしは「事前対応」である。すなわち，広告を出す過程で事前に関係する行政法の要件について，こういう理由でこの要件を満たしているという「ロジック」を組んで準備していれば，行政から問い合わせがあった場合でも，そのロジックを示せばすぐに対応が可能である。例えば，上記の景表法違反なら，広告主が商品・役務の優越性を示す広告表現を希望する場合には，そのような表現を使ってもよい根拠となる資料の提示を求める，といった対応をしておけば，いざ行政から資料の提出を求められた時でも「合理的な根拠」を法定の期限内に迅速に示すことができる。例えば，効果効能が顕著であることを示す表示であれば，その裏付けのためには実験結果等が必要であるところ，「合理的根拠」といえるような実験には相当の時間がかかる。行政に指摘されてから「泥縄式」に対応するのでは遅いことが多いので，この点が重要である。

なお，適切な行政対応のためには，処分性の有無という視点が大切である。処分性というのは，「公権力の主体たる国または公共団体が行う行為のうち，その行為によって，直接国民の権利義務を形成しまたはその範囲を確定することが法律上認められているもの」（最判昭和39.10.29民集18－8－1809）か否かという問題である。

以下では，処分性の有無により，処分性がない場合の対応（⇒Q122）と，処分性がある場合の対応（⇒Q123）に分けて説明する。

また，最終的には国家賠償が問題となる。

いずれにせよ専門的対応が必要なので，専門家に相談すべきである。

Q122 公表対応の実務

行政による不利な公表を差し止められますか？

A

理論的には民事保全法で差し止める余地がありますが，実務上は，行政に対し公表しないよう説得することが重要です。

公表という行政手法は，情報提供や制裁等の目的で用いられる。その態様としては，義務違反の公表，行政処分の公表，行政処分不服従の公表，行政指導の公表，行政指導不服従の公表等，様々なものがある。とりわけ，近年では，広報誌への掲載等の従来型の公表だけではなくインターネット上の公表という形態を用いることも増加している。それにより，広告主の名誉に回復不能な損害を与えることもあり得る。ここで，公表は処分ではないと解されることが多い。例えば，東京都消費生活条例50条１項に基づく公表について第一審で処分性が認められたものに，東京地決平成29．２．３（橋本博之「消費者行政法の実践」行政法研究25－73注22参照）があるが，抗告審である東京高決平成29．７．12（前掲・橋本74頁注23参照）は，処分性を否定した。その「法的仕組み」の具体的によっては，処分性が認められることがあり得るが，実務上は処分性がないと考えて対応することが多い。そこで，処分性がないことを前提として公表対応について述べたい。

例えば，「広告法令に違反したことを公表する」と行政が述べている場合，そのままでは広告主の名誉信用に重大な影響がある。

公表を防ぎたい場合には，行政に対して上記のとおり，違法ではないことすなわち，公表の根拠法令の要件を満たしていないこと等を説明して交渉すべきである。その場合に，行政に指摘されてからあわててロジックを組むのではなく，事前対応が重要であることは前述したとおりである（⇒Q121）。

実務上，この段階でいかに説得的な説明ができるかが重要であり，筆者の関与案件でも，行政を説得して公表を回避することができたこともある。

それでも行政が態度を変えないのであれば，訴訟を通じた差止めを検討せざるを得ない。ここで，処分性がなければ，行政事件訴訟法44条の制約が外れるので，仮の差止めの訴え（行訴法ルート）ではなく，事業者の信用を被保全債権として民事保全法に基づく差止めの仮処分を提起する方法や公法上の当事者訴訟としての公表差止訴訟又は公表を受けない地位の確認訴訟を提起することが可能と思われる（なお，当事者訴訟を本案とした民事保全法に基づく仮処分の可否につき，室井力他（編著）『行政事件訴訟法・国家賠償法』（日本評論社，第2版，2006）463－466頁等参照。）。ただし，これらの方法でも仮処分の申立ての手続内において疎明に成功するかは疑問があるとされている（注：前掲・大島100頁は「事業者の信用を被保全権利とするのであれば，公表されようとしている情報が虚偽のものであり事業者の信用が毀損されることなどを短時間で疎明しなければならないだろうが，実務上はこのような申立てが認められるケースはまれではないかと考えられる」とする。）。そこで，あくまでもこれは最終手段とすべきである。

このような事前の対応が功を奏せず，公表がされてしまった場合には，当該公表の撤回や損害賠償等を求めることになる。

Q123 行政処分対応の実務

行政処分に対する対応はどうすべきですか？

A

上記のとおり，事前の説得が重要ですが，仮の差止めや（取消訴訟等を提起した上での）執行停止も検討しましょう。

Q122と異なり，処分性がある場合には，取消訴訟や差止訴訟等が考えられる。例えば，景表法に基づく措置命令が下される場合を考えてみよう。

まずは，公表の場合と同様，説明をして説得を試みるべきである。その場合の説得というのは，根拠法令の要件・効果に鑑み，ロジックと資料に基づき行うべきことも公表と同じである。

問題は，それでも処分を下すという場合である。処分を下される前であれば，差止訴訟の提起（行訴法37条の4）が考えられる。しかし，差止訴訟には時間がかかるため，実務上は同時に仮の差止め（同法37条の5第2項）を求めることになるだろう。

これに対し，処分が下ってしまった場合，事後対応としては，当該処分を取り消すのであれば取消訴訟が必要である。しかし，取消訴訟には時間がかかり，その間にも広告主の名誉信用はますます毀損される。そこで，執行停止（同法25条2項本文）が考えられる。

例えば，東京地判平成27．4．20判タ1424－205は，景表法6条に基づく消費者庁長官の措置命令の効力停止を求める申立てについて，行政事件訴訟法25条2項本文所定の「重大な損害を避けるため緊急の必要があるとき」に当たるとされ，執行停止が認められた（ただし，東京地判平成28．11．10判タ1443－122参照。）。また，東京地判平成28．5．11第一法規28260960で，商品の容器包装の表示につき，実際には原材料の大半が外国産であったにもかかわらず，あたかも日本産であるかのように表示したことが景表法で定める優良誤認表示に当たるとして，景表法6条に基づき本件各表示が景表法違反であることを一般消費者に周知徹底する措置命令を受けたため，申立人が国に対し，同命令の取消訴訟を提起した上で執行停止を求めた件につき，申立てが（一部）認容された（ただし，東京地判平成29．6．27第一法規28260961参照。近時の例として景表法が合憲とされた最判令和4．3．8裁判所ウェブサイト等も参照。）。

4．刑事紛争対応

Q124 刑事事件

広告法務で刑事事件の問題となることはありますか？

A

捜査協力を求められるにとどまることが多いものの，理論的には，広告主と共同で広告関係の刑事法令に違反したとされ，捜査される可能性もあります。

例えば，広告主が詐欺を働いていたという事案で広告代理店が被疑者になるということはあまり多くない。もっとも，広告における説明と実態が大きく異なるといった場合に，捜査機関から参考人等として広告代理店に対して事情の説明を求められることがある。このような場合に適切に説明をすれば，少なくとも自社が被疑者として捜査の対象となる可能性を減らすことができる。もっとも，説明が誤解を招くものである場合等には，自社が疑いをかけられる可能性等もあることから，専門家に早めに相談すべきである。このような場合には，自社の広告主の選択・広告内容の審査等に問題があった可能性が高いので，仮に自社が何ら刑罰法令に違反していなくとも，今後の教訓として体制を見直すべきであろう。

なお，捜査機関からの捜査への協力方法により，対応も異なってくる。

捜査機関からの要請が令状に基づくものであれば，広告代理店はこれに対応する義務を負う。しかし，それ以外の方法で要請がされることもよく見られる。最近では捜査関係照会（刑事訴訟法197条２項）への安易な回答が問題となっている。確かに刑事訴訟法は照会に応じる一般的な義務を課しているとは言われるが（条解刑事訴訟法374頁），守秘義務等正当な理由がある場合にこれを拒むことはできるので，捜査関係事項照会対応ガイドライン（https://www.jilis.org/proposal/data/sousa_guideline/sousa_guideline_ｖ1.pdf）

等を踏まえ，弁護士と相談しながら，どう対応するかを検討すべきである。

ところで，各法令には多くの場合罰則がついている。例えばAの著作権がある著作物を広告代理店が勝手に複製した，とされた場合，広告代理店は単に民事責任を負うだけではなく，著作権法119条に定める「著作権，出版権又は著作隣接権を侵害した者〔略〕は，10年以下の懲役若しくは1,000万円以下の罰金に処し，又はこれを併科する。」という規定で刑事責任を負う可能性さえある。複製した個人が罰せられるだけではなく，両罰規定（同法124条）により法人には3億円以下の罰金刑が科される。実際に，広告代理店が広告業務で刑事紛争に巻き込まれることはあまり多くないものの，このような刑事告訴を受けた場合の対応についても，検討が必要である（注：広告に限られない通常のビジネスにおける著作権に関する刑事事件としては，SQUARE ENIXの販売した漫画が，SNKプレイモア（当時）のゲームの複製として捜索が入った（ただし，後に和解により刑事事件も解決）という事案がある。）。

Q125 実務対応

刑事紛争対応の実務的ポイントは何ですか？

A

多くの場合には，刑事紛争のみが独立して生じるわけではなく，関連する民事紛争があります。そこで，民事紛争の早期解決が重要な対応となりますが，民事紛争の早期解決が難しければ刑事事件において，犯罪が成立しない，ないしは，不起訴が相当であることを主張・立証する必要があります。

例えば，著作権者を自称するAが，広告代理店の広告がAの著作権を侵害したとして，刑事告訴したということを仮定しよう。このような場合，Aとの間では刑事紛争だけではなく民事紛争も生じている可能性が高い。例えば，Aから，広告代理店に対し，広告がAの著作権を侵害しているとの警告があったが，広告代理店がこれを無視したので，告訴された，といった場合が考えられる。そのように，（横領等の社内のコンプライアンス違反の事案を措くとして）一般的な広告代理店のビジネスの中で刑事事件に巻き込まれるのは，民事事件に付随する場合が多い。

民事紛争が早期に解決しAとして満足していれば，例えば示談に伴い告訴を取り下げた場合はもちろん，仮に告訴は取り下げていなくても示談が完了すれば，不起訴，起訴猶予等の形で穏当な解決となることが多い。そこで，まずは民事対応について注力すべきである。上記のとおり，権利侵害の有無をベースに，最後はビジネス的な観点も踏まえて決断することになる。そして，警察や検察に対しては，民事事件における自社のポジション及び交渉状況を踏まえて，自社の基本的ポジションを説明すると共に現在Aと交渉中である等として民事紛争の解決を待ってもらう，というのが基本方針となる。

しかし，民事対応において，「譲歩しない（民事訴訟を起こされてもやむを得ない）」と判断した場合や，交渉をしたものの，その交渉が長引いた場合には，刑事事件を本格的に進めざるを得なくなる。この場合，例えば，担当者が事情聴取を受けるであるとか，場合によっては捜索等を受けるリスクも踏まえながら刑事弁護にも精通した弁護士を起用し，捜査機関に十分な説明をできるようにすべきである。例えば，当社としてAの主張が「いいがかり」であると判断したのであれば，著作権に必ずしも明るくない警察の担当者でもわかるように，著作権侵害ではない理由を説明することが考えられる。これに対し，当社に非があるとして示談交渉中であるが，Aの要求が過大なため，交渉が長引いているという場合，なぜそのような事態が生じたか，会社としての処分の内容や今後の改善策，権利者への合理的慰謝の状況（そしてそれでも権利者に応じてもらえないので，示談はまだできていないが，合理的な和解の意思はあること）等を説明すべきである。

なお，民事は過失（最悪過失がなくても）責任を負うことがあるが，刑事では，故意が必要なことも多い（これは各犯罪の構成要件による（なお，過失で有罪にできても，過失にすぎないことは，起訴するかの判断に影響するので，最悪でも過失だと説明できるならそう説明すべきである。））。

ちなみに，本書では，広告費等名目の横領・背任等（例えば，広告代理店の従業員が下請に対して自分が支配する会社を「下請」，今の会社を「孫請」にすることで，手数料を抜けるようにして，会社からお金を取る。）については，扱わないが，実際にはそのような完全な不正事案もあり，広告代理店の特性に応じたコンプライアンス体制の構築による予防策の実施及び実際に発生してしまった場合の対応が望ましい。

付　録

広告法務の勉強方法

はじめに

広告法令は，様々な法律，政令，省令，通達・ガイドライン等が入り乱れていて非常に理解しにくい。しかも，法改正が頻繁であり，最新の改正を追うことは容易ではない。

このような状況下，広告法令についてどのように勉強していくべきだろうか。

【書　籍】

全体については電通『広告法』とJARO『広告法務Q＆A』が参考になる。本書でも，随所で参考にしている。また，志村『こんな時，どうする？「広告の著作権」実用ハンドブック』も，分野は著作権に限るものの，広告のシチュエーションを反映しており，参考になる。

それ以外の場合には，それぞれのテーマごとに定評のある実務書ないし基本書を参照するしかないだろう。例えば，景表法は西川『景品表示法』，著作権は中山『著作権法』等，それぞれの分野の書籍を読みながら，特に広告に関係のある部分を重点的に読むことになる。

【ウェブサイト】

最近は，政府のウェブサイト上で，通達やガイドライン等が公表されている。例えば，消費者庁の「景品表示法」サイト（https://www.caa.go.jp/policies/policy/representation/fair_labeling/）においては，景表法関係のガイドラインがまとまっており，ガイドラインを探す場合には有益である。また，下請法については，（書籍として鎌田明『下請法の実務』（公正取引協会，第4版，2017）があるがウェブサイト上の情報としては，）「下請取引適正化推進講習会テキスト」（https://www.jftc.go.jp/houdou/panfu_files/shitauketextbook.pdf）が優れている。その他，逐条解説を所轄官庁がアップロードしていることもよく見られる（例えば不競法についてhttps://www.meti.go.jp/policy/economy/chizai/chiteki/pdf/20190701Chikujyou.pdf）。

もっとも，全ての省庁がこのようにまとまったサイトを作成しているとは限らない。そこで，Google等の検索エンジンで「キーワード site:go.jp」として検索することが考えられる。これは，政府のサイト（go.jp）のみで検索するものであり，政府のサイト以外の情報が入ってこないので，比較的信頼できる情報のみを入手することができる。とはいえ，政府のサイトであっても，法改正前の情報が掲載されていることも多いので，当該資料がいつアップロードされたものなのかには留意が必要である。

【SNSの利用】

なお，最新の法令改正，裁判例等の情報を得る上では，SNSの利用が便利である。広告等，自分の関係する分野の投稿を頻繁に行う実務家，特に弁護士や学者の先生をフォローすることで，自然と有益な最新情報を得ることができるので，このようなSNSの利用も検討に値するだろう。

自作広告チェックポイント

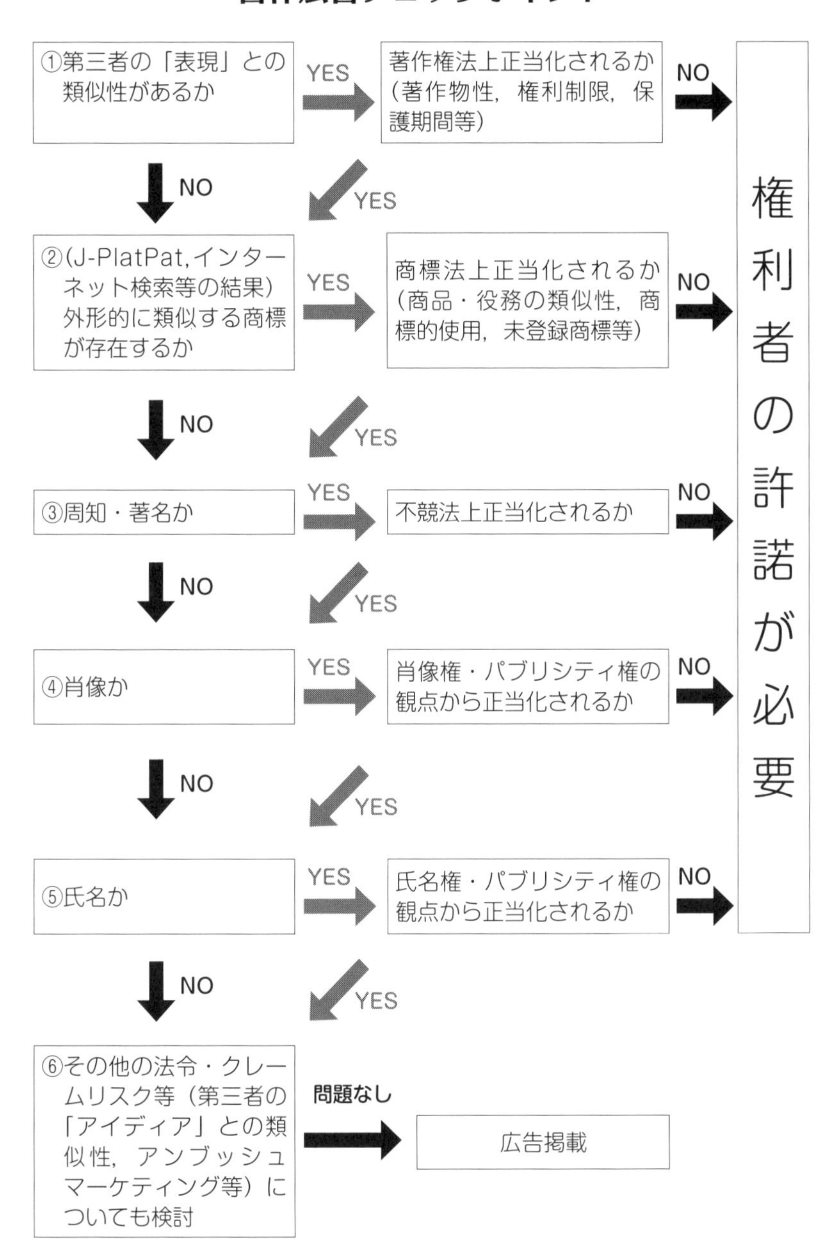

具体例索引

事項索引

あ

か

さ

た

な

は

ま

や

ら

欧文

著者略歴（2022年７月現在）

松尾　剛行（まつお　たかゆき）（メールアドレス：mmn@mmn-law.gr.jp）

桃尾・松尾・難波法律事務所パートナー弁護士（第一東京弁護士会）・ニューヨーク州弁護士，北京大学博士（法学），慶應義塾大学講師（非常勤，後期担当），中央大学講師（非常勤，後期担当），学習院大学講師（非常勤），九州大学講師（非常勤，集中講義担当。以上就任順。）。

2017年度一般財団法人ソフトウェア情報センター 著作物等のライセンス契約に係る制度の在り方に関する調査研究検討委員会委員，2019年度独立行政法人情報処理推進機構（IPA）モデル取引・契約書見直し検討部会DX対応モデル契約見直し検討WG委員等。

主な著書として，『キャリアデザインのための企業法務入門』（有斐閣，2022年近刊予定），『紛争解決のためのシステム開発法務：AI・アジャイル・パッケージ開発等のトラブル対応』（共著，法律文化社，2022年），『最新判例にみるインターネット上の名誉毀損の理論と実務』（共著，勁草書房，第２版，2019年），『AI・HRテック対応　人事労務情報管理の法律実務』（弘文堂，2019年）他。

第2版　広告法律相談125問

2019年7月26日　初版発行
2022年7月29日　第2版発行

著　者　松　尾　剛　行
発行者　和　田　　　裕

発行所　日本加除出版株式会社
本　社　〒171－8516
東京都豊島区南長崎3丁目16番6号

組版　㈱条川印刷　　印刷　㈱亨有堂印刷所　　製本　牧製本印刷㈱

定価はカバー等に表示してあります。
落丁本・乱丁本は当社にてお取替えいたします。
お問合せの他、ご意見・感想等がございましたら、下記までお知らせください。

〒171-8516
東京都豊島区南長崎3丁目16番6号
日本加除出版株式会社　営業企画課
電話　03-3953-5642
FAX　03-3953-2061
e-mail　toiawase@kajo.co.jp
URL　www.kajo.co.jp

ISBN978-4-8178-4810-9

Q&A デジタルマーケティングの法律実務

押さえておくべき先端分野の留意点とリスク対策

北川祥一 著

2021年4月刊 A5判 312頁 定価3,740円(本体3,400円) 978-4-8178-4724-9

商品番号：40861
略　　号：デジマ

- 企業のコンプライアンスが求められている今、法的観点から切り込んだ担当者必携の一冊。
- 各業務フローから関連するQ&Aがすぐにわかる、画期的な書。
- 令和２年改正個人情報保護法・著作権法等の最新の動向にも対応。

Q&A 広告宣伝・景品表示に関する法律と実務

景品表示法及び消費者関係法を踏まえた広告表現と販促活動・キャンペーンに関する実務解説

波光巖・横田直和・小畑徳彦・高橋省三 著

2020年10月刊 A5判 448頁 定価5,170円(本体4,700円) 978-4-8178-4675-4

商品番号：40831
略　　号：Q広告

- 打消し表示、おとり広告、二重価格、懸賞景品・共同懸賞・総付景品の制限、原産国表示、課徴金など、広告宣伝に関連する法律（景品表示法・消費者契約法・特定商取引法・割賦販売法・食品表示法・健康増進法・不正競争防止法等）を横断的に解説。

Q&A 健康・医薬品・医療の広告表示に関する法律と実務

健康食品・美容関連などの優良誤認、医薬品該当性、健康増進・誇大表示、医薬品等適正広告基準、医療用医薬品の販売情報提供活動に関するガイドライン、医療広告ガイドライン、打消し表示、自動継続契約、不実証広告規制、差止請求、措置命令、課徴金

赤羽根秀宜・井上惠子 著

2020年9月刊 A5判 336頁 定価3,740円(本体3,400円) 978-4-8178-4663-1

商品番号：40823
略　　号：健康広告

- 健康関連の広告に関連する判断について、法律・ガイドライン・措置命令などの根拠とともに理解できる。
- 設問は、弁護士等の実務家、健康食品・製薬・広告会社、関係事業者など、様々な立場が抱く疑問を収録。

日本加除出版
〒171-8516 東京都豊島区南長崎３丁目16番６号
TEL (03) 3953-5642　FAX (03) 3953-2061（営業部）
www.kajo.co.jp